EUROPAVERLAG

BERND F. LUNKEWITZ

Der Aufbau-Verlag

und die kriminelle Vereinigung
in der SED und
der Treuhandanstalt

EUROPAVERLAG

© 2021 Europa, ein Imprint der Europa Verlage GmbH, München,
für Bernd F. Lunkewitz
Umschlaggestaltung und Motiv:
Hauptmann & Kompanie Werbeagentur, Zürich,
unter Verwendung eines Fotos
von © ullstein bild – imageBROKER/Lothar Steiner
Lektorat: Andreas Wang
Layout & Satz: BuchHaus Robert Gigler, München
Gesetzt aus der Stempel Garamond und der Cera Compact Pro
Druck & Bindung: C. H. Beck, Nördlingen
ISBN 978-3-95890-432-3

www.europa-verlag.com
Alle Rechte vorbehalten.

Inhalt

Vorwort von Norbert F. Pötzl 9

Der Aufbau-Verlag bis zur Gründung der DDR 20
OEB statt GmbH 32
Das Statut für den Aufbau-Verlag des Kulturbunds 59
Die Profilierung des Verlagswesens 65
Die Erfüllung des Kassenplans 87
Die Flucht ins Volkseigentum 109
Der Kulturbund in der Wende 134
Der Aufbau-Verlag nach der Wende 160
Verkauf durch die Treuhandanstalt 173
Die Raubdrucke 197
Die Risiken und die Chancen 232
Die Rechtsnachfolge 251
Die Eigentumsfrage 274
Pyrrhussieg 283
Die Nachtigall 293
Der Kampf ums Recht 307
Der Prozess 316

Anhang 323
Zeittafel 350
Personenregister 376
Abkürzungsverzeichnis 381

Quellenangaben

Das Schriftgut des Aufbau-Verlages, des Kulturbunds, der SED/PDS, der Regierung der DDR und der Bundesrepublik, der Treuhandanstalt, der Unabhängigen Kommission und der mit den Rechtsstreiten um den Aufbau-Verlag befassten Gerichte und anderen Behörden ist fast vollständig aufbewahrt. Die im Anhang abgebildeten Dokumente sind ein winziger Ausschnitt aus den bisher zugänglichen Akten. Auf der Website www.prozessbeobachter.net sind die Klagen aus den Schadensersatzprozessen, die Schriftsätze und die Anlagen dazu bereits öffentlich zugänglich.

Das Archiv des Aufbau-Verlages von 1945 bis 2008 wird in der Staatsbibliothek zu Berlin – Stiftung Preußischer Kulturbesitz, Handschriftenabteilung, Nachlass 553 (Aufbau-Verlagsarchiv, Schenkung Lunkewitz) aufbewahrt. In diesem Buch ist die Signatur der zitierten Dokumente abgekürzt. Statt »SSB, Handschriftenabteilung, Nachl. 553, Mappe 000, Blatt 000«, werden »AVA« (Aufbau-Verlagsarchiv) und die Nummer der Mappe und des Blattes genannt.

Die Dokumente belegen die Wahrheit der hier erzählten Geschichte.

Vorwort

Aktenkundig
Von Norbert F. Pötzl

Zu den vielen Transaktionen der Treuhandanstalt, die in den frühen 1990er-Jahren Schlagzeilen machten, zählte der Verkauf des Aufbau-Verlags, des wichtigsten Literaturverlags der DDR. Öffentliche Aufmerksamkeit erregte der Vorgang zunächst durch einen der Käufer, der bis dahin nicht als Buchverleger in Erscheinung getreten war: Bernd F. Lunkewitz, Jahrgang 1947, galt als Paradiesvogel der Kulturszene in Frankfurt am Main. In seiner Studentenzeit hatte er neomarxistische Theorien propagiert, aber nach einem Praktikum bei einem englischen Immobilienunternehmen sein Studium abgebrochen und als Entwickler von Gewerbeimmobilien beträchtlichen Wohlstand erworben.

Sein Vermögen verwendete Lunkewitz zu einem Teil als Kulturmäzen und Kunstsammler. Als die Treuhand einen Käufer für den Aufbau-Verlag suchte, fragte der langjährige Frankfurter Kulturdezernent Hilmar Hoffmann bei Lunkewitz an, ob er nicht Lust hätte, für den bedeutendsten belletristischen Verlag der DDR »ein bisschen Geld zu geben«.[1]

---

[1] Konstantin Ulmer: »Man muss sein Herz an etwas hängen, das es verlohnt. Die Geschichte des Aufbau Verlages 1945-2020«, Berlin 2020, S. 271

In der Branche wollte der neue Verleger keinen Zweifel aufkommen lassen, dass der Aufbau-Verlag für ihn mehr war als ein Anlageobjekt. Er überließ das Verlagsgebäude in der Französischen Straße in Berlin der Treuhandanstalt und zog mit dem Betrieb in ein eigenes Haus am Hackeschen Markt. Der Literaturwissenschaftler Konstantin Ulmer, der im Sommer 2020 zum 75-jährigen Bestehen des Aufbau-Verlags eine Firmenchronik veröffentlicht hat, urteilt über den Einstieg des Marxisten und Multimillionärs ins Buchgeschäft: »Lunkewitz sorgte in der Branche zwar für manches Augenbrauenzucken, aber es war offensichtlich, dass er mit Herzblut und Kapital in den Verlag gekommen war.«[2]

Großes Medienecho fanden die Umstände, unter denen die Treuhandanstalt am 27. September 1991 die Geschäftsanteile einer »Aufbau-Verlag GmbH i. A.« (»im Aufbau«) an die BFL-Beteiligungsgesellschaft, vertreten durch deren Geschäftsführer Bernd F. Lunkewitz, und drei renommierte Investoren aus der Verlagsbranche verkaufte. Die Treuhand erzielte einen Kaufpreis von insgesamt vier Millionen Mark, obschon der Verlag zu dieser Zeit jeden Monat 500.000 Mark Verlust machte.[3]

Kaum war der Betrieb den Käufern übergeben worden, wurden diese mit Schadensersatzforderungen westdeutscher Verlage überzogen, weil der Aufbau-Verlag zu DDR-Zeiten durch euphemistisch »Plusauflagen« genannte Raubdrucke gegen Lizenzverträge verstoßen hatte: Er hatte mehr Exemplare vertrieben, als vereinbart worden war. Erst nachträglich stellte die Treuhandanstalt die Käufer von diesen Ansprüchen teilweise frei.

---

2 Ulmer, S. 275 f.
3 Ulmer, S. 271; Schreiben der Treuhandanstalt, Abt. U 4 DL, an die Unabhängige Kommission, 9.10.1991

Die Treuhandanstalt wird oft geschmäht, sie habe in großem Stil die in der DDR als »Volkseigene Betriebe« (VEB) bezeichneten staatlichen Unternehmen unter Wert verschleudert und funktionstüchtige Betriebe liquidiert; westliche Investoren hätten sich an ostdeutschen Unternehmen bereichert und Glücksritter mit korrupten Treuhand-Mitarbeitern gekungelt. Solche Skandale hat es gegeben – aber weitaus seltener, als von Treuhandkritikern behauptet wird. Die meisten Vorwürfe sind aufgrund der seit ein paar Jahren im Bundesarchiv zugänglichen Treuhandakten leicht zu entkräften. Ich habe in meinem im Herbst 2019 erschienenen Buch »Der Treuhand-Komplex« – dem ersten, das sich maßgeblich auf Treuhandakten stützt – nachgewiesen, dass die angeblich skandalösen Fälle in der Regel ganz anders abgelaufen sind, als sie seinerzeit und bis heute immer wieder in den Medien dargestellt werden. Im Fall des Aufbau-Verlags belegen die Treuhandakten indes, dass die von Lunkewitz in diesem Buch erhobenen Anschuldigungen zutreffen.

Die Akten offenbaren, dass die mit dem Verkauf des Aufbau-Verlags befassten Treuhand-Mitarbeiter zunächst der Behauptung der SED-Nachfolgerin PDS vertrauten, das Unternehmen habe der ehemaligen Staatspartei gehört und sei von ihr im März 1990 rechtmäßig in »Volkseigentum« überführt worden. Mit diesem Schritt hatten führende PDS-Funktionäre geglaubt, das Überleben des nach der friedlichen Revolution finanziell angeschlagenen Aufbau-Verlags sichern zu können, der in der DDR eine wichtige kulturelle Institution darstellte. Von einer Privatisierung der volkseigenen Betriebe war zu diesem Zeitpunkt noch keine Rede.

Erst das am 17. Juni 1990 von der frei gewählten Volkskammer der untergehenden DDR beschlossene Treuhandgesetz schuf dafür die Voraussetzungen. Die neu gegründete Treuhandanstalt wurde Eigentümerin der rund 8.500 volkseigenen Betriebe mit der Maßgabe, sie, soweit möglich, an private Investoren zu veräußern.

Voraussetzung für die Privatisierung durch die Treuhandanstalt war, dass das Unternehmen vor dem 1. Juli 1990 zum volkseigenen Vermögen gehört hatte. Der Aufbau-Verlag war aber nie ein VEB gewesen. Vielmehr war er 1945 als Betrieb des kurz zuvor gegründeten DDR-Kulturbunds entstanden, der später bis zu 270.000 Mitglieder zählte. Der Verlag war, wie viele Betriebe der Parteien und Massenorganisationen der DDR, ein »organisationseigener Betrieb« (OEB), gehörte also den Mitgliedern des Kulturbunds.

Auch der OEB wurden von der Treuhandanstalt, und zwar von deren Direktorat Sondervermögen, treuhänderisch verwaltet, gemeinsam mit einer »Unabhängigen Kommission zur Überprüfung des Vermögens der Parteien und Massenorganisationen der DDR«. Wenn die betroffenen Organisationen ihr Vermögen nachweislich nach rechtsstaatlichen Grundsätzen erworben hatten, wurde es ihnen gemäß dem Parteiengesetz der DDR zurückgegeben; wenn nicht, wurde es gemeinnützig für den Wiederaufbau in den neuen Bundesländern verwendet.

Die von der PDS behauptete »Überführung« des Aufbau-Verlags in Volkseigentum war deshalb unwirksam, folglich auch die Umwandlung in eine GmbH i. A. der Treuhandanstalt.

Diese Rechtsauffassung bestätigte der Bundesgerichtshof (BGH) am 3. März 2008 in letzter Instanz. Weil der Verlag nie »volkseigen« und deshalb die von der Treuhandanstalt verkaufte »Aufbau-Verlag GmbH i. A.« nie entstanden war, konnte der Kaufvertrag von der Treuhandanstalt nicht erfüllt und der jahrelang von den Käufern ohne Rechtsgrundlage finanzierte Aufbau-Verlag nicht ihr Eigentum werden. Der BGH gab Lunkewitz auch darin recht, dass er allein für sich persönlich im Dezember 1995 das Eigentum am Aufbau-Verlag rechtswirksam vom Kulturbund erworben hatte.

Mit dieser BGH-Entscheidung hätte der von Lunkewitz geführte Rechtsstreit sein Ende finden können. Der Richterspruch war eine Klatsche für die Berliner Privatisierungsbehörde und eine Genugtuung für Lunkewitz. Mit ausgebreiteten Armen, so schilderten es Augenzeugen, posierte der Verleger vor der Aufbau-Belegschaft im damaligen Verlagshaus am Hackeschen Markt in Berlin. »So sehen Sieger aus«, verkündete er und ließ sich feiern.[4]

Doch Recht haben und Recht bekommen sind zweierlei. Lunkewitz habe zwar »die Schlacht gewonnen«, prophezeite damals die *Frankfurter Allgemeine Zeitung,* »aber der Krieg ist noch nicht vorüber«[5]. In der Tat setzen Politik und Justiz alles daran, den BGH-Beschluss zu unterlaufen. Bis heute streitet Lunkewitz vergeblich um Schadensersatz für die Investitionen in ein Unternehmen, das den Käufern nach der Feststellung des BGH nie gehörte. Es geht um zwei-, wenn nicht sogar dreistellige Millionenbeträge.

Das letzte Wort ist noch nicht gesprochen. Das seit 2009 anhängige und vom Landgericht Frankfurt erst 2017 ans Berliner Landgericht verwiesene Verfahren, in dem die BFL-Beteiligungsgesellschaft Schadensersatz fordert, schleppt sich hin.

Lunkewitz nutzte den langsamen Verfahrensgang zur gründlichen Recherche in Archiven und zur Befragung von Zeitzeugen. Er trug aus den im Bundesarchiv aufbewahrten Akten des Kulturbunds, der Treuhandanstalt und der Unabhängigen Kommission, aus den Archiven des Aufbau-Verla-

---

4 »Das Herz der vermögenslosen Hülle«, *Frankfurter Allgemeine Zeitung,* 22.6.2008
5 »Ein Verleger unter Räubern«, *Frankfurter Allgemeine Zeitung,* 2.4.2008

ges, der SED/PDS, dem Landesarchiv Berlin und anderen Quellen ein überwältigendes Beweismaterial zusammen. Damit begründet er schlüssig sowohl das fortbestehende Eigentum des Kulturbunds am Aufbau-Verlag als auch die Täuschungshandlungen der Treuhandanstalt und des Sekretariats der Unabhängigen Kommission. Die von ihm beauftragten Anwälte legten das umfangreiche Beweismaterial dem Landgericht Berlin vor.

Ich begegnete Bernd F. Lunkewitz nur ein einziges Mal persönlich, und er hat mich mit Sicherheit gar nicht wahrgenommen. Das war am 8. Oktober 1997, als er während der Frankfurter Buchmesse 300 geladene Gäste in seiner prächtigen Villa empfing – und einer der Geladenen hatte mich einfach mitgenommen. Ich habe Lunkewitz seither nie wieder getroffen und bin ihm in keiner Weise verpflichtet. Aber sein Furor gegen die Treuhandanstalt und die deutsche Justiz machte mich neugierig. Ich hatte seine Schilderungen in Buchform und im Internet gelesen und wollte nun wissen, was in den Treuhandakten über diese Vorgänge steht. Im Unterschied zu vielen vermeintlichen Skandalen, die sich um die Treuhandanstalt ranken und doch nur Legenden sind, fand ich in den Akten zum Aufbau-Verlag bestätigt, was Lunkewitz behauptet:

Trotz der zahlreichen Hinweise des Kulturbunds auf dessen fortbestehendes Eigentum am Aufbau-Verlag, trotz Mahnungen des Treuhand-Direktorats Sondervermögen, die Eigentumsfrage zu klären, und trotz eindeutiger Stellungnahmen der Unabhängigen Kommission setzten sich die für die Privatisierung zuständigen Mitarbeiter der Treuhandanstalt über alle Warnungen hinweg und unternahmen vor dem Verkauf nichts, um den Käufern die tatsächlichen Eigentumsverhältnisse zu offenbaren – und danach alles, um sie zu vertuschen.

Das behördenintern längst erkannte Scheitern der Privatisierung des Aufbau-Verlags wäre womöglich nie ans Licht gekommen, wenn der Interessengegensatz, welcher Behörde der Kaufpreis zusteht und wer die Kosten für die Raubdrucke des Verlages tragen muss, nicht zum Streit untereinander geführt hätte.

Nach außen blieb die Treuhandanstalt lange bei ihrer Behauptung, die SED haben den Aufbau-Verlag wirksam in Volkseigentum übertragen. Erst als in einem beim Landgericht Hamburg anhängigen Rechtsstreit Ende 1993 die Richter Zweifel an der rechtmäßigen Umwandlung des Aufbau-Verlags gemäß Treuhandgesetz äußerten und die Geschäftsleitung des Verlages die Treuhandanstalt zu einer amtlichen Auskunft aufforderte, mussten sich die Behörden neu positionieren. Leitende Mitarbeiter der Treuhandanstalt trafen sich am 9. Februar 1994 zu einer Krisensitzung mit dem für den Kulturbund zuständigen Referenten der Unabhängigen Kommission. Sie waren sich einig, dass der Aufbau-Verlag »als organisationseigener Betrieb nicht im Eigentum der SED, sondern im Eigentum des Kulturbundes« war und dass »dies zur Folge hat, dass die Aufbau-Verlag GmbH, deren Geschäftsanteile veräußert wurden, eine vermögenslose Hülle darstellt, da sie nicht ... Rechtsnachfolgerin in das Vermögen des OEB Aufbau-Verlag werden konnte«.[6]

Dem Aufbau-Verlag teilte die Treuhandanstalt am selben Tag das Gegenteil mit: »Die Tatsache, dass sich die PDS entgegen den tatsächlichen Rechtsverhältnissen als Eigentümerin des Aufbau-Verlages gerierte, ändert nichts daran, dass es sich bereits im März 1990 nicht um Partei-, sondern offensichtlich um Volkseigentum handelte.«[7] Diese vorsätzlich fal-

---

6 LG Hamburg Az. 324 O 624/93
7 Vermerk vom 11.2.1994, Ablichtung im Anhang

sche amtliche Auskunft hatten die Teilnehmer der Beratung wörtlich miteinander abgestimmt.

Kurz danach eskalierte der behördeninterne Streit um die Zuordnung des rechtswidrig erzielten Kaufpreises für den Aufbau-Verlag und der Kosten für die Plusauflagenhonorare. Am 19. Juli 1994 beschloss der Gesamtvorstand der Treuhandanstalt, den geschädigten westdeutschen Verlagen für die Raubdrucke des Aufbau-Verlags und anderer DDR-Verlage rund zehn Millionen Mark aus dem Vermögen der SED zu zahlen. Dazu musste das Einvernehmen der Unabhängigen Kommission eingeholt werden.[8]

Die Kommission verweigerte jedoch am 12. September 1994 offiziell das Einvernehmen und begründete ihren Beschluss damit, dass »der Aufbau-Verlag nach den der Unabhängigen Kommission vorliegenden Erkenntnissen als organisationseigener Betrieb des Kulturbunds der DDR geführt wurde.«[9]

Ohne Kenntnis dieser Hintergründe rief Lunkewitz am 28. September 1994 bei der Unabhängigen Kommission an und fragte, warum die Regresszahlungen für die Raubdrucke nicht aus dem Vermögen der SED gezahlt würden. Bei diesem Telefonat erfuhr Lunkewitz erstmals, dass der Verlag niemals Eigentum der SED oder gar Volkseigentum gewesen war, sondern noch immer dem Kulturbund der DDR gehörte. Die Aufbau-Verlag GmbH sei deshalb nichts weiter als eine »vermögenslose Hülle«.

Damit wurde die Prozesslawine ausgelöst, die entgegen der Hoffnung von Lunkewitz mit der Entscheidung des BGH nicht beendet war. Die Prozessführung und die bisherigen Entscheidungen der speziell für Schadensersatzforde-

---
8 BA B 412/2839, Bl. 19, Bl. 239-241
9 BA B 412/22748, Bl. 237-240; BA B 441/1129

rungen gegen den Staat zuständigen Gerichte erscheinen auch mir als Beobachter angesichts der doch eindeutigen Aktenlage mindestens fragwürdig. Ich kann verstehen, wenn Lunkewitz die bei Gericht vorgetragenen Einlassungen der Bundesanstalt für vereinigungsbedingte Sonderaufgaben, der Nachfolgerin der Treuhandanstalt, mit »Methoden der organisierten Kriminalität« vergleicht.

Lunkewitz spart in diesem Buch nicht mit Verbalinjurien gegen die Treuhandanstalt (»in Teilen eine kriminelle Vereinigung«) und gegen manche Richter (»korrumpiert von politischem Druck der Obrigkeit«). Einige Treuhand-Mitarbeiter stellten zwar Anfang 1998 gegen ihn Strafanzeigen wegen Verleumdung, zogen diese aber zurück, als seine Anwälte im Rahmen des Ermittlungsverfahrens umfassend Beweismittel für seine Vorwürfe vorlegten.

Klein beigeben will Lunkewitz nicht. Seit ein paar Jahren lebt er mit seiner Familie in Kalifornien. Von dort grollt er weiter. In seinem Buch legt er, mit zahlreichen Dokumenten unterfüttert, seine Sicht auf die nicht enden wollende Auseinandersetzung dar. Ich habe bei der Überprüfung der Dokumente keinen Fehler gefunden.

Er sei »kein Kohlhaas-Typ«, hat mir Lunkewitz versichert. Sein »Kampf gegen den Missbrauch staatlicher Macht« sei für ihn vielmehr »moralische Pflicht« und diene »der Allgemeinheit«. Allerdings werde sein »Rechtsgefühl« durch »das Verhalten der Justiz« noch schwerer verletzt als durch die »Betrügereien der Treuhandanstalt«.

Viele Akten der Treuhandanstalt sind noch geheim.
Irgendwann werden sie allgemein zugänglich sein und
belegen, dass alles noch viel schlimmer war.

Bernd F. Lunkewitz

Der Aufbau-Verlag bis zur Gründung der DDR

Am 4.7.1945 versammelten sich mehr als 1.500 »Kulturschaffende und Intellektuelle« zu einer Kundgebung im Haus des Rundfunks in der Berliner Masurenallee. Sie riefen zu einer geistigen und kulturellen Erneuerung Deutschlands auf und forderten in ihrer Resolution die Gründung eines demokratischen überparteilichen Bundes, der zur geistigen Gesundung des deutschen Volkes und zur Überwindung der Naziideologie beitragen sollte.

Am 31.7.1945 erteilte die Sowjetische Militärverwaltung die Erlaubnis zur Gründung des Vereins mit dem Namen »Kulturbund zur demokratischen Erneuerung Deutschlands e. V.«[10] Die offizielle Gründungsversammlung des Kulturbunds fand am 8.8.1945 in der Schlüterstraße 45 in den Räumen der ehemaligen Reichsfilmkammer statt. Johannes R. Becher wurde einstimmig zum ersten Präsidenten des Kulturbunds gewählt. Der Dramatiker und Schriftsteller Gerhart Hauptmann wurde Ehrenpräsident.

Den einflussreichen Posten des Generalsekretärs übernahm der Journalist Heinz Willmann, ein aus dem Moskauer Exil zurückgekehrter hoher Funktionär der KPD, der sich mit Johannes R. Becher schon seit Langem über die Gründung eines Verlages verständigt hatte.

---

10 AVA 0537-0005

Sowohl der Dichter Johannes R. Becher als auch der Journalist Heinz Willmann hatten zur Unterstützung der gesellschaftlichen und kulturellen Tätigkeit des soeben gegründeten Vereins bereits weitreichende Pläne für die Verbreitung ihrer kulturpolitischen Vorstellungen entwickelt und dafür zahlreiche druckfertige Texte auf ihren Schreibtischen liegen. Zunächst war die dringendste der geplanten Veröffentlichungen das Manifest des Kulturbunds.

Das Interesse der vielen nach dem Krieg eine neue Orientierung suchenden Deutschen an Informationen über die zukünftige Gestaltung ihres besiegten Landes war enorm. Sie wünschten sich aber auch neue Bücher mit schöner Literatur. Doch die Zeitungs- und Buchverlage in Berlin und Leipzig waren stillgelegt. Die Besatzungsmächte hatten die Verbreitung der bisherigen Zeitungen und Zeitschriften und die Herausgabe von Büchern verboten. Für jedes Druckerzeugnis war in jeder Zone eine ausdrückliche Genehmigung oder Lizenz der jeweiligen Besatzungsmacht und die Zustimmung ihrer Zensurstellen erforderlich.

Mit dem Befehl Nr. 19 vom 2.8.1945 »Zur Verbesserung der Arbeit der Verlage und Druckereien und der Regelung der Kontrolle ihrer Tätigkeit« hatte die Sowjetische Militärverwaltung in Deutschland (SMAD) Vorschriften erlassen, mit denen die »Herausgabe von Zeitungen, Büchern, Zeitschriften, Plakaten, verschiedenartigen Flugblättern, Aufrufen und Parteiliteratur nur in solchen Verlagen und Druckereien« gestattet wurden, »für die eine spezielle Genehmigung durch die Sowjetische Militärverwaltung erteilt wurde.«[11] Geregelt wurde die Zensur für das sowjetische Besatzungsgebiet durch den Befehl Nr. 29 vom 18.8.1945 »Über die Tätigkeit der Sektion für Propaganda und Zensur der poli-

---
11 Bundesarchiv: BArch, DX 1, Sammlung SMAD-Befehle, Nr. 19/2.8.1945

tischen Abteilung der SMAD in Deutschland«, der die Ernennung von Zensoren und den Zensurstempel »Genehmigt durch die Zensur der Sow. Mil. Adm.« in russischer und deutscher Sprache festlegte und »alle Druckereierzeugnisse, Zeitungen, Bücher, Broschüren, Plakate, Flugblätter etc.« der Vorzensur unterwarf.[12]

Die Lizenzen, aber auch die Druckkapazitäten oder das knappe Papier und erst recht die Deutungshoheit über Politik und Kultur in der Öffentlichkeit waren damit in der sowjetischen Zone ganz selbstverständlich den wenigen mit Unterstützung oder wenigstens Zustimmung der Sowjetischen Militäradministration neu gegründeten politischen Organisationen vorbehalten.

Der Verlagskaufmann Otto Schiele und der Verlagsbuchhändler Kurt Wilhelm wandten sich an den Kulturbund und boten ihre Mitarbeit an, als sie erfuhren, dass der einen Verlag gründen wollte. Da die beiden Fachleute politisch unbelastet waren und auch nie der NSDAP angehört hatten, zeigten die Funktionäre des Kulturbunds sich an einer Zusammenarbeit interessiert.

Konkrete Vorstellungen eines Verlagsprogramms hatten auch die Schriftsteller unter den aktiven Mitgliedern des Kulturbunds, die so schnell wie möglich ihre ausgearbeiteten Schriften und Manuskripte veröffentlichen wollten, am besten in einem eigenen Verlag. Dessen Gründung aber stieß auf bürokratische Schwierigkeiten, denn der eben gegründete Verein war noch nicht rechtsfähig und konnte juristisch nicht selber auftreten oder eine Kapitalgesellschaft gründen.

Weil die Zeit drängte, entschloss sich der Kulturbund zu einer provisorischen Lösung. Am 16.8.1945 gründeten in

---

12 BArch, DX 1, Nr. 29/1945

Berlin vier private Gesellschafter vor dem Notar Dr. jur. Wilhelm Hünnebeck einen Buch- und Zeitschriftenverlag unter der Firmierung »Aufbau-Verlag GmbH«.[13]

Zwei der Gesellschafter waren die Fachleute aus der Verlagsbranche Otto Schiele und Kurt Wilhelm.

Die beiden anderen Gesellschafter der Aufbau-Verlag GmbH waren führende Mitglieder des Kulturbunds: der hohe KPD-Funktionär und eben erst gewählte Generalsekretär des Vereins Heinz Willmann und der Volkswirt und Publizist Klaus Gysi, der seit 1931 Mitglied der KPD war und den Krieg versteckt in Berlin überlebt hatte.

Die wichtigste Voraussetzung für den Beginn der Verlagstätigkeit war jedoch die entsprechende Lizenz der sowjetischen Besatzungsmacht. Nachdem am 31.7.1945 bereits vor dessen Gründung die Tätigkeit des »Kulturbunds zur demokratischen Erneuerung Deutschlands« für die gesamte sowjetisch besetzte Zone in Deutschland erlaubt worden war, erhielt der Kulturbund auch die Genehmigung zur Verlagstätigkeit:

»*Durch Verfügung des militärischen Rates der Sowjetischen Militärverwaltung in Deutschland vom 18. August 1945 ist die Tätigkeit des Kulturbundverlages unter der Bezeichnung ›Aufbau-Verlag GmbH‹ und die Verbreitung der von diesem herausgegebenen Druckschriften erlaubt worden.*«[14]

Damit war klar, wer Herr im Hause des Aufbau-Verlags sein würde.

Ein Bankgebäude in der Französischen Straße 32, aus dessen Fenstern der Blick an der Staatsoper vorbei auf die Neue Wache fällt, war im Zweiten Weltkrieg kaum beschädigt worden und wurde zum Sitz des Verlages. Der Verlag organisier-

---

13 AVA 0502-0251. BFL/BvS, Anlage K 012
14 AVA 0537-0005. BFL/BvS K 014

te die Renovierung der Büros selber und expandierte in dem Gebäude schnell. 1949 wurden die Grundstücke Französische Straße 32 und 33 entschädigungslos zugunsten des »Volkes« enteignet und der Kulturbund als Rechtsträger im Grundbuch eingetragen, was die Nutzung für den Verlag wesentlich einfacher machte. Der Kulturbund war da schon lange alleiniger Eigentümer des Aufbau-Verlages.

Die vier Gründungsgesellschafter hatten im September und Oktober 1945 ihre Geschäftsanteile dem Kulturbund angeboten. Nachdem am 16.1.1946 der Kulturbund e. V. im Vereinsregister eingetragen war, erklärte er am 1.3.1946 formal durch Urkunde Nr. 31/46 des Notars Dr. Harald Graser in Berlin die Annahme des von allen Gesellschaftern vorliegenden notariellen Angebots auf Abtretung ihrer Geschäftsanteile.[15] Damit wurde der Kulturbund alleiniger Gesellschafter der Aufbau-Verlag GmbH, die am 18.3.1946 die Gewerbeerlaubnis erhielt.

Die frühe Gründung des Kulturbunds und seines Verlages mit der Unterstützung und Genehmigung der Sowjetischen Militäradministration machte in der DDR das Eigentum des Kulturbunds am Aufbau-Verlag unangreifbar. Es war in der DDR selbstverständlich und wurde bis nach der Wende von niemandem jemals bestritten oder angezweifelt, dass der Aufbau-Verlag dem Kulturbund gehörte.

Im Jahr 1946 war der Aufbau-Verlag der bei den Lesern erfolgreichste Buchverlag in Deutschland. Anna Seghers Roman »Das siebte Kreuz«[16] erschien zum ersten Mal in Deutschland und wurde einer der wichtigsten Longseller des Verlages. Der Buchhandel und die Leser in allen Besatzungszonen, aber auch die Autoren reagierten sehr positiv auf das

---

15 AVA 0520-0249. Ablichtung im Anhang. BFL/BvS K 015, K 016
16 Berlin, Aufbau-Verlag, 1946

vorgelegte Programm, das nicht nur in der Belletristik mit Büchern z. B. von Heinrich Mann, Bernhard Kellermann oder Willi Bredel, sondern auch im Sachbuch mit Titeln von Georg Lukács und Ernst Bloch einen hohen literarischen Anspruch hatte.

In der Bilanz zum 31.12.1946 ist der Nettoumsatz des Buchverlags im ersten vollen Geschäftsjahr mit 3,2 Millionen RM verbucht, und obwohl der Kulturbund rund 750.000 RM »Lizenzgebühren« erhielt, erzielte der Verlag im Bereich des Vertriebs von Büchern einen Nettogewinn von mehr als 1,6 Millionen RM und zahlte 335.000 RM Gewerbe- und Körperschaftssteuern.

Der extrem kalte Winter 1946/47 markiert das Ende der spektakulär erfolgreichen Anfangsphase des Aufbau-Verlags, der in der unmittelbaren Nachkriegszeit lange vermisste oder begehrte neue Titel und Themen fast konkurrenzlos auf den Markt bringen konnte. Unter der Leitung der beiden Geschäftsführer Wilhelm und Schiele war das Unternehmen trotz der ungewöhnlichen Verhältnisse nach den üblichen Methoden und Zielen der am Buchmarkt orientierten traditionellen Verlagswirtschaft geführt worden. Die Verlagsleitung antizipierte mit Hilfe führender Mitglieder des Kulturbunds die Erwartungen von Lesern und Buchhandel nach Titeln, die mit dem Nationalsozialismus und dem Krieg abrechnen und eine Orientierung für die ungewisse Zukunft bieten.

Im Januar 1947 dirigierte der Kulturbund noch weitgehend selber den Betrieb des Aufbau-Verlages. Aber Kurt Wilhelm fühlte sich von dessen Funktionären immer mehr bei der Geschäftsführung behindert und hatte in grotesker Verkennung der wahren Machtverhältnisse im Kulturbund am 26.11.1946 an Johannes R. Becher ein Exposé übergeben, in dem er eine Veränderung der Lizenz und vor allem der Gesellschafterstruktur der Aufbau-Verlag GmbH vorschlug. Am 30.12.1946 schrieb er:

Sehr geehrter Herr Becher!
Sie baten mich heute darum, zur Klärung der Verlagsfragen nochmals meine endgültigen Vorschläge zu konkretisieren. Ihrem Wunsche komme ich hiermit nach:
1. *Umschreibung der Verlagslizenz auf den Aufbau-Verlag (Lizenzträger): Johannes R. Becher und Kurt Wilhelm.) Ideologisch verantwortlich: Johannes R. Becher. Uneingeschränkte verantwortliche Verlagsleitung: Kurt Wilhelm.*
2. *Als Gesellschafter der Aufbau-Verlag GmbH schlage ich vor: Johannes R. Becher, Kurt Wilhelm, Heinz Willmann und einen 4. Gesellschafter, den ich noch benennen werde.*
3. *Die Gesellschaftsanteile werden so festgelegt, daß 55 % auf die beiden Interessenvertreter des Kulturbundes und 45 % auf die Verlagsseite entfallen.*
4. *Der Aufbau-Verlag wird sich durch ein separat abzuschließendes Abkommen dem Kulturbund gegenüber verpflichten, bei Beibehaltung der gegenwärtigen Umsatz- und Gewinnlage wie bisher RM 50.000.- monatlich für die als gemeinnützig anerkannten Zwecke des Kulturbundes auszuwerfen. Sollte eine Gewinnsteigerung ab Januar 1947 zu verzeichnen sein, wird diese an den Kulturbund abzuführende Summe entsprechend der Gewinnsteigerung erhöht.*

Die in der letzten Zeit verschiedentlich zwischen uns geführten Besprechungen haben uns die Notwendigkeit einer sofortigen Verwirklichung der vorstehend genannten 4 Punkte bewiesen. Da nun hierin auf beiden Seiten Einigkeit besteht, muß ich Sie nochmals bitten, die Entscheidung unter gar keinen Umständen später als zum 15. Januar 1947 zu erwirken.

Präzise Begründungen der einzelnen Punkte sind in meinem Ihnen am 26.11.1946 zugestellte Exposé enthalten.
Mit bester Empfehlung K. Wilhelm«[17]

Am 14.1.1947 schrieb Heinz Willmann, der Generalsekretär des Kulturbunds, an Kurt Wilhelm:

»*Sehr geehrter Herr Wilhelm,*
die Zentralleitung des Kulturbundes – als Gesellschafter und Lizenzträger des ›Aufbau-Verlages‹ – bittet Sie, in Ihrer Eigenschaft als Geschäftsführer der ›Aufbau‹ GmbH zu einer Besprechung, die am Freitag den 17. Januar 1947 um 14 Uhr in den Räumen des Kulturbundes, Schlüterstraße, II. Stock, stattfindet.
Gegenstand dieser Besprechung sind Anträge, die Sie dem Kulturbund unterbreitet haben, sowie eine Reihe von Fragen, die sich aus der Zusammenarbeit des Verlages mit seinem Lizenzträger ergeben.«

Am folgenden Tag verfasste Heinz Willmann eine »Aktennotiz zum Brief vom 30.12.1946 des Herrn Wilhelm«. Darin legt er das Selbstverständnis des Kulturbunds und dessen Verhältnis zu seinem Verlag dar, wie es auch später und bis zum Ende der DDR verstanden und praktiziert worden ist:

»*Zu diesem Brief nimmt die Leitung des Kulturbundes in folgender Weise Stellung:*
1. Es bleibt zu prüfen, ob die Umschreibung der Verlagslizenz auf den ›Aufbau‹-Verlag notwendig und zweckmäßig ist. Sollte das bejaht werden, so wäre vom Kulturbund ein besonderer Treuhänder (aus einer oder mehreren Per-

---

17 AVA, Mappe 3211

sonen bestehend) ausschließlich zu dem Zweck als Lizenzträger zu bestimmen, und dieser Treuhänder würde keinerlei wirtschaftliche Beteiligung oder irgendwelche geschäftlichen Funktionen innerhalb des Verlages haben können. Der Treuhänder müßte von der Geschäftsführung verschieden und von dieser unabhängig sein.

Die Genehmigung zur Gründung des ›Aufbau‹-Verlages wurde von der Leitung des Kulturbundes bei der Besatzungsmacht erwirkt, um mit den Publikationen dieses Verlages die Ideen und Bestrebungen zu fördern, die in den Leitsätzen des Kulturbundes, in seinem Manifest und in den offiziellen Erklärungen seiner Vertreter niedergelegt sind. Daraus ergibt sich auch, daß im ›Aufbau‹-Verlag keine selbständige von den Bestrebungen des Kulturbundes losgelöste, anderen Interessen dienende ›Verlagspolitik‹ betrieben werden darf. [...]

2. *Eine Übertragung der Geschäftsanteile an Dritte erscheint rechtlich unzulässig. Kein Vertreter des Kulturbundes kann über dessen Vermögenswerte – und dazu gehört der ›Aufbau‹-Verlag – gegen Entgelt oder unentgeltlich verfügen.*
3. *Ist durch die Bemerkungen zu 2.) erledigt.*
4. *Da der ›Aufbau‹-Verlag ein Bestandteil des Kulturbundes ist, sind alle Erträgnisse des ›Aufbau‹-Verlages dem Kulturbund für seine gemeinnützigen Zwecke zuzuführen, soweit sie nicht zur Aufrechterhaltung und Erweiterung des Verlages notwendig sind.*
5. *Der Kulturbund ist, wie er immer wieder betont hat, bereit, mit den beiden Geschäftsführern des Verlages Verträge abzuschließen, die ihren berechtigten Interessen in jeder Hinsicht entsprechen, dabei soll als Vergütung für die Leistungen der Geschäftsführer nicht nur ein festes monatliches Gehalt, sondern auch eine Beteiligung am*

Umsatz erfolgen, auch jede andere vertretbare Gestaltung der Vergütung wird diesseits wohlwollend geprüft werden.
Berlin, den 15. Januar 1947
W/Moe«[18]

Am darauffolgenden Tag kam es zu einer Konfrontation zwischen Wilhelm und Willmann. Der Generalsekretär des Kulturbunds warf dem Geschäftsführer vor, mit der vorgeschlagenen Neuregelung private Gewinninteressen zu verfolgen. Wilhelm erklärte umgehend durch ein Schreiben vom selben Tag: »*Im Interesse völliger Klarheit und um diesen ausgesprochenen und ähnlichen Unterstellungen aber auch jeden Nährboden zu entziehen, verzichte ich für meine Person hiermit voll und ganz auf den Erwerb von Gesellschafter-Anteilen.*«[19]

Im März 1947 begann der aus der Emigration in New York zurückgekehrte Max Schröder seine Arbeit als Cheflektor des Aufbau-Verlages. Kurt Wilhelm, der noch bis dahin die Hoffnung gehegt hatte, wieder Miteigentümer des Verlages werden zu können, versuchte mehrmals Johannes R. Becher umzustimmen, aber als er merkte, dass dieser niemals der Partei widersprechen würde, kündigte er und verließ am 2.4.1947 zornig und im Streit den Aufbau-Verlag, dessen erstaunlicher Erfolg bis dahin ganz wesentlich auch sein Verdienst gewesen war.

Das Ausscheiden der bisherigen »bürgerlichen« Geschäftsführer und die zunehmende Konkurrenz neu lizenzierter Verlage in den Westzonen wirkten sich kaum auf das Ansehen des Aufbau-Verlages in der literarischen Öffent-

---
18 AVA ebd.
19 AVA ebd.

lichkeit aus. Günther Weisenborn, Widerstandskämpfer gegen den Nationalsozialismus und Autor des Aufbau-Verlages, initiierte den ersten Deutschen Schriftstellerkongress, den der Kulturbund gemeinsam mit dem Schutzverband deutscher Schriftsteller vom 4. bis 8.10.1947 in Berlin organisierte. Die Eröffnungsrede hielt Ricarda Huch als Ehrenpräsidentin des Kongresses. Fast alle führenden Mitarbeiter des Verlages und dessen in Deutschland anwesende Autoren nahmen daran teil. Die Veranstaltung sollte »Deutschland und der Welt zeigen, dass jetzt bei uns Kräfte am Werk sind, die für eine Erneuerung der deutschen Literatur in einem weltoffenen Geist eintreten«. Allgemeiner Konsens war, dass Literatur antifaschistisch zu sein habe, und eine Resolution gegen den Antisemitismus wurde beschlossen.

Bei dem zweiten Deutschen Schriftstellerkongress, der vom 18. bis 19.5.1948 in Frankfurt am Main stattfand, traten nach den einseitig angekündigten politischen Veränderungen in den Westzonen die Differenzen zwischen Ost und West klar hervor. Die Verlage und Autoren der Ostzone blieben dem Kongress fern. Nicht nur das Land, auch die deutsche Verlagslandschaft war jetzt in zwei Hälften geteilt. Für viele Autoren bedeutete die Veröffentlichung ihrer Texte in dem einen Staat, dass sie in dem anderen Staat keinen Verlag fanden. Der Aufbau-Verlag verlor aus diesem Grunde einige wichtige Autoren, darunter seinen ersten Bestsellerautor Theodor Plievier, der im Herbst 1947 in die Bizone umgezogen war. In seiner Rede mit dem Titel »Einige Bemerkungen zur Bedeutung der Freiheit« in der Frankfurter Paulskirche während des zweiten Deutschen Schriftstellerkongresses stellte er die für ihn charakteristische Frage: »*Kann man sich denn nicht vorstellen, daß einer aus dem Osten weggeht, ohne sich deshalb dem Westen zu verschreiben*«?

Dies geschah zu einer Zeit, in der sich die politischen Verhältnisse in Deutschland dramatisch veränderten. Schon seit dem Sommer 1947 war zwischen den Alliierten unter Beteiligung deutscher Stellen über die Notwendigkeit einer Währungsreform in Deutschland diskutiert worden. Die Sowjetunion verweigerte ihre Zustimmung. Die Westmächte entschlossen sich zum Alleingang und begannen insgeheim mit konkreten Vorbereitungen für eine neue deutsche Währung. Auf der Londoner Sechs-Mächte-Konferenz, die ohne Beteiligung der Sowjetunion vom Februar bis Juni 1948 stattfand, beschlossen die drei Westmächte gemeinsam mit den Benelux-Staaten die Gründung eines westdeutschen Staates und forderten die deutschen Länder auf, dafür einen Parlamentarischen Rat einzuberufen.

Diese einseitig von den Westmächten initiierte Gründung eines westdeutschen Separatstaats bezeichnete die Sowjetunion als Verstoß gegen das Potsdamer Abkommen, das die Einheit Deutschlands bestimmt hatte. Am 20.3.1948 »vertagte« sie aus Protest gegen die Ergebnisse dieser Londoner Konferenz die Beschlussfassung des Alliierten Kontrollrats. Dessen Tätigkeit »ruhte« dann für Jahrzehnte, bis die vier Mächte kurz nach der Wende in der DDR wieder zusammentraten und durch die Verträge zur Wiedervereinigung Deutschlands der Alliierte Kontrollrat schließlich aufgelöst wurde.

OEB statt GmbH

Im November 1947 wurde die Tätigkeit des Kulturbunds von den Besatzungsmächten der amerikanischen und britischen Zone verboten. Der Verein verlegte deshalb seinen Sitz in den sowjetischen Sektor und in die Nähe des Aufbau-Verlages.

Ein Jahr nach der hastig durchgeführten eigenen Währungsreform in der sowjetisch besetzten Zone brachte der Präsident des Kulturbunds vor der Notarin Gentz im Namen des von ihm allein vertretenen Kulturbunds am 15.7.1949 folgenden Gesellschafterbeschluss zu Protokoll:

»*Der Erschienene erklärte:*
Der von mir vertretene Kulturbund zur demokratischen Erneuerung Deutschlands e. V. ist Inhaber sämtlicher Geschäftsanteile der Firma Aufbau Verlag Gesellschaft mit beschränkter Haftung.

Ich halte hierdurch unter Verzicht auf alle Ladungsformalitäten eine außerordentliche Gesellschafterversammlung der Firma Aufbau Verlag GmbH ab mit dem einzigen Punkt der Tagesordnung Umstellung des Gesellschaftskapitals auf Deutsche Mark der Deutschen Notenbank und Satzungsänderung.

Ich fasse hierzu folgenden Beschluß:
Das Stammkapital der Gesellschaft wird in vollem Umfan-

ge von Reichsmark (RM) auf Deutsche Mark der Deutschen Notenbank (DM) umgestellt und beträgt 200.000,– DM.

§ 6 der Satzung fällt in seiner bisherigen Fassung fort und erhält nunmehr folgenden Wortlaut:
Das Stammkapital der Gesellschaft betrug bei Gründung 20.000,– RM. Hierauf haben die Gesellschafter folgende Stammeinlage geleistet:

Herr Willmann	5.000,– RM
Herr Gysi	5.000,– RM
Herr Wilhelm	5.000,– RM
Herr Schiele	5.000,– RM

Nach Übergang sämtlicher Geschäftsanteile auf den Kulturbund ist durch Gesellschafterbeschluß vom 2.5.1949 das Stammkapital um 180.000 DM erhöht worden und ferner durch Gesellschafterbeschluß vom 5. Juli 1949 auch das bisherige Gesellschaftskapital auf Deutsche Mark der Deutschen Notenbank umgestellt worden. Das Stammkapital beträgt jetzt 200.000,– DM (Zweihunderttausend Deutsche Mark) der Deutschen Notenbank.«[20]

Am 31.12.1948 waren insgesamt 92 Personen beim Aufbau-Verlag beschäftigt. Heinrich Willmann war nominell als Geschäftsführer der Aufbau-Verlag GmbH im Handelsregister eingetragen, aber als Bundessekretär des Kulturbunds war er zu beschäftigt, um dort tatsächlich zu arbeiten. Erich Wendt war der im Verlag tätige Geschäftsführer der Aufbau-Verlag GmbH. Er befasste sich hauptsächlich mit der ideologisch-politischen Leitung des Verlages und seines Programms, das vom Cheflektor Max Schröder vorgeschlagen und gestaltet wurde. Der noch von Kurt Wilhelm eingestellte, aber wegen

---

20 Urkunde 500/1949 der Notarin Ingeburg Gentz, AVA 0502-0225

seines Wohnsitzes in Westberlin 1950 entlassene Prokurist Paul Kohlhase, war kaufmännischer und produktionstechnischer Leiter des Verlages und hatte als branchenerfahrener Fachmann in der schwierigen Übergangszeit der Jahre 1947/48 die Produktion erfolgreich gesteuert. Sein Nachfolger wurde der aus dem Exil in Mexico zurückgekehrte Walter Janka. In der allgemeinen Verwaltung des Betriebes waren 24 und in den Bereichen des Buchverlags 47 Mitarbeiter beschäftigt. Für die Redaktion der Zeitung »Sonntag« arbeiteten 13, für die Zeitschrift »Aufbau« 6 fest angestellte Mitarbeiter.

In einem Vertrag zwischen der Aufbau-Verlag GmbH und dem Kulturbund ist geregelt:

»1. Der Aufbau-Verlag führt auf Grund der von der Oberfinanzdirektion erteilten Genehmigung unter der Bezeichnung ›Lizenzgebühr‹ zur Absetzung von 35 % des Verlagsumsatzes als gewinnmindernde Betriebsausgabe bei der Ermittlung der körperschaftssteuerpflichtigen und gewerbesteuerpflichtigen Gewinne rückwirkend per 1.1.1950 6 % des Ladenpreises auf alle getätigten Buchverkäufe an den Kulturbund ab.«[21]

Diese Regelung brachte dem Kulturbund als Eigentümer des Verlages gegenüber den privaten Kapitalgesellschaften die politisch gewollten Vorteile, durch die gezielt die partei- und organisationseigenen Betriebe auch steuerlich privilegiert wurden.

Noch wichtiger war die Privilegierung der SED bei der Versorgung der Parteibetriebe mit den in der zentralen Planwirtschaft der DDR chronisch knappen Rohstoffen, Produktionsmitteln und Dienstleistungen.

---

21 AVA 0502-0077

Walter Janka schrieb am 21.4.1950 an die Zentrag:

»*Zentrale Druckerei-, Einkaufs- und Revisionsgesellschaft, z. Hnd. des Gen. Hockarth«:*

hiermit bitten wir Euch, für unseren Verlag ab 1950, wie für alle anderen parteieigenen Betriebe, die Betreuung und Beratung zu übernehmen. Nach unserer Auffassung ist die Tatsache, daß wir dem Kulturbund angehören, kein Grund, um unseren Antrag abschlägig zu beantworten.«[22]

Am 27.5.1950 erhielt die Aufbau-Verlag GmbH das Antwortschreiben der Zentrag vom 22.5.1950:

»*Betr.: Antrag auf Betreuung durch die ZENTRAG.*

Wir bestätigen Ihr Schreiben vom 21.4. und teilen Ihnen mit, daß wir in der Geschäftsleitungs-Sitzung vom 19. ds. Mts. beschlossen haben, Ihrem Antrag bezüglich Aufnahme der Betreuung durch die ZENTRAG stattzugeben.

Die Betreuung erstreckt sich auf die gesamte Geschäftsführung, Revision und Personalpolitik sowie die Verplanung Ihres Betriebes im Rahmen der Planorganisation. Als Entschädigung dafür erhebt die ZENTRAG einen Bonus von 0,5 % des Umsatzes. Die Aufnahme unserer Verpflichtung beginnt ab 1. Juni 1950.«[23]

Bei der Vorbereitung der Volkskammerwahl kam es 1950 zwischen der SED und den Blockparteien zu heftigen Diskussionen, weil die »demokratischen« Massenorganisationen, z. B. der Kulturbund, eigene Kandidaten aufstellen und Fraktionen in der Volkskammer bilden konnten und damit die führende Rolle der SED weiter stärkten. Die SED argumentierte, dass diese Organisationen selbstständige und unabhängige Vereinigungen von Mitgliedern aus allen Parteien

---

22 AVA 0345-0160
23 AVA 0345-0158

seien, und betonte deren rechtliche, organisatorische und politische Unabhängigkeit. Gleichzeitig wollte die SED bei einigen ihrer Buchverlage, die von Treuhändern gegründet waren, die Eigentumsverhältnisse verschleiern. Sie beschloss daher neben der schon 1945 gegründeten Zentrag, die als zentrales Leitungsorgan der Verlage und Druckereien der Parteileitung fungierte, eine für diese Zwecke 1952 neu gegründete »Druckerei- und Verlagskontor GmbH« als zentrale Leitung für die Verlage, ihr nahestehende gesellschaftliche Organisationen und die von Treuhändern für die Partei geführten Buchverlage zu nutzen. Die »Betreuung« und wirtschaftliche Verwaltung des Aufbau-Verlages wurde deshalb auf dieses in der Öffentlichkeit wenig bekannte »Druckerei- und Verlagskontor« (DVK) übertragen.

Etwas später kam auch der volkseigene Buchhandel unter die zentrale Leitung des Druckerei- und Verlagskontors und schließlich die Leipziger Kommissions- und Großbuchhandelsgesellschaft (LKG) als zentrale Auslieferung des Buchhandels für die DDR.

Das DVK entwickelte in Abstimmung mit dem Amt für Literatur und Verlagswesen die zentral gesteuerte Betriebsplanung für die von ihm betreuten parteieigenen und organisationseigenen Buchverlage der DDR. Dessen Rahmen wurde auch für den Aufbau-Verlag des Kulturbunds verbindlich und schränkte seine wirtschaftliche und programmatische Bewegungsfreiheit immer mehr ein.

Sämtliche betriebswirtschaftlichen Daten mussten dem DVK vorgelegt und von dort genehmigt werden. Produktionskosten, Investitionen, Personalkosten, Materialqualitäten und -mengen, Neu- und Nachauflagen wurden in Planziffern zusammengefasst und in detaillierten Plänen und deren Änderungen fortgeschrieben.

Demgegenüber hatten die verwalteten Verlage und deren

Eigentümer von der zentralen Anleitung durch das DVK viele Vorteile in der Papierversorgung und der Zuteilung von Druckkapazitäten, aber auch in der allgemeinen Verwaltung. Zum Beispiel entfielen die Prämien der freiwilligen Risikoversicherung der einzelnen Verlage, weil das Risiko vom DVK übernommen wurde. Die Festsetzung der gebundenen Ladenpreise wurde sehr vereinfacht. Die vom DVK erarbeiteten Preisbildungsrichtlinien für Bücher bauten auf den technischen Herstellungskosten auf und sahen die Formel »Kosten Technischer Herstellung« (KTH) x 4 = Ladenpreis vor. Nach den Angaben von Heinrich Rösner wurde der Verkaufserlös wie folgt aufgeteilt:

25 % KTH, 20 % Gemeinkosten, 10 % (bis 15 %) Autorenhonorar, 10 % Verlagsgewinn und 35 % Buchhandelsgewinn (davon 5 % LKG und 30 % Einzelhandel).

Die Ermittlung sämtlicher Steuerverpflichtungen der dem DVK nachgeordneten Verlage wurde für alle Steuerarten – Umsatzsteuer, Körperschaftssteuer, Gewerbesteuer, Vermögenssteuer usw. – radikal vereinfacht. Aus den festgestellten Beträgen mehrerer Jahre ermittelte man den Durchschnitt der Gesamtabführungen des DVK-Bereichs. Dieser Betrag wurde in ein prozentuales Verhältnis zum Absatz aus produzierter Leistung gebracht. Der Prozentsatz daraus war dann künftig maßgeblich für die Berechnung und Regulierung sämtlicher Steuerverpflichtungen, die vom DVK als einzigem Steuerpflichtigen zentral mit dem Ministerium der Finanzen abgerechnet wurden. Dieses grundsätzlich auch in der BRD als »tatsächliche Verständigung« zwischen Steuerpflichtigem und den Finanzbehörden bekannte Verfahren war in diesem Umfang natürlich nur innerhalb einer zentral gesteuerten Planwirtschaft und auch nur deshalb möglich, weil aus politischen Gründen die partei- und organisationseigenen Verlage privilegiert wurden.

Da die Papier- und Materialzuteilungen, die Druckaufträge und Auflagen fest geplant und aktuelle Bestseller schon wegen der begrenzten Auflagen kaum vorhanden waren – begehrte Titel waren »Bückware« (d. h. unter dem Ladentisch gehortet) –, war der Absatz der Produktion des Aufbau-Verlages zwar nicht beim Leser, aber wenigstens beim Buchhandel meistens gesichert. Tatsächlich blieb – abgesehen von Produktionsproblemen in der Zulieferindustrie und den Druckereien – als wichtigster Risikofaktor nach Fertigstellung der Manuskripte nur noch die Erteilung der Druckgenehmigungen.

Die rechtliche Grundlage für die Tätigkeit der Verlage in der SBZ war die von der Informationsverwaltung der SMAD, Abteilung Verlagswesen, dem jeweiligen Lizenzträger erteilte Genehmigung zur Ausübung der verlegerischen Tätigkeit. Die nach der Gründung des Aufbau-Verlages dem Kulturbund erteilte Lizenz Nr. 9 vom 29.11.1945 wurde 1947 durch eine Lizenzurkunde (im A3-Format und mit einem Schmuckrahmen versehen) mit der Nummer 438 ersetzt. Für die Herstellung und Verbreitung war zusätzlich die individuelle Druckgenehmigung für jeden einzelnen Titel erforderlich. Dies beantragten die von der SMAD lizenzierten Verlage beim Kulturellen Beirat im Referat für Verlagswesen der Deutschen Zentralverwaltung für Volksbildung. Dort wurden die Entscheidungen der SMAD über die Zensur der Titel, die Druckgenehmigung und die Zuteilung von Papier vorbereitet und den Verlagen mitgeteilt.

Nach der Gründung der DDR übernahm zunächst der Kulturelle Beirat der Hauptabteilung Literatur im Ministerium für Volksbildung die Erteilung der Druckgenehmigungen für die lizenzierten Verlage.

Zum 12.10.1949 wurde beim Büro des Ministerpräsidenten der DDR das Amt für Information geschaffen. Zu dessen ersten Aufgaben gehörten vor allem die Prüfung, Erteilung und Überwachung der Lizenzen für den Betrieb der Buchverlage und der Zeitungen und Zeitschriften in der DDR.

Die bisher von der SMAD für die verlegerische Tätigkeit in der SBZ erteilten Lizenzen wurden mit Wirkung zum 31.12.1951 für ungültig erklärt. Das Amt für Literatur forderte in einem Rundschreiben alle bisher lizenzierten Verlage auf, eine neue Lizenz zu beantragen. Auch die dem Kulturbund nach dem Erwerb der Gesellschaftsanteile an der Aufbau-Verlag GmbH erteilte Lizenz Nr. 438 zum Betrieb des Aufbau-Verlages war davon betroffen. Am 9.11.1950 erhielt der Verlag per Einschreiben einen Brief dieses Amtes:

»Betr.: Lizenzurkunde Nr. 438 für den Verlag
Aufbau-Verlag GmbH
Aufgrund des Schreibens des Vorsitzenden der Sowjetischen Kontrollkommission in Deutschland, Armeegeneral Wassili I. Tschujkow, an den Ministerpräsidenten der Deutschen Demokratischen Republik, Otto Grotewohl, vom 27. Februar 1950 sind dem Amt für Information der Deutschen Demokratischen Republik die Funktionen, die aus dem Befehl Nr. 90 des Obersten Chefs der Sowjetischen Militärverwaltung vom 17. April 1947 hervorgehen, übertragen.

Im Zuge der Erneuerung der Ihnen erteilten Lizenz Nr. 438 zur Ausübung der verlegerischen Tätigkeit unter der Bezeichnung Aufbau-Verlag GmbH durch das Amt für Information der Regierung der Deutschen Demokratischen Republik machen sich folgende Maßnahmen erforderlich:

Bis zum 25.11.1950 ist an das Amt für Information der Deutschen Demokratischen Republik, Berlin, ein formloser Antrag auf Erneuerung Ihrer Verlagslizenz zu stellen, dem folgende Anlagen beizufügen sind:

1. *Kurze Verlagsgeschichte, aus der besonders das Gründungsjahr, evtl. Arbeitsunterbrechungen, das derzeitige Verlagsgebiet, die genaue Firmenbezeichnung (Anschrift, Telefon, Telegramm-Adresse) sowie die Besitzverhältnisse hervorgehen müssen.*
2. *Das Original der Ihnen ausgehändigten Lizenzurkunde Nr. 438.*
3. *Für die derzeitigen Inhaber (auch Gesellschafter) Lizenzträger und Geschäftsführer an Personalunterlagen:*
   ein Fragebogen nach anliegendem Muster,
   » ausführlichen und lückenlosen Lebenslauf,
   » Paßfoto.
4. *Für Gesellschaftsunternehmen eine beglaubigte Abschrift des Gesellschaftsvertrages. Damit eine fristgemäße Erledigung der Bearbeitung des Antrages auf Erneuerung Ihrer Verlagslizenz gewährleistet ist, wird um termingerechte Erledigung dieses Schreibens gebeten. [...]*
gez.: Gerhard Eisler
Leiter des Amtes«[24]

Am 13.11.1950 schrieb die Geschäftsleitung des Verlages an das Amt für Information, Abteilung Presse-Gesetz, Berlin W1, Thälmannplatz 8–9:
»*Betr.: Lizenzerneuerung – Ihr Schreiben vom 9.11.50.*
Anbei übersenden wir Ihnen eine kurze Verlagsgeschichte, Abschrift der Gründungsverhandlung und des Gesellschafterstatuts sowie Fragebogen des Herrn Klaus Gysi und Paßfoto von Herrn Erich Wendt. Der noch fehlende Lebenslauf und das Paßfoto von Herrn Gysi werden in Kürze nachgereicht.
  Lebenslauf und Fragebogen von Herrn Wendt und die

---

24 AVA 0502-0116

Lizenzurkunde der sowjetischen Militärverwaltung wurden Ihnen schon vor einigen Tagen zugesandt.
Hochachtungsvoll
Aufbau-Verlag GmbH,
Janka«[25]

Die dem Amt übersandte kurze Geschichte der Aufbau-Verlag GmbH zitiert den Gesellschaftsvertrag nach der Urkundenrolle I/45 vom 16.8.1945, das damalige Stammkapital von RM 20.000,–, die Firma Aufbau-Verlag GmbH und den Sitz Französische Straße 32.

»Gegenstand des Unternehmens war und ist die Herausgabe von Büchern, Zeitungen und Zeitschriften. Insbesondere achtet die Gesellschaft darauf, die Belange des Kulturbundes in jeder Form zu wahren.

Seit dem 1. September 1945 gibt der Aufbau-Verlag die kulturpolitische Monatsschrift ›Aufbau‹ und seit dem 7. Juli 1946 die Wochenzeitung für Kulturpolitik und Unterhaltung ›Sonntag‹ heraus. [...] Die Buchproduktion verfolgt im Wesentlichen die Herausgabe schöngeistiger, wissenschaftlicher und kulturpolitischer Literatur.

Laut Gesellschafterbeschluß vom 1. März 1946 haben die eingangs angeführten Teilhaber ihre Anteile an den Kulturbund zur demokratischen Erneuerung abgetreten. Dieser ist seitdem alleiniger Inhaber aller Anteile der Aufbau-Verlag GmbH.

Erich Wendt   Klaus Gysi«[26]

Im Juli 1951 wurde der Kulturelle Beirat der Hauptabteilung Literatur des Ministeriums für Volksbildung aufgelöst. Im »Kampf um den Frieden und die Einheit Deutschlands«, der

---
25 AVA 0502-0120
26 AVA 0502-0121

die Zentralisierung und Förderung der Buch- und Zeitschriftenproduktion und eine »Verbesserung der Arbeitsbedingungen der lizenzierten Verlage« erfordere, schaffte man mit der »Verordnung über die Entwicklung fortschrittlicher Literatur« vom 16.8.1951 bei der Regierung der DDR das »Amt für Literatur- und Verlagswesen«. Ab dem 1. September 1951 war dieses Amt für die Erteilung von Druckgenehmigungen, die Zuteilung der Produktionsmittel und die Lizenzierung der in der DDR zugelassenen Verlage zuständig.

Der Aufbau-Verlag erhielt am 9.10.1951 vom Amt für Literatur und Verlagswesen die auf seinen Eigentümer, den Kulturbund zur demokratischen Erneuerung Deutschlands, als alleinigen Lizenzträger ausgestellte Lizenz mit der Nr. 301 zur Ausübung der verlegerischen Tätigkeit im Rahmen der Firma Aufbau-Verlag GmbH, Berlin.

Diese Lizenz mit der Nr. 301[27] war bis zur Wende die unverzichtbare Arbeits- und Existenzgrundlage des Verlages.

Ohne diese Lizenz wäre in der DDR seine Tätigkeit nicht möglich gewesen. Sie bestimmte, dass der Kulturbund die Genehmigung zur Ausübung der verlegerischen Tätigkeit im Rahmen der Firma Aufbau-Verlag GmbH erhält, dass der Verlag keine weiteren Gesellschafter hat und beschränkt das Verlagsgebiet auf Belletristik, Kulturpolitik und Populärwissenschaft.

Die weiteren grundlegenden Bedingungen für den Bestand dieser Lizenz wurde in der Urkunde selbst festgelegt:
»4. a) daß Verfassung und Gesetze der Deutschen Demokratischen Republik eingehalten sowie die Anordnungen der Regierung der Deutschen Demokratischen Republik befolgt werden;

---

27 Lizenz Nr. 301 für den Kulturbund zum Betrieb des Aufbau-Verlages, Ablichtung im Anhang. BFL/BvS K 018, K 269, K 270

b) daß alle auf Grund dieser Lizenz erscheinenden Veröffentlichungen die Aufschrift ›Veröffentlicht unter der Lizenznummer 301 des Amtes für Literatur und Verlagswesen der Deutschen Demokratischen Republik‹ tragen;

c) daß unter 1. und 2. nicht aufgeführte natürliche und juristische Personen ohne ausdrückliche Genehmigung des Amtes für Literatur und Verlagswesen der Deutschen Demokratischen Republik weder an dem Unternehmen beteiligt sind noch irgendwelche Gewinnanteile aus dem Unternehmen erhalten.

Beim Ausscheiden oder Neuaufnahme von Gesellschaftern erlischt die Lizenz, falls nicht innerhalb von zwei Wochen Erneuerung beantragt wird.«

Die Lizenz wurde auf unbestimmte Zeit erteilt und war bis zur 1990 verfügten Abschaffung der Lizenzpflicht in der DDR gültig. Am 20.2.2018 bestätigte die Deutsche Nationalbibliothek, dass in allen Büchern des Aufbau-Verlages bis zum Jahre 1989 auflagengemäß die Lizenznummer 301 angegeben war.[28]

In einer Liste des Amtes für Literatur und Verlagswesen vom 31.10.1951 werden die 70 Verlage in Berlin und in der DDR aufgeführt, die bereits eine Lizenz erhalten hatten. Dabei war auch der Aufbau-Verlag des Kulturbunds[29].

Die lizenzierten Verlage mussten ihre Themenpläne einschließlich der Nachträge bis September des Vorjahres vom Amt für Literatur und Verlagswesen genehmigen lassen. Das Amt konnte den Verlagen bestimmte Werke »empfehlen«, und alle zur Veröffentlichung vorgesehenen Manuskripte mussten »begutachtet« werden: *»Die zur Veröffentlichung*

---

28 Ablichtung im Anhang
29 BArch_DR_1_1938_DSC_0767

bestimmten Werke sind dem Amt für Literatur und Verlagswesen zur Begutachtung und Befürwortung vorzulegen.«[30] Die Gesamtplanung des Verlages, die Auflagenhöhe, die jeweiligen Papierkontingente, die Druckkapazitäten usw. mussten vom Amt bestätigt worden sein, bevor mit der Herstellung begonnen werden durfte. Das Amt für Literatur und Verlagswesen entschied bei 43 Verlagen über die Zuteilung von Papier und Druckkapazität. Die partei- und organisationseigenen Verlage, darunter der Aufbau-Verlag des Kulturbunds, wurden vom Druckerei- und Verlagskontor mit Papier, sonstigem Material und Druckkapazität versorgt. Die besonders privilegierten Parteiverlage erhielten ihre Produktionsmittel von der VOB Zentrag.

Seit der Gründung der DDR und der Umsetzung des staatlichen Zwei- und dann des Fünf-Jahres-Plans wurde der Zugriff der Planbehörden auf die Programme der Verlage immer fester. Die internen Kämpfe um die kontinuierliche Nachlieferung beliebter Titel waren schnell entschieden, da nun auch alle Nachauflagen detailliert beantragt, geplant und genehmigt werden mussten. Damit war es auch dem Aufbau-Verlag nicht mehr möglich, seine gefragten Titel ständig lieferbar zu halten.

Erst nach dem Aufstand am 17.6.1953 und den anschließenden politischen Maßnahmen gewährte die Parteiführung den Verlagen etwas mehr Freiheiten. Zwar produzierte der Aufbau-Verlag die von der SED gewünschten populärwissenschaftlichen Titel mit trivialer sozialistischer Gebrauchsliteratur weiter, aber Walter Janka konnte in den folgenden drei Jahren gemeinsam mit Max Schröder für die Belletristik und Wolfgang Harich für die klassische Literatur und das

---

30 http://www.argus.bstu.bundesarchiv.de, Ministerium für Kultur, Einleitung

Wissenschaftsprogramm hervorragende Autoren und Herausgeber versammeln und Linien eines Programms entwickeln, dessen Anspruch noch heute im Verlag nachwirkt. Werke von Bertolt Brecht, Ernst Bloch, Lion Feuchtwanger, Stephan Hermlin, Hermann Hesse, Alfred Kantorowicz, Victor Klemperer, Georg Lukács, Heinrich und Thomas Mann und Hans Mayer wurden im Aufbau-Verlag veröffentlicht; junge DDR-Autoren wie Dieter Noll und Erwin Strittmatter wurden entdeckt und gefördert. In dieser Zeit wurde die Herausgabe von Werkausgaben der europäischen und deutschen klassischen Literatur das Rückgrat des Programms. Die meisten dieser Werke waren zwar keine Bestseller, aber im Gegensatz zu den politisch motivierten Titeln in jedem Fall von bleibendem Wert.

Walter Janka hatte sich nach dem 17. Juni durch den Neuen Kurs ermutigt gefühlt, besonders den Anteil der modernen westlichen Literatur im belletristischen Programm zu erhöhen, obwohl die dafür erforderlichen Devisen keineswegs gesichert waren. Der Roman »Die vierzig Tage des Musa Dagh« von Franz Werfel, der im Westen verbotene Roman »Mephisto« von Klaus Mann, Narziss und Goldmund von Hermann Hesse, Radetzkymarsch von Joseph Roth, Der Tod ist mein Beruf von Robert Merle, Werke von Hemingway, Sartre und Joseph Conrad wurden in das Programm aufgenommen. Walter Janka setzte sich öffentlich dafür ein, dass die Verlage ihre Programme autonom selbst bestimmen können, und forderte sogar die Abschaffung der Zensur. Bei Johannes R. Becher, dem DVK und selbst im Ministerium für Kultur fand er zunächst dafür Verständnis.

Der Literaturwissenschaftler Professor Hans Mayer, ein brillanter Außenseiter und Grenzgänger in beiden deutschen Staaten, wurde zum wichtigsten Berater des Verlages und seines Lektorates. Auch Walter Janka schaute über die Zonengrenze und setzte sich für die Teilnahme aller deutschen Verlage an den Buchmessen in Frankfurt und Leipzig ein[31] um »wenigstens auf dem Gebiet der Literatur und des Buchhandels die Unteilbarkeit des deutschen Buchschaffens zu wahren«. Ende August 1953 reiste er nach Westdeutschland zu Gesprächen mit Autoren und Verlagen, darunter Rowohlt, Suhrkamp und Desch. In einem Brief an das Sekretariat des Kulturbunds erwähnt er auch eine geplante Besprechung mit einem Anwalt in Frankfurt, in dem es um die Möglichkeit einer Verlagsgründung in Westdeutschland gehen sollte.[32]

Zu dieser Zeit war die von der KPdSU und der SED öffentlich vertretene Politik vorgeblich noch immer auf die staatliche Einheit ganz Deutschlands gerichtet. In der offiziellen Propaganda wurden die Westmächte und die Regierung in Bonn beschuldigt, entgegen dem Potsdamer Abkommen und den Intentionen der Sowjetunion, die Spaltung der deutschen Nation herbeigeführt zu haben. Tatsächlich aber hatte die SED ab der Gründung der DDR wichtige Teile des bis dahin geltenden öffentlichen Rechts und des Zivilrechts drastisch geändert, um die ökonomische und juristische Anpassung der DDR an das kameralistische Wirtschaftssystem der Sowjetunion herbeizuführen und um ihre Machtposition zu sichern.

Am 20.3.1952 wurde eine »Verordnung über Maßnahmen zur Einführung des Prinzips der wirtschaftlichen Rechnungsführung in den Betrieben der volkseigenen Wirtschaft«[33] erlassen, die eine neue juristische Rechtsform für bestimmte Unternehmen ermöglichte. Fast alle Betriebe im Eigentum der Parteien und Massenorganisationen der DDR wechselten auf dieser Rechtsgrundlage ihre Rechtsform

---

31 AVA 0507-0054
32 AVA 0502-0049
33 Gesetzesblatt DDR 1952, Nr. 38, S. 287

durch ihre Löschung als Kapitalgesellschaft in Handelsregister B und die Eintragung als ein den volkseigenen Betrieben (VEB) gleichgestellter rechtsfähiger »organisationseigener Betrieb« im Register C.

In § 2 der Rechtsverordnung ist bestimmt:
»(1) Das Handelsregister besteht aus den bisherigen Abteilungen A und B und der neu einzurichtenden Abteilung C, die sämtlich in getrennten Registern geführt werden.
(2) In Abteilung C sind alle Eintragungen, die volkseigene Betriebe betreffen, vorzunehmen. Es sind außerdem solche den volkseigenen Betrieben gleichgestellte Unternehmen einzutragen, für die die Eintragung durch das Ministerium der Justiz angeordnet wird.«[34]

Heinrich Rösner, der damalige kaufmännische Leiter des DVK, das bereits – wie auch die Zentrag – als organisationseigener Betrieb eingetragen war, berichtete 1984 in seinen »Erinnerungen« über diese Zeit:

»Die DVK-Verlage waren sämtlich als G.m.b.H gegründet, sie mußten also auch abrechnungsmäßig mit Kapitalkonten und nach überholten G.m.b.H.-Bedingungen geführt werden. Von mir wurde in einer Hauptbuchhalterkonferenz kurzerhand festgelegt, daß die Kapitalkonten aufzulösen sind, und (ich) entwickelte die Methode der Arbeit mit Grundmittel- und Umlaufmittelfonds. Damit waren auch buchhalterisch die Bedingungen geschaffen, die der gesellschaftlichen Entwicklung und der bereits erlassenen Planungsrichtlinie entsprachen.

In einem Fall gab es über diese Maßnahme eine ernste Kritik, und zwar durch den Bundesvorstand des FDGB. Dem

---

34 Ebd. S. 290

DVK wurde der Vorwurf gemacht, es habe den FDGB-Verlag ›Fachbuch-Verlag‹ sozialisiert.

Genosse Hockarth, Genosse Schöbel und ich haben in einer Besprechung beim Genossen Berger Inhalt und Sinn dieser Maßnahme begründet und klargestellt, daß hierdurch selbstverständlich keine Eigentumsverhältnisse berührt werden.«[35]

Aber auch gegenüber dem Kulturbund war diese Klarstellung erforderlich.

Am 18.6.1954 forderte das Druckerei- und Verlagskontor vom Aufbau-Verlag, ein vorbereitetes Formular zu den Eintragungen des Verlages im Handelsregister dem zuständigen Amtsgericht vorzulegen.[36]

Am 28.6.1954 wurde Walter Janka, neben dem 1. Bundessekretär des Kulturbunds, Karl Kneschke, als weiterer Geschäftsführer der Aufbau-Verlag GmbH im HRB eingetragen. Er informierte am 22.7.1954 das Sekretariat des Kulturbunds:

»Der Aufbau-Verlag besteht seit seiner Gründung noch in der Form einer GmbH, deren sämtliche Geschäftsanteile bekanntlich in den Händen des Kulturbunds sind. Diese GmbH ist im Handelsregister B, wie üblich, registriert. Gemeinschaftlich zeichnungsberechtigt sind der Kollege Kneschke und der Unterzeichnete.

Das Druckerei- und Verlagskontor hat jetzt angeordnet, daß unser Verlag als ein den volkseigenen Betrieben gleichgestellter Betrieb im Handelsregister B gelöscht und im Handelsregister C (Register der volkseigenen Wirtschaft) eingetragen wird. Das vom Druckerei- und Verlagskontor zwecks Verwendung bei der Eintragung im Register C an uns über-

---

35 Erinnerungen des Parteiveteranen Heinrich Rösner. PDS Parteiarchiv
36 AVA 0502-0168

sandte Formular sieht den Vorschriften der volkseigenen und dieser gleichgestellten Wirtschaft entsprechend vor, daß der unterzeichnete Verlagsleiter allein vertretungsberechtigt ist.

Da dies eine Änderung der bisherigen Zeichnungsbefugnis bedeuten würde, bitte ich darum, daß bei der nächsten Sekretariatssitzung darüber Beschluß gefasst wird, ob die Umschreibung in Register C in dieser Weise erfolgen soll.«[37]

Nach längeren internen Besprechungen mit dem Kulturbund schickte Janka am 14.1.1955 ein von der Leiterin der Vertragsstelle, Rechtsanwältin Ingeburg Gentz, formuliertes Schreiben an das Druckerei- und Verlagskontor:

»Betr.: Eintragung in das Handelsregister C.
Werte Kollegen!
Sie baten uns mit Schreiben vom 18. Juni 1954 die zur Eintragung unseres Verlages in das Handelsregister C der volkseigenen Wirtschaft erforderlichen Formalien zu erledigen. Am 22. Juni geben wir Ihnen einen Zwischenbescheid, da das Sekretariat des Kulturbundes hierzu einen Beschluß fassen müsse.

Inzwischen ist die Frage, wie Sie wissen, in dem entsprechenden Gremium erörtert worden. Auch mit unserer Rechtsberaterin wurde die Angelegenheit nochmals durchgesprochen. Danach liegen die Dinge folgendermaßen:

Die Eintragung unseres Verlages im Handelsregister C und die damit verbundene Löschung im Handelsregister B würde an sich unserer Struktur als eines den volkseigenen Unternehmen gleichgestellten Betriebes voll entsprechen. Die Gründung des Verlages in Form einer GmbH entsprach dem Übergangszustand aus der kapitalistischen Wirtschaft; zu jener Zeit waren die juristischen Formen für volkseigene und organisa-

---

37 AVA 0502-0166

tionseigene Betriebe noch nicht geprägt. Es wäre also, vom Standpunkt unserer Wirtschaft aus gesehen, nur konsequent, jetzt auch unseren Verlag, dessen Finanzwirtschaft längst den Vorschriften für volkseigene Betriebe angepaßt ist, äußerlich die Form eines den volkseigenen Unternehmen gleichgestellten Verlages zu geben.

Überlegungen wären eventuell noch in folgender Richtung anzustellen: Unser Verlag steht in mannigfachen vertraglichen Wechselbeziehungen zu westdeutschen Verlagen und Autoren, auch zu solchen des kapitalistischen Auslandes. Diesen gegenüber bedeutet es für uns eine gewisse Vereinfachung und Erleichterung, wenn wir in der Form der GmbH, wie sie dort bekannt ist, auftreten können. [...]

Wir halten es für richtig, wenn diese Fragen nochmals in den Kreis der Überlegungen eingeschlossen werden, ehe die endgültige Entscheidung über die Umschreibung unseres Verlages getroffen wird, und wir bitten Sie um Ihre endgültige Stellungnahme.«[38]

Jeweils ein Durchschlag dieses Schreibens ging an den 1. Bundessekretär des Kulturbunds und Geschäftsführer der Aufbau-Verlag GmbH Karl Kneschke und an Johannes R. Becher, den Präsidenten des Kulturbunds.

Am 18.2.1955 schrieb Ingeburg Gentz eine inhaltsgleiche

»A k t e n n o t i z[39]
zur Rücksprache von Herrn Janka mit Herrn Minister Becher. Unser Verlag ist seiner Struktur nach eine G.m.b.H. Der einzige Gesellschafter dieser GmbH ist der Kulturbund, der somit Träger des Unternehmens ist. Entsprechend den gesetzli-

---

38 AVA 0502-0005
39 AVA 0502-0139

chen Bestimmungen für Gesellschaften mit beschränkter Haftung ist unser Verlag im Handelsregister B eingetragen. Die Gründung des Verlages in dieser Form entsprach nach der Beendigung des Krieges dem damaligen wirtschaftlichen und juristischen Übergangszustand aus der kapitalistischen Wirtschaft. Zu jener Zeit waren die wirtschaftlichen und juristischen Formen für volkseigene Unternehmen noch nicht geprägt. Natürlich ist der Verlag keine GmbH mit eigentlich kapitalistischem Inhalt gewesen, was sich schon daraus ergibt, daß alle Anteile in Händen des Kulturbundes liegen. Im Zusammenhang mit der Bildung und Erweiterung der volkseigenen Wirtschaft wurde durch besondere gesetzliche Bestimmungen das Handelsregister C (Register der volkseigenen und ihr gleichgestellten Wirtschaft) angelegt. Alle unsere volkseigenen und die Mehrzahl der sogenannten gleichgestellten Betriebe sind in der Zwischenzeit im Handelsregister B gelöscht und im Handelsregister C eingetragen worden. In den Fragen der Finanzplanung gelten für unseren Verlag ohnehin längst die Bestimmungen der volkseigenen Wirtschaft. Es wäre also nur konsequent, jetzt auch unseren Verlag äußerlich die Form eines den volkseigenen Unternehmen gleichgestellten Verlages zu geben, die Löschung im Register B und die Eintragung im Register C durchzuführen.

Das Druckerei- und Verlagskontor hat alle ihm unterstellten Verlage angewiesen, in dieser Weise zu verfahren. Im Zusammenhang hiermit wäre lediglich folgendes zu bedenken:

Unser Verlag steht in mannigfachen vertraglichen Wechselbeziehungen zu westdeutschen Verlagen und Autoren, auch zu solchen des kapitalistischen Auslands. Diesen gegenüber bedeutet es für uns eine gewisse Vereinfachung und Erleichterung, wenn wir in der Form der GmbH, wie sie dort bekannt ist, auftreten können. [...]

Das DVK, dem diese Bedenken vorgestellt worden sind,

hat erklärt, daß es gleichwohl bei der Umschreibung in das volkseigene Register C bleiben soll.
  Sofern auch Herr Minister Becher diese Meinung teilt, möge er unserem Verlag eine entsprechende Direktive geben.
  Entwurf anliegend.
  gez. Gentz«

Der Minister Johannes R. Becher antwortete am 23.2.1955 dem Aufbau-Verlag:

»Sehr geehrter Herr Janka,
als Vertreter sämtlicher Geschäftsanteile des Aufbau-Verlages ermächtige ich hierdurch die Geschäftsführung des Verlages, die Löschung im Register B und die Eintragung im Register C der volkseigenen Wirtschaft in die Wege zu leiten.«[40]

Damit war die Sache entschieden. Am 25. März 1955 ging der von Walter Janka und Karl Kneschke, den beiden Geschäftsführern des Aufbau-Verlages, unterzeichnete Antrag an das Handelsregister beim Magistrat von Groß-Berlin mit folgendem Text:
  »Wir bitten, unseren Verlag als einen den volkseigenen Betrieben gleichgestellten Betrieb (Unternehmen des Kulturbunds) in das Handelsregister der volkseigenen Wirtschaft (Handelsregister C) einzutragen.
  Anbei überreichen wir als Anlage A die zur Eintragung notwendigen Angaben. Wir bitten, uns von der Eintragung in das Handelsregister C zu benachrichtigen und zugleich von Amts wegen unsere Löschung im Handelsregister B zu veranlassen. Unser Betrieb ist bisher als G.m.b.H. unter HR B 4001 registriert.«[41]

---

40 AVA 0502-0143
41 AVA 0502-0154. Siehe Ablichtung im Anhang

Seit dieser Eintragung im Handelsregister war der Aufbau-Verlag des Kulturbunds rechtlich nicht mehr eine Gesellschaft mit beschränkter Haftung, deren Geschäftsanteile Eigentum des Kulturbunds sind, sondern ein den volkseigenen Betrieben gleichgestellter rechtsfähiger organisationseigener Betrieb im gemeinschaftlichen Eigentum der Mitglieder des Kulturbunds.

Diese sozialistische Eigentumsform war nach der Verfassung der DDR besonders privilegiert und geschützt, z. B. auch vor jeglicher Enteignung.

Der organisationseigene Betrieb wurde unter der Firmierung »Aufbau-Verlag«, deshalb ohne die für volkseigene Betriebe zwingend vorgeschriebene Bezeichnung VEB, in das Register der volkseigenen Wirtschaft eingetragen. Das vom Kulturbund vertraglich mit der Verwaltung des Verlages beauftragte Druckerei- und Verlagskontor wurde in Spalte 2 des Registers als »Übergeordnetes Verwaltungsorgan« eingetragen. Als »Vertretungsbefugte Personen« wurden im Register der volkseigenen Wirtschaft – wie bisher im HRB – in Spalte 3 der Verlagsleiter Walter Janka und der 1. Bundessekretär des Kulturbunds, Geschäftsführer Karl Kneschke eingetragen.

An der Struktur des Verlages oder am Betriebsablauf änderte sich dadurch nichts, aber die Rechtsträgerschaft an den Grundstücken des Verlages wurde geändert.

Walter Janka hatte schon am 14.1.1955 an das Druckerei- und Verlagskontor geschrieben:

»Betrifft: Nutzung unseres Verlagsgebäudes.
Werte Kollegen,
Wir nehmen Bezug auf unser Schreiben an Sie vom 30. Juli v. J., welches sich mit der Frage der Nutzung unseres Verlagsgebäudes Französische Straße 32 befaßt. Wie Sie wissen, sind

über diesen Gegenstand in der Zwischenzeit auch Besprechungen unter Beteiligung des Kulturbunds geführt worden. Wir möchten das Ergebnis aller Erwägungen dahin zusammenfassen, daß es uns richtig erscheint, wenn anstelle des Kulturbundes unser Verlag als Rechtsträger des volkseigenen Grundstücks eingetragen wird. Einmal steht dies im Einklang mit den tatsächlichen Rechtsverhältnissen, denn der Kulturbund ist ja Inhaber unserer Verlagsanteile. Andererseits ist es für uns bei der Durchführung der Investitionsvorhaben bedeutend einfacher, wenn wir auch als Rechtsträger eingetragen sind. Wir nehmen Ihr Einverständnis damit an, daß wir jetzt im Einvernehmen mit dem Sekretariat des Kulturbunds die Umschreibung der Rechtsträgerschaft auf uns in die Wege leiten.
Mit freundlichen Grüßen
Aufbau-Verlag GmbH
Janka«[42]

In den Diskussionen zu den Handelsregistereintragungen des Verlages hatte Walter Janka den Kurswechsel der SED in der Deutschlandpolitik nicht bemerkt oder nicht bemerken wollen. Er wollte Brücken bauen als die SED den Graben zwischen Ost und West weiter vertiefte und die Teilung der Nation auch auf dem Gebiet des Registerrechts betrieb.

Sein wichtiges Motiv dafür war, dass er in Hamburg einen vom Aufbau-Verlag kontrollierten westdeutschen Verlag gründen wollte. Damit bezweckte er im Sinne der noch vor kurzem offiziellen Parteilinie, den Aufbau-Verlag in ganz Deutschland als führendes Editionshaus für »fortschrittliche« Literatur zu positionieren und die gemeinsame deutsche Literatur zu befördern. Mit diesem Unternehmen wollte er

---

42 AVA 500-0024

die von den westdeutschen Verlagen noch immer boykottierten Autoren des Aufbau-Verlages dem dortigen Publikum präsentieren und gleichzeitig den progressiven oder »linken« westlichen Autoren auf dem gesamtdeutschen Markt eine Alternative zu den »bürgerlichen« Verlagen bieten.

Nicht zuletzt sollten auf diese Weise die in der DDR begehrten Devisen erwirtschaftet werden, denn der Aufbau-Verlag war im internationalen Lizenzgeschäft finanziell gegenüber den etablierten Verlagen im Westen kaum konkurrenzfähig und konnte selbst die Lizenzgebühren nur für das Gebiet der DDR kaum aufbringen, wenn sie in konvertierbarer Währung zu zahlen waren.

Er übersandte dem DVK eine von Ingeburg Gentz am 15.10.1955 zu den rechtlichen Verhältnissen des Verlages verfasste

»*A k t e n n o t i z:*[43]

Betr.: Gründung einer Filiale des Aufbau-Verlages in Hamburg.
I.
<u>*Struktur des Aufbau-Verlages.*</u>
Der Verlag wurde 1945 als GmbH gegründet, sein Träger war von vornherein der Kulturbund, jedoch traten bei der Gründung als Übernehmer der Stammanteile der GmbH Strohmänner auf. Späterhin wurden alle Anteile an den Kulturbund abgetreten. Dieser Rechtszustand bestand bis zu diesem Jahr, als auf Anordnung des DVK die Löschung der GmbH im Handelsregister B und die Eintragung des Aufbau-Verlages als organisationseigener Verlag in das Register C der volkseigenen Wirtschaft bewirkt wurde.

Dies ist der gegenwärtige Rechtszustand. Alleinvertretungsberechtigter Leiter des Verlages ist Walter Janka.

---

43 AVA 0499-0009

II.
Möglichkeiten bezüglich der Gründung einer Filiale in Westdeutschland.
Es gibt bei der Gründung einer Filiale oder Zweigstelle oder dergleichen verschiedene Möglichkeiten, von denen die zwei wichtigsten und typischen nachstehend dargelegt werden sollen:
1. Eine echte Filialgründung ist in der Weise möglich, dass eine GmbH, die ihren Hauptsitz hier hat, an einem anderen Ort (dies kann auch in Westdeutschland sein) eine Filiale oder Zweigniederlassung gründet und in das Handelsregister eintragen lässt. [...]
Die insoweit geltenden Bestimmungen des GmbH-Gesetzes usw. sind für die DDR und für die Bundesrepublik im großen und ganzen noch die selben.
Würde man im Falle des Aufbau-Verlages diesen Weg wählen, so wäre er nur gangbar, wenn zuvor die rechtliche Struktur des Aufbau-Verlages als GmbH wieder eingeführt wird, die Löschung im Register C erfolgt und Wiedereintragung im Handelsregister B durchgeführt wird.
Die Durchführung dieser Transaktion im einzelnen ist juristisch-technischer Natur. Für die wirtschaftliche Struktur des Aufbau-Verlages in Berlin würden sich keine Änderungen des gegenwärtigen Zustands ergeben, denn es versteht sich von selber, dass der Kulturbund nach wie vor die Entscheidung als Träger des Aufbau-Verlages in wirtschaftlicher und ideologischer Hinsicht behält. [...]
2. Es wäre auch möglich und denkbar, in Hamburg eine neue rechtlich selbständige Firma (GmbH) mit dem Namen Aufbau-Verlag zu gründen. Diese würde im Westen nach aussen hin als selbständiges Unternehmen auftreten. [...]
Ich neige dazu, den Weg II Ziffer 1) zu wählen, d. h. also Gründung einer echten Filiale nach vorheriger Umformung

des Aufbau-Verlages Berlin in eine GmbH. Bei Abwägung aller Vor- und Nachteile würde ich diesem Wege den Vorzug geben.«

Walter Janka legte diese Aktennotiz dem DKV vor und schrieb am 27.10.1955 an das Druckerei- und Verlagskontor
»*Betr.: Unsere geplante Filiale in Hamburg.*
Werte Kollegin Manske!
Unter Bezugnahme auf die mit Ihnen geführten Erörterungen bitten wir Sie um die ausdrückliche Genehmigung zur Rückübertragung unseres Verlages aus dem Register C in das Register B unter gleichzeitiger Rückumwandlung in eine G.m.b.H. nach dem Stande, wie er bis zuletzt vorhanden war. [...]
Janka«

Dieses Schreiben blieb zunächst unbeantwortet, weil die Entscheidung weit über die Kompetenz des DKV hinausging und von höchsten Stellen der SED genehmigt werden musste. Die von der SED öffentlich verlangte Herstellung der Einheit Deutschlands, die Walter Janka auch auf den deutschen Buchmarkt bezog, war tatsächlich nur ein propagandistisches Lippenbekenntnis der SED. Sie verlangte nun eine nationale Einheit auf der Basis des Sozialismus in ganz Deutschland und begründete mit dieser utopischen Forderung ihre Abgrenzungspolitik.

Am 9.3.1956 schrieb Walter Janka erneut an das DVK:
»*Betr.: Grundsätzliche Fragen.*
Werte Kollegen!
Wir nehmen Bezug auf unseren Vorschlag vom 27. Oktober 1955, der dahin ging, unseren Verlag wieder in eine G.m.b.H umzuwandeln und in das Register B zurückzufüh-

ren, sowie auf unser Schreiben vom 22. Dezember 1955, welches denselben Sachverhalt betrifft.

Auf unsere Anfragen haben wir zwar keinen schriftlichen Bescheid von Ihnen erhalten, es wurde uns aber mündlich bedeutet, daß es bei der Eintragung im Register C verbleiben soll, daß also unser Verlag auch nach außen hin die Struktur eines den volkseigenen gleichgestellten Unternehmens behalten soll.«[44]

Am 29.3.1956 bestätigte das DVK diese Entscheidung:
»*Betr.: Grundsätzliche Fragen.*
Werte Kollegen!
In einer Aussprache mit dem Kollegen Janka wurde bereits festgestellt, daß es für den Aufbau-Verlag bei der Eintragung im Handelsregister C verbleibt. Eine Änderung durch eine Umwandlung Ihres Verlages wiederum in eine GmbH ist aus grundsätzlichen Erwägungen und nach Durchführung von zentralen Besprechungen nicht möglich.«[45]

Die SED hatte damit den Vorschlag von Walter Janka zur Gründung eines Verlages in Westdeutschland endgültig abgelehnt, weil sie die im Gegenzug möglicherweise geforderte Zulassung westlicher Verlage in der DDR nicht erlauben wollte.

---

44 AVA 0502-0013
45 AVA 0502-0011

Das Statut für den Aufbau-Verlag des Kulturbunds

Im Februar 1956 hielt der 1. Parteisekretär der KPdSU Nikita Chruschtschow zum Abschluss des XX. Parteitags der KPdSU eine Rede »Über den Personenkult und dessen Folgen«, in der er einige von Stalins Verbrechen bei den »Säuberungen« der Partei in den 1930er-Jahren bekannt machte und verurteilte.

Die Reformflügel der kommunistischen Parteien besonders in Polen und Ungarn fühlten sich durch diese Entwicklung dazu ermutigt, stalinistische Funktionäre in den eigenen Reihen abzusetzen und einen von der Sowjetunion unabhängigeren und liberaleren Kurs zu versuchen. Im Aufbau-Verlag wurden Texte zur Weiterentwicklung der philosophischen Grundlagen der marxistischen Kulturtheorie und möglichen Reformen in der DDR geprüft. Verlagsleitung, Mitarbeiter, Herausgeber und die Autoren des Aufbau-Verlages begannen heftige Diskussionen über die Zustände in der DDR, in denen auch personelle Konsequenzen im Politbüro der SED gefordert wurden.

Als im Herbst 1956 die sowjetischen Panzer den Aufstand in Ungarn nach blutigen Kämpfen niederschlugen und dort auch Georg Lukács verhaftet wurde, war der Aufbau-Verlag »*ein Hexenkessel an Oppositionsgeist*«.[46]

---

46 Aussage Wolfgang Harich, DER SPIEGEL 23/1990, S. 96

Aber alle Teilnehmer an diesen Diskussionen im Verlag und bei gegenseitigen privaten Besuchen »*waren felsenfest überzeugt, sich ein grundsätzlich positives Verhältnis zum Sozialismus, eine grundsätzlich sozialistische Einstellung bewahrt zu haben. [...] Solche Dinge wie Konspiration gegen den Staat lagen den oppositionellen Geistern im Aufbau-Verlag ganz fern.*«[47]

Die Entstalinisierung gefährdete die Position des 1. Sekretärs des ZK der SED, denn nicht nur im Aufbau-Verlag diskutierte man über seine Ablösung. In dieser Situation nutzte Ulbricht mit sicherem Machtinstinkt die ihm aus den Berichten der Stasi bekannten Aktivitäten der »Harich-Janka«-Gruppe zur demonstrativen Sicherung seiner Position gegen alle möglichen innerparteilichen Gegner und bewies den Sowjets seine unverbrüchliche Treue zur KPdSU.

Nachdem Harich trotz einer Mahnung bei einem Besuch in Hamburg westdeutsche Medien über die Diskussionen im Verlag informiert hatte, wurde er bei seiner Rückkehr am 29. November 1956 verhaftet. Kurz danach brachte die Staatssicherheit Walter Janka und andere »Gleichgesinnte« ins Gefängnis. In den 1957 inszenierten Schauprozessen wegen »Bildung einer konspirativen staatsfeindlichen Gruppe« wurden Harich mit zehn Jahren, Janka mit fünf Jahren und weitere der zu Unrecht Beschuldigten mit zwei bis vier Jahren Zuchthaus bestraft.

Klaus Gysi, Mitbegründer des Verlages und Mitglied im Präsidialrat und im Präsidium des Kulturbunds, wurde am 1.2.1957 als Nachfolger des vom Kulturbund fristlos entlassenen Walter Janka zum Verlagsleiter des Aufbau-Verlages ernannt.

---

47 Ebd.

Klaus Gysi konzentrierte in den folgenden Jahren das Programm wieder auf die angestammten belletristischen Autoren des Verlages und deren Werksammlung in großen Ausgaben. Vielbändige Ausgaben der deutschen und europäischen klassischen Literatur – sehr viel unverfänglicher als die moderne »bürgerliche« Literatur – wurden konzipiert und waren die Basis für die Bedeutung, die der Aufbau-Verlag in den folgenden Jahren im Bereich der Edition klassischer Texte und umfangreicher Werkausgaben erlangen konnte.

Der Grund für die Einschränkung westlicher Literatur im Programm des Aufbau-Verlages war jedoch weniger die von Klaus Gysi auf einer Kulturkonferenz der SED im Oktober 1957 verbreitete Behauptung, dass die »spätbürgerliche« Literatur mit ihrer »Dekadenz eine zweite ideologische Rückzugslinie des Revisionismus« sei[48], sondern der in der DDR eklatante Mangel an Devisen, um die Lizenzgebühren an die Verlage und Autoren im kapitalistischen Ausland bezahlen zu können.

Wenige Tage vor seiner Ernennung zum Verlagsleiter hatte der Cheflektor Günther Caspar einen Brief an den Leiter des Büros für Urheberrechte geschrieben, in dem er auf ein drängendes Problem des Verlages hinwies:

»Sehr geehrter Herr Dr. Glücksmann! Kollege Raddatz vom Ministerium für Kultur hat uns aufgegeben dem Büro für Urheberrechte eine Aufstellung unserer gesamten per 31. Dezember 1956 offenstehenden Devisen-Verpflichtungen einzureichen ... insgesamt betragen unsere Rückstände DM 1.358.578,89.«[49]

Klaus Gysi versuchte deshalb, möglichst viele der im Plan vorgesehenen Titel westlicher Autoren zurückzustellen oder

---

48 Neues Deutschland, 25.10.1957, S. 4
49 AVA 0518-0037

abzusetzen, aber für die laufende Produktion war das nicht möglich. Wegen des langen Vorlaufs erschienen zur Freude der Leser noch im ganzen Jahr 1957 solche angeblich »dekadenten« Titel. Verantwortlich dafür waren natürlich auch das Druckerei- und Verlagskontor und das Amt für Literatur und Verlagswesen, das die »Qualität« der Texte geprüft und die Druckgenehmigung erteilt hatte.

Die dem Aufbau-Verlag übergeordnete Behörde hatte die finanziellen Konsequenzen der von Janka geprägten Programmpolitik übersehen und betrieb auch die Gründung der von ihm geplanten Kommissionsauslieferung in Westdeutschland nicht weiter. Im Frühjahr 1957 untersagte das Büro für Urheberrechte den Abschluss von weiteren Autoren- und Lizenzverträgen, die Devisenzahlungen auslösen, und kurz danach stoppte die Notenbank der DDR sogar alle bereits bewilligten Transferzahlungen in das westliche Ausland. Wohl deshalb wurde 1958 die bisherige Leitung des DVK abgelöst. Parteiintern diskutierte man die Möglichkeiten effektiverer Kontrollen der Verlagsprogramme und den Umgang mit Urheberverwertungsrechten, die nur mit Devisen zu bezahlen waren. Nach dem Bau der Mauer beschlossen Verantwortliche der SED, die man getrost als Mitglieder einer kriminellen Vereinigung[50] bezeichnen kann, dafür eine einfache aber rechtswidrige Lösung, die allerdings später erhebliche Folgen hatte.

Anfang Februar 1958 wurde Max Burghardt, Intendant der Staatsoper, auf Vorschlag von Johannes R. Becher beim 5. Bundeskongress in Berlin zum neuen Präsidenten der nun »Deutscher Kulturbund« genannten Organisation gewählt. Der neue Name und die neu formulierten »Grundaufgaben des Deutschen Kulturbundes« suggerierten, dass die demo-

---

50 Siehe Fn 105. BFL/BvS K026

kratische Erneuerung Deutschlands jedenfalls in der DDR erfolgt sei und nun die sozialistische deutsche Nationalkultur ausgebaut werden solle.

Am 10.1.1961 erließ der Präsidialausschuss des Kulturbunds mit Wirkung zum 1.1.1961 das Statut des Aufbau-Verlages, mit dem der Kulturbund als dessen Eigentümer bestätigt und die Bezeichnung des Verlages im Rechtsverkehr als »Aufbau-Verlag, Verlag des Deutschen Kulturbunds« bestimmt wurde. Das Druckerei- und Verlagskontor hatte gegenüber dem Verlag »die Aufgaben einer VVB« zu erfüllen, d. h. bei der ökonomischen Anleitung und Verwaltung als Vertreter des Eigentümers Kulturbund zu handeln.

Am 4.2.1961 übersandte Klaus Gysi die betreffenden Urkunden an den Kulturbund zur Unterschrift durch dessen Präsidenten und erhielt umgehend die unterzeichneten Exemplare zurück. Damit hatte der Aufbau-Verlag, wie die Kollegen vom DVK schrieben, das »grundlegende Dokument« für seine weitere Arbeit als Kulturbundverlag erhalten.[51] Dieses Statut galt bis zum Ende der DDR.

Das DVK wurde zum 1.1.1963 in das Ministerium für Kultur der DDR integriert und brachte auch die Betreuung des Aufbau-Verlages dort ein. Bis zum Beitritt der DDR zur Bundesrepublik Deutschland blieb, wie das Statut des Aufbau-Verlages, auch die Rechtsform organisationseigener Betrieb bestehen.

Der größte und literarisch bedeutendste Verlag der DDR war damit allgemein als Verlag des Kulturbunds anerkannt. Nach der Verfassung der DDR war er als organisationseigener Betrieb des Kulturbunds kollektives Eigentum der Mitglieder des Kulturbunds und deshalb eigentumsrechtlich besonders geschützt und privilegiert. Die Integration in das

---

51 Ablichtung im Anhang

Verlags- und Buchhandelssystem der DDR, die Anleitung durch das Ministerium für Kultur der DDR und die spätere Profilierung des Verlagswesens der DDR haben daran nichts geändert, sondern im Gegenteil die Eigentümerstellung des Kulturbunds und die Zugehörigkeit des Aufbau-Verlages zu dieser Organisation ausdrücklich bestätigt.

Mit diesem Statut hatte der Kulturbund alle Vorgaben der SED für den Aufbau-Verlag erfüllt. Die Verantwortung für den ökonomischen Erfolg des Verlages war dem DVK und später der HV Verlage übertragen worden, und der Kulturbund konnte trotz der hohen Kosten für den Vertrieb seiner Zeitschrift »Sonntag« mit erheblichen jährlichen Gewinnabführungen des Aufbau-Verlags rechnen, die nach den staatlichen Subventionen und den Beitragszahlungen der Mitglieder seine wichtigste Einnahmequelle waren.

Nach der Satzung des Kulturbunds war der jeweilige Verlagsleiter qua Amt Mitglied des Präsidialrats des Kulturbunds, der dadurch unmittelbaren Zugang zur Geschäftsleitung des Verlages hatte. Leitende Funktionäre des Kulturbunds nahmen regelmäßig an den jährlichen Themenplanbesprechungen und Planauswertungen und vor allem an den Rechenschaftslegungen des Verlages als Vertreter des Eigentümers Kulturbund teil.

Die Profilierung des Verlagswesens

Schon vor dem Bau der Mauer am 13.8.1961 war, ausgehend von der Kulturabteilung im Sekretariat des ZK der SED, im Ministerium für Kultur, im Amt für Literatur und Verlagswesen, in der Zentrag, dem DVK und den literaturvertreibenden Institutionen der DDR, intensiv über die zukünftige Gestaltung des Verlagswesens diskutiert worden. Klaus Gysi schrieb 1962 im Strukturplan-Vorschlag des Aufbau-Verlages:

»Für die gegenwärtige Lage ist es charakteristisch, daß auch in diesem Jahr der Grundsatz von kulturpolitischer und ökonomischer Planung in der Anleitung nicht sichergestellt werden konnte (z. B. zwischen dem DVK und dem Ministerium für Kultur), was mit der verschiedenen Anleitung dieser Stellen wiederum zusammenhängt. [...] Wir haben 2 Hauptverwaltungen für das Verlagswesen, 2 für die Polygraphie, 3 Eigentumsformen im Buchhandel, eine LKG, die in der Anleitung vom Volksbuchhandel getrennt ist, und den Buchexport [...] aber selbst bei Beibehaltung der gegenwärtigen Struktur müßte man auf irgendeine Weise unbedingt verwirklichen:
1. *Eine oberste Leitung für die Polygraphie,*
2. *Eine oberste Leitung für das Verlagswesen. Vielleicht bietet sich eine Lösung in der Richtung an, daß man über*

eine oberste Leitung hinausgehend, auch eine gewisse Zusammenlegung mit getrennter Gewinnabführung macht. Gleichzeitig müßte im Ministerium für Kultur die gegenwärtige Trennung VVB und Abteilung Literatur und Buch zugunsten einer einheitlichen Hauptabteilung überwunden werden.«[52]

Mit diesem Vorschlag, die bestehenden Eigentumsverhältnisse an den vom DVK verwalteten zehn partei- und drei organisationseigenen Verlagen zwar unverändert zu lassen, aber durch eine weitere Zentralisierung des Verlagswesens die gemeinsamen wirtschaftlichen und kulturpolitischen Interessen zu fördern, hatte Klaus Gysi den Weg gewiesen, dem dann auch das Politbüro der SED folgte.

Am 31.7.1962 fasste das Politbüro der SED den Beschluss 34/62 – 385 zur Profilierung der Verlage der DDR:

»Zur Erreichung einer höheren politisch-ideologischen Qualität der Buchproduktion, einer einheitlichen politischen und ökonomischen Leitung von Verlagswesen und Buchhandel sowie der weiteren Verbesserung der ökonomischen Ergebnisse dieser Einrichtungen wird beschlossen:

I.1. Im Ministerium für Kultur wird die einheitliche politisch-ideologische und ökonomische staatliche Leitung des Verlagswesens und des Groß- und Einzel-Buchhandels hergestellt.

Aus der jetzigen Abteilung Literatur und Buchwesen, der VVB Verlage und dem Druckerei- und Verlagskontor wird eine Hauptverwaltung Verlage und Buchhandel gebildet.

Die Bildung der Hauptverwaltung Verlage und Buchhandel beim Ministerium für Kultur ist bis Ende 1962 abzuschließen.

---

52 AVA 0012-0067

I.2. Um die einheitliche staatliche Leitung zu gewährleisten, werden die nachstehenden Verlage,

a) der Massenorganisationen: Aufbau-Verlag (Deutscher Kulturbund); Kultur und Fortschritt (Gesellschaft für deutschsowjetische Freundschaft); Neues Leben (FDJ)

b) die parteieigenen Verlage: Volk und Welt, Berlin; Mitteldeutscher Verlag, Halle; Rütten & Loening, Berlin; Volksverlag, Weimar; Verlag »Neues Berlin«, Berlin; Kinderbuchverlag, Berlin; Uraniaverlag, Leipzig; Verlag ›Die Wirtschaft‹, Berlin; Henschelverlag, Berlin; Eulenspiegelverlag, Berlin;

die bisher ökonomisch durch das Druckerei- und Verlagskontor angeleitet wurden, der politisch-ideologischen und ökonomischen Leitung der Hauptverwaltung Verlage und Buchhandel beim Ministerium für Kultur unterstellt.

Die von diesen Verlagen erzielten Gewinne werden den Eigentümern der Verlage (Partei bzw. Massenorganisationen) zugeleitet. Die Zuführung erfolgt auf Grund eines Kassenplanes, der mit der zuständigen Organisation für das folgende Jahr spätestens im Monat Dezember aufzustellen ist.

Zwischen der Abteilung Finanzverwaltung und Parteibetriebe beim ZK und der Hauptverwaltung Verlage und Buchhandel im Ministerium für Kultur ist über die Prinzipien der Gewinnabführung eine spezielle schriftliche Vereinbarung zu treffen.«[53]

Durch diesen Beschluss legte das Politbüro der SED als oberstes Machtorgan in der DDR die Aufgaben des Ministeriums für Kultur und die inhaltliche und organisatorische Gestaltung der Hauptverwaltung Verlage und Buchhandel fest. Der Ministerrat der DDR bestätigte die vom Politbüro beschlossenen Maßnahmen und fasste am 21.12.1962 den auszugswei-

---

53 BArch, DY 30/J IV 2/2/841. BFL/BvS K 027

se im Gesetzblatt der DDR veröffentlichten »Beschluss über die Bildung einer Hauptverwaltung Verlage und Buchhandel des Ministeriums für Kultur«, der nur marginal vom Wortlaut des vom Politbüro vorgegebenen Textes abwich.

»Die Hauptverwaltung Verlage und Buchhandel hat die Verantwortung für die thematische Planung der Verlage, für die Begutachtung der Manuskripte mit der Erteilung der Druckgenehmigungen und die Vergabe der Papierkontingente an alle Verlage und ist verantwortlich für die ökonomischen Ergebnisse der Verlage.

Die Unterstellung der partei- und organisationseigenen Verlage unter die Hauptverwaltung Verlage und Buchhandel im Ministerium für Kultur erfolgt ohne Änderung der Eigentumsverhältnisse. Die Gewinne dieser Verlage werden nach wie vor an den Eigentümer der Verlage auf Grund einer Vereinbarung und eines aufzustellenden Kassenplanes abgeführt.«[54]

Die Vereinbarung zwischen der Abteilung Finanzverwaltung und Parteibetriebe beim ZK und der Hauptverwaltung Verlage und Buchhandel im Ministerium für Kultur über die Abführung der von den Verlagen erzielten Gewinne an die Eigentümer (Partei bzw. Massenorganisationen) wurde am 28.12.1962 abgeschlossen.

In der »Vereinbarung über die Verwaltung des Partei- und Organisationsvermögens durch das Ministerium für Kultur« werden u. a. der »parteieigene Verlag Rütten & Loening« und der »organisationseigene Aufbau-Verlag des Deutschen Kulturbunds« der politisch-ideologischen und ökonomischen Leitung des Ministeriums unterstellt und die Prinzipien der Verwaltung festgelegt.

---

54 BArch, DY 30/J IV 2/2/841. BFL/BvS K 028

»Für die Verwaltung des Partei- und Organisationsvermögens gelten folgende Prinzipien:
1. Die Eigentumsverhältnisse bleiben unverändert.
2. Die Verlage arbeiten auf der Grundlage der Weisungen des Ministeriums für Kultur. [...]
4. Die Gewinne werden von den Parteiverlagen direkt an die Partei abgeführt. Die Gewinne der Verlage der Massenorganisationen werden direkt an die Organisationen abgeführt. [...]
11. Im Handelsregister wird als Übergeordnetes Organ der Verlage das Ministerium für Kultur, Hauptverwaltung Verlage und Buchhandel eingetragen.«[55]

Diese Eintragung im Handelsregister und die Verwaltung des Verlages durch das Ministerium für Kultur der DDR ließen auch den Aufbau-Verlag des Kulturbunds nach außen als »Staatsverlag« erscheinen. Das führte in den Wirren der Wende sogar zu der irrtümlichen Annahme des Kulturbunds, der Aufbau-Verlag sei durch die 1955 erfolgte Eintragung in das Register der volkseigenen Wirtschaft enteignet und rechtswidrig in Volkseigentum überführt worden, weshalb der Kulturbund einen Restitutionsantrag stellte, der allerdings bis heute nicht beschieden ist.[55a] Tatsächlich aber änderten diese Maßnahmen nichts an den Eigentumsverhältnissen des Aufbau-Verlages als organisationseigener Betrieb des Kulturbunds.

Als rechtliche Grundlage für die Überleitung der Verwaltung des Aufbau-Verlages vom DVK auf die HV schloss am 28.2.1963 der Kulturbund mit dem Ministerium für Kultur einen Vertrag, der die politisch-ideologische und ökonomi-

---

55 BFL/BvS K 028
55a Bundesamt für zentrale Dienste und offene Vermögensfragen, Brief vom 30.4.2021 an den Kulturbund e.V., Ablichtung im Anhang

sche Leitung des Aufbau-Verlages der Hauptverwaltung Verlage und Buchhandel unterstellte und die Abführung der Gewinne an den Kulturbund regelte.

Im ZK der SED, besonders in der Abteilung Wissenschaft und Kultur und der Abteilung Parteibetriebe und Finanzverwaltung, im Kulturbund, der FDJ, der DSF, im Deutschen Schriftstellerverband und in den durch die geplante Profilierung betroffenen Verlagen gab es in den Jahren 1962 und 1963 monatelange lebhafte und zum Teil kontroverse Debatten mit unterschiedlichen Vorschlägen und Lösungsmöglichkeiten für die durch die Profilierung angestrebten neuen Strukturen des Verlagswesens der DDR. Der Politbürobeschluss 34/62 – 385 hatte dazu noch keine konkreten Vorgaben gemacht, sondern die tatsächliche Gestaltung des profilierten Verlagswesens erst nach intensiver Diskussion in den betroffenen Verlagen und den zuständigen Abteilungen einer weiteren Entscheidung des Politbüros vorbehalten. Diese Entscheidung wurde im August 1963 getroffen.

Laut Protokoll Nr. 26/63 der Sitzung des Politbüros des Zentralkomitees am Dienstag, dem 6.8.1963, im Sitzungssaal des Politbüros, wurde unter Punkt 8 der Tagesordnung »entsprechend dem Politbürobeschluss vom 31.7.1962 (Punkt 1/2 1)« der Plan zur Neuprofilierung der Verlage der DDR – »nach Beratung im Kollegium des Ministeriums für Kultur und nach Konsultation des Deutschen Schriftstellerverbandes sowie einer Gruppe von Verlegern« – in der Anlage Nr. 7 zur Beschlussfassung unterbreitet und beschlossen:

»I.
Die schöngeistigen Verlage werden ab 1.1.1964 wie folgt profiliert:
1. *Der Volksverlag Weimar mit der Produktionsgruppe Arion Verlag wird aufgelöst. Die belletristischen und literatur-*

wissenschaftlichen Publikationen werden vom Aufbau-Verlag übernommen. Das Ministerium für Kultur wird verpflichtet, die Arion-Produktion, soweit sie wegen ihres wissenschaftlichen Charakters mit dem Profil des Aufbau-Verlages nicht vereinbar ist, in den Akademie Verlag bzw. in den Deutschen Verlag der Wissenschaften zu überführen. Der Aufbau-Verlag trägt in Zukunft den Namen: Aufbau-Verlag Berlin-Weimar.
2. *Der Verlag Rütten & Loening wird aufgelöst. Die Weiterführung seiner Produktion auf belletristischem Gebiet, unter Beibehaltung des Namens Rütten & Loening, übernimmt der Aufbau-Verlag mit der Auflage, die editorischen Besonderheiten dieser Produktion zu wahren und weiterzuentwickeln. [...]*

III.
Der sich aus der Durchführung des Profilierungsvorschlags ergebenden neuen Lage der finanziellen Beziehungen der organisationseigenen und Parteiverlage ist Rechnung zu tragen durch den Abschluß eines entsprechenden Abkommens zwischen der Abteilung Finanzverwaltung und Parteibetriebe beim Zentralkomitee der SED, der Abteilung Wissenschaften beim Zentralkomitee und dem Ministerium für Kultur, Hauptverwaltung Verlage und Buchhandel, wobei das ökonomische Ergebnis mindestens in alter Höhe weiter zu erbringen ist, was durch die vorgesehenen Konzentrationsmaßnahmen gesichert ist.«[56]

Der Aufbau-Verlag übernahm die literarische und belletristische Produktion des aufgelösten und im Handelsregister

---

56 Protokoll Nr. 26/63 der Sitzung des Politbüros des Zentralkomitees, 6.8.1963, BArch, DY 30/J IV2/890, Bd. 1

gelöschten Volksverlags. Die Nationale Forschungs- und Gedenkstätte der Klassischen Deutschen Literatur in Weimar schloss neue Herausgeberverträge mit dem Aufbau-Verlag und gab dort weiter die Bibliothek deutscher Klassiker heraus, während der Betrieb in Weimar ein Sitz des Lektorats Deutsches Erbe im Aufbau-Verlag wurde. Damit war endgültig die Grundlage für die hervorragende Rolle des Aufbau-Verlages im gesamten deutschen Sprachraum bei der Pflege der klassischen deutschen Literatur geschaffen.

Der Geschäftsbetrieb des Verlages Rütten & Loening wurde aufgelöst. Die meisten Mitarbeiter, insbesondere des Lektorats, wurden vom Aufbau-Verlag übernommen. Rechtlich aber blieb der Verlag Rütten & Loening weiter bestehen, und im Handelsregister C blieben beide Verlage als juristisch selbstständig eingetragen. Vermögensträger waren der Kulturbund für den Aufbau-Verlag bzw. die SED für Rütten & Loening. Die vertretungsberechtigten Personen waren für beide Verlage identisch.

In der am 6.1.1964 vom Kaufmännischen Direktor Erhard Hähn erlassenen Arbeitsrichtlinie Nr. 3, betr.: Schriftwechsel Rütten & Loening, wurde bestimmt: »*Arbeitsrichtlinie Nr. 3:*

1. *Der Verlag Rütten & Loening bleibt als juristische Person auch nach Angliederung an den Aufbau-Verlag Berlin und Weimar bestehen.*
2. *Autoren- Übersetzer-, Herausgeber-, Bearbeiter- und Ausstattungsverträge für die unter ›Rütten & Loening‹ erscheinende Produktion werden von dem Verlag Rütten & Loening, Berlin W 8, Französische Straße, abgeschlossen.*
3. *Für den mit Rütten & Loening-Verträgen im Zusammenhang stehenden Schriftwechsel sowie für Bücherrechnungen an den Kreis der Vertragskontrahenten sind Rütten & Loening-Vordrucke zu verwenden.*

4. Der Bestand an Briefbogen und Rechnungsvordrucken des bisherigen Verlages Rütten & Loening wird aufgebraucht. Die neue Anschrift ist durch Änderung mit Schreibmaschine oder durch Stempeleindruck anzubringen. Auf Rechnungsvordrucken ist das neue Bankkonto anzugeben.«[57]

Damit war die gemeinsame Betriebsstruktur des Aufbau-Verlags Berlin und Weimar mit dem von ihm in Personalunion geführten Verlag Rütten & Loening bis zum Ende der DDR weitgehend festgelegt.

Den Geschäftspartnern und Autoren im In- und Ausland wurde mitgeteilt, dass Klaus Gysi, der Leiter des Aufbau-Verlages, die Leitung auch des Verlages Rütten & Loening übernehmen und dass der Verlag ab dem 1.1.1964 in die Französische Straße 32, W 8 Berlin umziehen werde:

»Sehr geehrte Kollegen! Der Ordnung halber teilen wir Ihnen mit, daß der Verlag Rütten & Loening seinen Sitz ab 6. Januar 1964 von Berlin W 8, Taubenstraße 1–2, nach Berlin W 8, Französische Straße 32 verlegt. Wir bitten Sie, von dieser Adressenänderung freundlichst Kenntnis zu nehmen und die Post dementsprechend zuzustellen.«[58]

Die Abteilung Finanzverwaltung und Parteibetriebe beim ZK der SED schloss am 13.12.1963 auftragsgemäß mit dem Ministerium für Kultur, Hauptverwaltung Verlage und Buchhandel das vom Politbüro vorgesehene Abkommen über die Abführung der Gewinne der partei- und der organisationseigenen Verlage, die danach auf ein Sonderkonto bei der HV Verlage und Buchhandel (Verwaltungskonto organisationseigene Verlage) eingezahlt werden.

---

57 AVA E 0008a-0125. BFL/BvS K 211
58 AVA RL 0095-0105

»Aus diesem Konto werden sämtliche Abführungen der Verlage auf Grund eines Kassenplanes an Partei und Organisationen weitergeleitet [...].

2. In Durchführung des Politbürobeschlusses über die Profilierung des Verlagswesens werden folgende Festlegungen getroffen:

2.1 Für die partei- und organisationseigenen Verlage wird per 31.12.1963 ein Vermögensstatus aufgestellt [...].

2.2 Die Vermögensanteile der verschiedenen Vermögensträger werden auf Grund des Vermögensstatus per 31.12.1963 als Fonds der betroffenen Organisation in den Bilanzen der durch Beschluß profilierten Verlage ausgewiesen.

2.3 Für die durch den Profilierungsbeschluß betroffenen partei- und organisationseigenen Verlage werden Einzelprotokolle angefertigt. In diesen Protokollen sind jeweils mit der zuständigen Organisation alle vermögensrechtlichen Fragen zu vereinbaren.

2.4 In der Eröffnungsbilanz des Aufbau-Verlages Berlin/Weimar werden die Vermögenswerte der festgelegten Verlage zusammengefaßt:

Aufbau-Verlag

Rütten & Loening (Belletristik)

Volksverlag Weimar.«[59]

Im Protokoll der Sitzung des Leitungskollektivs des Aufbau-Verlages vom 16.12.1963 ist unter Punkt 2.9 vermerkt:

»Nach einer Information des Hauptbuchhalters der HV, Genossen Rösner, laufen sämtliche Abführungen des Verlages ab Januar 1964 über ein Verrechnungskonto bei der HV. Direkte Zahlungen an den Deutschen Kulturbund sollen nicht mehr erfolgen. Die Umverteilung der Abführungen an den

---

59 BFL/BvS K 029

Deutschen Kulturbund und die Partei erfolgt unter Verantwortung der HV.«[60]

In der Eröffnungsbilanz des Aufbau-Verlags Berlin und Weimar zum 1.1.1964 sind die Vermögenswerte der Eigentümer festgestellt worden:

»*Aufbau-Verlag* / Rütten & Loening / *Volksverlag Weimar*
3.606.852,17 M   982.478,52 M   *775.707.41 M*[61]«

Diese Angaben beziehen sich allerdings nur auf das jeweils in den Übernahmeprotokollen festgestellte Anlage- und Umlaufvermögen und beinhalten nicht die erworbenen und selbst geschaffenen immateriellen Werte (Urheber- und Verwertungsrechte). Die Grundmittel (Anlagevermögen) wurden unverändert auf der niedrigen Basis der Preise von 1936 berechnet.

Das nicht bilanzierte erhebliche immaterielle Vermögen an vorhandenen Urheberverwertungsrechten des Aufbau-Verlages und des Verlages Rütten & Loening verwerteten die Verlage auch nach der Profilierung jeweils separat. Auch die neuen Rechte für die Produktion der folgenden Jahrzehnte wurden jeweils getrennt durch den Abschluss von eigenen Verträgen mit den Urhebern und Herausgebern vom Aufbau-Verlag oder vom Verlag Rütten & Loening erworben und verwertet. Auf der Basis der grundsätzlichen Festlegungen des Politbüros, nach denen die Eigentumsverhältnisse an den Verlagen unverändert bleiben, entsprach diese Regelung den Bestimmungen der jeweiligen Verlagslizenz für die Tätigkeit der Verlage und für die Druckgenehmigungen für deren Produktion, die anhand der für beide Verlage separat bei der LKG gelagerten Bestände bilanziert wurde.

---

60 AVA 0045-0004
61 BFL/BvS K 030

Der Verwaltungsvertrag vom 28.2.1963 zwischen dem Kulturbund als Eigentümer des Aufbau-Verlages und der HV Verlage und Buchhandel wurde am 27.2./11.6.1964 ersetzt durch das
»*Abkommen zwischen dem Deutschen Kulturbund einerseits (nachstehend Kulturbund genannt), und dem Ministerium für Kultur, HV Verlage und Buchhandel andererseits (nachstehend HV genannt)*«.

Dieser Vertrag blieb bis zum Ende der DDR unverändert wirksam. Die Regeln der Vermögensverwaltung und der Gewinnabführungen des Verlages an den Kulturbund wurden darin entsprechend den zwischen der Hauptverwaltung Verlage im Ministerium für Kultur und der SED getroffenen Vereinbarung über die parteieigenen Verlage festgelegt:

»*1.0 Die Vereinbarung über die Abführung der Gewinne des Aufbau-Verlages vom 28.2.1963 wird mit Wirkung vom 1.1.1964 durch das heutige Abkommen ersetzt.*

1.1 Die Gewinne, Amortisationen, Umlaufmittelabführungen, Zinsen für Richtsatzplankredite des Aufbau-Verlages werden auf ein Sonderbankkonto bei der HV voll abgeführt (Verwaltungskonto organisationseigene Verlage). Aus diesem Konto werden die Abführungen des Aufbau-Verlages auf Grund eines Kassenplanes an die Vermögensträger des Aufbau-Verlages weitergeleitet.

2. In Durchführung des Politbürobeschlusses über die Profilierung im Verlagswesen werden folgende Festlegungen getroffen:

2.1 Für den Aufbau-Verlag ist per 31.12.1963 ein Vermögensstatus aufgestellt worden. Hiernach beziffert sich das Vermögen des Kulturbunds im Aufbau-Verlag wie folgt:

Grundmittelfonds	*DM*	682.552,17
Umlaufmittelfonds	*DM*	1.169.700,00
Richtsatzplankredit	*DM*	1.754.600,00
Gesamtvermögen	*DM*	3.606.852,17

[...]

2.2 *Die unter 2.1 genannten Vermögensanteile des Kulturbundes per 31.12.1963 werden als Fonds des Kulturbunds in den durch Beschluß profilierten Aufbau-Verlag Berlin-Weimar eingebracht und in dieser Höhe in den jeweiligen Bilanzen ausgewiesen.*

2.3 *Der Kulturbund erhält die Jahresabschlußbilanz des Aufbau-Verlages für 1963, die inzwischen durch die HV überprüft und bestätigt ist. In dieser Bilanz sind die unter 2.1 genannten Vermögenswerte nachgewiesen. Eine Ausfertigung des Prüfungsprotokolls wird durch die HV dem Kulturbund übergeben.*

2.4 *In der Eröffnungsbilanz des Aufbau-Verlages Berlin-Weimar werden die Vermögenswerte der festgelegten Verlage zusammengefaßt:*
Aufbau-Verlag, Rütten & Loening (Belletristik), Volksverlag Weimar.

2.5 *Für die Versicherung der Vermögenswerte des Aufbau-Verlages Berlin-Weimar tritt der Kulturbund ein. Die Versicherungen des Aufbau-Verlages wurden in den Globalverträgen des Kulturbundes mit der Versicherungsanstalt einbezogen. Der Mehrbetrag an Versicherungsbeiträgen, der aus dem Parteivermögen entsteht, muß dem Kulturbund ersetzt werden. Zu diesem Zweck wird der Hauptkassierer des Kulturbunds eine entsprechende Anforderung an die HV Verlage stellen. Die Bezahlung erfolgt aus der Gewinnabführung Parteianteil.*
[...]

2.8 *Für das Jahr 1964 erhält der Kulturbund aus dem Aufbau-Verlag folgende Gewinnanteile:*

Überhang aus 1963	*DM*	*502.609,49*
Anteil 1964	*DM*	*2.500.000,00*
	DM	*3.102.509,49*

Aus diesem Gesamtbetrag muß die Finanzierung für die Zeitschrift ›Sonntag‹ sichergestellt werden.«[62]

In den jährlichen Rechenschaftsberichten der HV Verlage und Buchhandel an das ZK der SED wurde bis zum Ende der DDR in den dazugehörigen Bilanzen das Gesamtvermögen des Kulturbunds am Aufbau-Verlag mit der in diesem Abkommen bestätigten und aus der Schlussbilanz 1963 und der Eröffnungsbilanz 1964 entnommenen Summe von M DDR 3.606.852,17 festgestellt.

Die lizenzierten Buchverlage arbeiteten mit einer geplanten Gewinnmarge von 16 Prozent für die Produktion von Büchern und waren deshalb fast durchweg profitabel. Im planwirtschaftlich abgeschotteten Buchhandel der DDR waren die Gewinne der Verlage von der Erfüllung ihrer Produktionspläne – wegen des Mangels an Papier, Einbandmaterial und Druckkapazität oft schwierig genug – abhängig, obwohl die Buchpreise aus kulturpolitischen Gründen sehr niedrig waren. Die Zeitungen und Zeitschriften der DDR – die fast ausschließlich der SED oder der ihr nahestehenden Massenorganisation gehörten – hatten aber relativ noch niedrigere Preise, die nur durch solche politisch motivierten Preisstützen möglich waren. Die Wochenzeitung »Sonntag« war seit Anfang der 1950er-Jahre chronisch defizitär und hatte für das

---

62 AVA 0031-0050. BFL/BvS K 033

Jahr 1964 eine Preisstütze durch den Kulturbund in Höhe von 617.100 Mark eingeplant. Der saldierte tatsächliche Nettogewinn des Kulturbunds aus den für 1964 vereinbarten Abführungen des Aufbau-Verlages in Höhe von 2.500.000 Mark war daher weniger als 1.800.000 Mark. Diese jährlichen Verluste des »Sonntag« fielen auch noch in den folgenden Jahrzehnten in Höhe von mindestens 600.000 Mark an, aber da hatte der Kulturbund mit der HV Verlage und Buchhandel schon eine für ihn vorteilhafte pauschale Abführung der Gewinne des Aufbau-Verlages vereinbart.

Die praktischen Maßnahmen der Strukturveränderungen und die erforderlichen Umzüge innerhalb der Französischen Straße 32 und in das Haus Niederwallstraße 39, die Übergabe der Archive, der ruhenden und der aktiven Urheberrechtsverträge, der Lagerbestände, der Autorenkorrespondenzen, der laufenden Produktionen und Projekte liefen weitgehend problemlos, da sie von den Verlagen und vom Ministerium über Monate akribisch vorbereitet waren. Die Integration der neuen Mitarbeiter in die vergrößerten Abteilungen dauerte aber doch einige Monate.

Die bisherige Struktur wurde von der ungewohnten Größe der Verlagsproduktion, der Aufgabenstellung für die erweiterten Lektorate und dem besonderen Charakter als Querschnittsverlag mit der Verschiedenartigkeit und Mannigfaltigkeit der Produktion nach Thematik und Editionsformen gesprengt. Gleichzeitig lief die tägliche Arbeit im Verlag weiter. Im bereinigten Programm beider Verlage für das Jahr 1964 wurden trotz der komplizierten Strukturveränderungen insgesamt 194 Erstauflagen, 106 Nachauflagen, zusammen also 300 Titel, zu einem Produktionswert von mehr als 20 Millionen Mark hergestellt.

Die wirtschaftliche Arbeitsgemeinschaft beider Verlage, der profilierte »Aufbau-Verlag Berlin und Weimar« mit dem von ihm in Personalunion geführten Verlag Rütten & Loening, war damit der größte belletristische Verlagsbetrieb der DDR geworden. Er beschäftigte ab der Wirksamkeit der Profilierung insgesamt 215 Mitarbeiter. Davon waren etwa 60 Prozent schon bisher im Aufbau-Verlag tätig gewesen. Fast 80 Personen – darunter 30 Fachkräfte aus den Lektoraten – wurden von Rütten & Loening und dem Volksverlag Weimar übernommen oder neu eingestellt.

Die Lektorate stellten mit 65 Fachkräften (ohne Sekretariats- und Hilfskräfte) fast ein Drittel des gesamten Personals im neuen Verlagsbetrieb. Wenn man die 45 Fachkräfte im Korrektorat, in der Herstellung und die Redakteure der Zeitschriften berücksichtigt, waren über 50 Prozent der Mitarbeiter des Verlages im intellektuellen oder »kreativen« Bereich beschäftigt, was dem Verlagsbetrieb eher den Charakter eines literarischen Instituts als eines Wirtschaftsunternehmens verlieh.

Die Profilierung zum Aufbau-Verlag Berlin und Weimar erforderte auch eine Neuregelung der Beziehungen des Verlages zu den Mitarbeitern. Zum 1.7.1964 schloss der Verlagsleiter Gysi mit der Betriebsgewerkschaftsleitung die neue Arbeitsordnung des Aufbau-Verlages Berlin und Weimar, die jedem Mitarbeiter ausgehändigt wurde. Sie beginnt mit den Worten:

»Der Aufbau-Verlag als der Verlag des Deutschen Kulturbundes hat die Aufgabe, die Entwicklung der jungen sozialistischen Literatur mit allen Mitteln zu fördern und in seiner gesamten Herausgabepolitik den Charakter unserer Republik als die Heimstätte des sozialistischen Humanismus auszuweisen. Die Lösung dieser umfangreichen und komplizierten Aufgabe setzt den richtigen und vollen Einsatz eines jeden Mitarbeiters voraus. Dabei ist die Einhaltung der

Grundsätze der sozialistischen Arbeitsmoral und Disziplin von besonderer Bedeutung. Diesem Zweck dient diese Arbeitsordnung.«[63]

Das Aufgabengebiet und der Strukturplan[64] des profilierten Aufbau-Verlages Berlin und Weimar und des Verlages Rütten & Loening änderten sich bis zur Wende in der DDR nur noch wenig.

Die Autoren-, Übersetzer-, Herausgeber-, Bearbeiter- und Ausstattungsverträge für die in den zwei Verlagen erscheinende Produktion wurden weiterhin von der Vertragsstelle des Verlages unter Beachtung der vom Politbüro der SED als unverändert bestätigten Eigentumsverhältnisse und der gültigen Lizenzbestimmungen jeweils getrennt für den Aufbau-Verlag und für den Verlag Rütten & Loening abgeschlossen und abgerechnet.

Die Verlage erarbeiteten die jeweiligen Themen- und Produktionspläne, die HV Verlage und Buchhandel prüfte und bestätigte sie. Sie erteilte anschließend die Druckgenehmigungen auf der Grundlage der Lizenz Nr. 301 für den Aufbau-Verlag und der Lizenz Nr. 220 für den Verlag Rütten & Loening.

In einer kurzen Ansprache zum Abschluss des Betriebskollektivvertrages 1964 resümierte der Verlagsleiter Gysi die erfolgreich vollzogene Profilierung:

»Während im Aufbau-Verlag, bei Rütten & Loening und im Volksverlag Weimar noch mit Anspannung aller Kräfte an der Erreichung der Planziele 1963 gearbeitet wurde, entstand in den letzten Monaten des vergangenen Jahres bereits der

---
63 AVA 0024-0229. BFL/BvS K 274
64 AVA 0013-0126

neue Aufbau-Verlag Berlin und Weimar, in dem der Volksverlag Weimar mit dem Aufbau-Verlag Berlin zusammengeführt und der Verlag Rütten & Loening angegliedert wurde. Während der Volksverlag Weimar im neuen Aufbau-Verlag Berlin und Weimar aufging, blieb die juristische Selbständigkeit von Rütten & Loening erhalten.

Aufgabe des neuen Verlages ist es, die Produktion der bisherigen drei Verlage in ihrer Eigenart und Differenziertheit fortzuführen. Der Profilierung liegt die Absicht zugrunde, durch eine Konzentration der Fachkräfte in den Lektoraten zu einer höheren Qualität der Herausgabearbeit zu kommen, eine bessere Abstimmung in der thematischen Planung zu erreichen – z. B. Überschneidungen auszuschalten, aber auch kulturpolitische Schwerpunkte mit größerer Intensität durchzusetzen – eine rationellere Arbeitsweise zu ermöglichen, den Anteil der Querschnitts- und Verwaltungsabteilungen am Personalbestand zu reduzieren, die Selbstkosten zu senken und insgesamt einen höheren gesellschaftlichen Nutzeffekt zu erreichen. In diesem Sinne steht die Neuprofilierung im Verlagswesen in Übereinstimmung mit der Neuorganisation unserer Volkswirtschaft, wie sie nach dem VI. Parteitag und der Wirtschaftskonferenz in der Richtlinie für das neue ökonomische System der Planung und Leitung der Volkswirtschaft ihren Ausdruck gefunden hat. […]

Wir haben es mit völlig veränderten Proportionen zu tun, die eine veränderte Arbeitsweise erfordern, wenn wir den erweiterten Aufgaben gerecht werden wollen.«[65]

Eine dieser Veränderungen betraf den Beirat des Aufbau-Verlages, der bisher nur aus den Mitgliedern des Präsidiums des Kulturbunds bestanden hatte, aber nun im Sinne des

---

65 AVA 0022-0002

neuen ökonomischen Systems erweitert werden sollte. Am 10.12.1964 schrieb Gysi an den 1. Bundessekretär des Kulturbunds:

»*Lieber Genosse Schulmeister!*
Wie Dir bekannt ist, haben wir uns nach der 2. Bitterfelder Konferenz zur Bildung eines umfassenderen Beirats für unsere beiden Verlage entschlossen. In ihm müßten schöpferisch tätige Persönlichkeiten vertreten sein, die auf den in unserem Verlag vertretenen Literaturbereichen tätig sind. Zugleich muß es sich natürlich um solche Persönlichkeiten handeln, die mit der Arbeit des Verlages als Herausgeber von Zeitschriften, Reihen oder als Autoren von Büchern eng verbunden sind. Die beiliegende Liste wird dieser Forderung unserer Meinung nach weitgehend gerecht.

Ich brauche nicht darauf hinzuweisen, daß die Durchsetzung unserer kulturpolitischen Editionspolitik bei einer Diskussion in diesem Beirat durchaus problematisch werden kann. Andererseits ist eine andere Zusammensetzung von der Aufgabenstellung her kaum möglich. Der Beirat wäre nach unserer Auffassung noch zu erweitern durch die Mitglieder des Präsidiums. Das Präsidium fungierte bisher als unser Beirat.

Ich würde vorschlagen, diesen Beirat in der Sekretariatssitzung am Montag, den 14.12.64, zur Diskussion zu stellen und zu verabschieden, um dann die Bestätigung des Präsidiums am 17.12. zu erhalten. Wir könnten dann den Beirat zum 1.1.1965 berufen (nicht einberufen natürlich).

Die Berufung sollte zweckmäßigerweise durch Dich oder den Präsidenten und durch mich unterschrieben werden. Ich schicke die Vorschlagsliste in mehrfacher Ausfertigung, damit sie als Unterlage für die Beratung im Sekretariat dienen kann.«[66]

---

66 AVA 0517-0050. BFL/BvS K 275, K 278, K 279, K 280

Der Vorschlag des Verlagsleiters wurde nach einer handschriftlichen Notiz auf der Durchschrift des Briefes in der Sekretariatssitzung am 14.12.1964 besprochen und laut Beschluss vom 17.12.1964 vom Präsidium bestätigt. Nachdem am 7.1.1965 auch der Leiter der HV Verlage und Buchhandel, Bruno Haid, seine Mitarbeit in einem gemeinsamen Beirat für beide Verlage zugesagt hatte, wurden die formellen Einladungsschreiben des Kulturbunds am 19.1.1965 vom Präsidenten des Kulturbunds, Professor Max Burghardt, und dem Verlagsleiter des Aufbau-Verlages unterzeichnet und an die auf der Liste vorgeschlagenen Personen, darunter auch an den Leiter der Hauptverwaltung Verlage und Buchhandel im Ministerium für Kultur versandt:

»Sehr geehrter Herr Haid!
Das Präsidium des Deutschen Kulturbundes hat für seinen Verlag, den Aufbau-Verlag Berlin und Weimar, einen Beirat berufen.
Wir würden uns freuen, wenn Sie bereit wären, in diesem Gremium mitzuarbeiten.
Wir hoffen auf Ihre Zusage und verbleiben
Mit freundlichen Grüßen

Professor Max Burghardt	*Klaus Gysi*
Präsident	*Leiter des Aufbau-Verlages*
	Berlin und Weimar«[67]

Die Einladung ging auch an den 1. Sekretär des Deutschen Schriftstellerverbands, Prof. Hans Koch, die Herausgeber und Chefredakteure der Zeitschriften beider Verlage, zwei Vertreter des Instituts für Gesellschaftswissenschaften beim

---

67 AVA 0517-0047

ZK der SED und einige der prominentesten Autoren des Verlages: Anna Seghers, Arnold Zweig, Dieter Noll, Erwin Strittmatter, Brigitte Reimann, Herbert Nachbar, Wolfgang Joho, Heinz Kahlau und Paul Wiens.

Alle angeschriebenen Personen sagten ihre Teilnahme zu. Bruno Haid antwortete dem Sekretariat des Kulturbunds:

»*Werter Genosse Gysi! Vom Inhalt des Schreibens vom 19. d. Mts. habe ich Kenntnis genommen und erkläre mich hiermit zur Mitarbeit in dem vorgeschlagenen Beirat bereit.*«[68]

Die erste Sitzung des Beirats fand am 27.4.1965 im Johannes-R.-Becher-Club (Vorstandszimmer) des Kulturbunds statt. Auf der Tagesordnung stand die Verabschiedung der Arbeitsordnung des Beirats und die Diskussion der Themenpläne des Verlages.

Der Beirat bot dem Verlag die Möglichkeit, den wichtigsten Meinungsträgern in seinem direkten Umfeld und vor allem seinen erfolgreichsten Autoren die Profilierung des Aufbau-Verlages Berlin und Weimar als Verlag des Kulturbunds detailliert zu erläutern und sie zur Mitarbeit einzuladen.

Der Beirat tagte in unregelmäßigen Abständen zwei bis drei Mal jährlich. Eine erhaltene Anwesenheitsliste[69] vom 8.2.1968 belegt seine fast unveränderte Zusammensetzung.

Am 16.8.1965 schrieben Max Burghardt, Präsident des Deutschen Kulturbunds, und Gerhard Henniger, Bundessekretär, anlässlich des zwanzigjährigen Bestehens des Aufbau-Verlages:

---

68 AVA 0517-0036
69 AVA 0517-0052

»Liebe Freunde!
Im Namen des Präsidialrates des Deutschen Kulturbundes grüße und beglückwünsche ich den Aufbau-Verlag und alle seine Mitarbeiter von ganzem Herzen zu seinem zwanzigjährigen Bestehen.

Gründung und Entwicklung des Aufbau-Verlages sind unlösbar an die große geschichtliche Wende geknüpft, die im Jahre 1945 im Osten Deutschlands begann. Der Aufbau-Verlag ist heute ein lebendiger Zeuge für die humanistische und weitsichtige Kulturpolitik unseres Arbeiter-und-Bauern-Staates und für die Bemühungen des Kulturbundes. [...]

Der Kulturbund und sein Verlag haben von ihren ersten Lebenstagen an einander begleitet und kameradschaftlich ergänzt. Beider Arbeit war und ist von der Förderung und Entwicklung der sozialistischen deutschen Nationalkultur bestimmt. Der Aufbau-Verlag half und hilft dem Deutschen Kulturbund, seine gesellschaftliche Wirksamkeit zu erhöhen und seine Grundaufgaben zu erfüllen.

Am heutigen Jubiläumstage danken wir dem Verlag und allen seinen Mitarbeitern und wünschen ihnen alles Gute und neue schöne Erfolge.«[70]

---

70 AVA 0487-0032

Die Erfüllung des Kassenplans

Am 12.1.1966 wurde Klaus Gysi, der 1957 als eiserner Besen der Partei den verhafteten Walter Janka als Leiter des Aufbau-Verlages abgelöst und den Verlag im Sinne der SED und des Kulturbunds politisch neu ausgerichtet hatte, zum Minister für Kultur der DDR ernannt.

Sein Nachfolger als Leiter des Aufbau-Verlages Berlin und Weimar und des Verlages Rütten & Loening wurde Fritz-Georg Voigt. Bis zu seinem Ausscheiden als Leiter des Aufbau-Verlages war er nach der Satzung des Kulturbunds Mitglied in dessen Präsidialrat. Im Gegensatz zu dem scharfzüngigen und willensstarken Gysi war Voigt ein im Verlag und bei den Autoren sehr beliebter Vermittler, der mit seiner Argumentation eher flexibel und zurückhaltend auftrat und sich sehr geschmeidig in dem komplizierten Instanzenweg der Verlagslandschaft der DDR bewegen konnte.

Am 27.7.1966 wurde das Eigentum an den volkseigenen Grundstücken in der Französischen Straße 32 und 33, dessen Rechtsträger der Aufbau-Verlag war, und am volkseigenen Grundstück in der Taubenstraße 10, dessen Rechtsträger der Verlag Kultur und Fortschritt der Gesellschaft für Deutsch-Sowjetische Freundschaft war, aus dem Volkseigentum in das Eigentum dieser Verlage und damit indirekt in das Eigentum der gesellschaftlichen Organisationen Kulturbund bzw. DSF übertragen. Die Übertragung wurde durch Auflassung im

Grundbuch vollzogen. Seitdem war der Aufbau-Verlag Eigentümer dieser Grundstücke und übernahm auch die aufwendige und deshalb bisher oft mangelhafte Instandhaltung, Bewirtschaftung und Verwaltung des Verlagsgebäudes.

Seit der Profilierung war der Aufbau-Verlag des Kulturbunds nicht nur der größte belletristische Verlag der DDR, sondern auch der einzige »Querschnittsverlag«, der in seinem Programm von jährlich etwa 300 Titeln auch Literaturgenres und Autoren publizieren konnte, die durch die Profilierung sonst den anderen Verlagen der DDR zugeordnet waren. Das führte zu einer Breite des Programms, mit der die Herausgabe literarischer Werke aller Epochen und Kulturen vom klassischen Altertum bis zur aktuellsten Szene möglich wurde.

Systematisch wurden die Programme und Perspektivpläne erarbeitet, geplant und umgeplant, bis eine Planerfüllung von 100 Prozent erreicht werden konnte. Die Werkausgaben des Aufbau-Verlages wurden auch in diesen Jahren sorgfältig ediert, allerdings waren die Bücher kaum jemals vollständig lieferbar. Die besonders gefragten Titel des Verlages kamen schon als »Bückware« in den Buchhandlungen an, während aus politischen Gründen von der SED geforderte Titel nur schleppend abgesetzt werden konnten. Durch alle Jahre zogen sich die Klagen in den Planberichten, meist im Abschnitt »Erfüllung der kulturpolitischen Aufgaben« und in den Protokollen der internen Programmkonferenzen, dass die vielen exzellenten Titel des Fundus nicht oder kaum genutzt werden konnten, weil nie genügend »Kontingente« an Papier und Kapazität der Druckereien vorhanden waren. In diesen Jahren verfestigte sich die Praxis der DDR-Verlage, ausländische Lizenzen nur für jeweils eine festgelegte Auflagenhöhe zu erwerben, was dann nach der Wende schlagartig zum Verlust aller Vertriebsmöglichkeiten für diese Titel führte.

Die Partei steuerte politisch und administrativ über die HV Verlage und Buchhandel und technisch über die Zentrag die gesamte Buchproduktion und den Buchhandel in der DDR. Technische, politische und administrative Schwierigkeiten gab es immer wieder und auf allen Ebenen. Die allergrößten Probleme gab es mit der Druckindustrie, die zu 90 Prozent der SED-eigenen Zentrag gehörte.

Am 27.9.1968 schrieb der Verlagsleiter Voigt an den Genossen Georg Lindorf in der HV Verlage und Buchhandel:

»Die für die Herbstmesse 1968 und September 1968 erwartete Belebung der Bestelldispositionen des Buchhandels hat sich leider nicht eingestellt. Die Anlieferungen der Produktion erfolgten jedoch planmäßig. Die Folge ist ein weiteres Ansteigen der Bestände an Fertigerzeugnissen per 30. September 1968. Wir sind deshalb nicht in der Lage, den in der letzten September-Dekade fälligen Gewinn für den Monat August 1968 in Höhe von M 406.363,41 abzuführen. Davon verständigten wir Sie bereits telefonisch. Wir beantragen Umschreibung dieser Summe auf Sonderkredit.«[71]

Nach 1.2 des Verwaltungsabkommens vom 27.2.1964 musste die HV über solche Umstände den Kulturbund informieren, der sich dann bei der Verlagsleitung erkundigte. Am 16. 12. 1968 schrieb der Erste Bundessekretär des Kulturbunds, Karl-Heinz Schulmeister, an das Mitglied des Präsidialrats des Kulturbunds und stellvertretenden Vorsitzenden des Ministerrats der DDR, Dr. Alexander Abusch:

»Das ökonomische Ergebnis der Leipziger Buchmesse lag insgesamt weit unter dem der Vorjahre. So hatte z. B. der Aufbau-Verlag 1967 ein Verkaufsergebnis von 6,3 Millionen

---

71 AVA 0274-0228

Mark, dem steht ein Verkaufsergebnis in diesem Jahr von 3,7 Millionen Mark gegenüber. Die Hauptursache waren außerplanmäßige Warenbestände im Buchhandel, die zu Jahresanfang 1968 etwa 10 Millionen Mark betrugen. Diese überplanmäßigen Bestände mußten auf Druck der Bank in diesem Jahr vom Buchhandel abgebaut werden. Das hatte zur Folge, daß die neue Produktion der Verlage nur sehr vorsichtig bestellt wurde. Die Buchhändler disponierten fast ausschließlich unter ökonomischen Gesichtspunkten, weil sie eine Wiederholung der Bestandssituation zum Jahresende befürchteten. Besonders betroffen war die neue Gegenwartsliteratur der DDR. Obwohl das gute Angebot begrüßt wurde, erfolgten nur ungenügende Bestellungen [...]. Der Deutsche Kulturbund bzw. der Aufbau-Verlag sind nicht in der Lage, eine Analyse der Situation zu geben.«

Im Jahresbericht 1969 des Aufbau-Verlages Berlin und Weimar versuchte der Verlagsleiter Voigt die schwierige Situation des Verlages zu erklären:

»*Zu Ehren des 20. Geburtstags der Deutschen Demokratischen Republik, so hatten wir in der Einschätzung des eingereichten Themenplans formuliert [...] wollten wir mit unserem Programm die Positionen, die wir in der Deutschen Demokratischen Republik auf literarischem, wissenschaftlichem, editorischem und buchkünstlerischem Gebiet errungen haben, auf sinnfällige Weise dokumentieren. [...] Es ist uns nicht gelungen, diese Zielstellung in allen Bereichen zu verwirklichen.*«[72]

Das wirtschaftliche Ergebnis der Tätigkeit des Aufbau-Verlages im Jahr 1969 war tatsächlich das schlechteste seit 10 Jah-

---

72 AVA 0099-0011

ren. Die Ursachen dafür lagen nicht allein beim Verlag und dessen aktuellem Programm. Auf Grund zentraler Anweisungen der HV und der Zentrag waren die wenigen Kapazitäten der besten polygrafischen Betriebe auf Produktionen konzentriert, die im Zusammenhang mit dem 20. Jahrestag der Gründung der DDR standen. Der Aufbau-Verlag wurde von der Zentrag an Betriebe verwiesen, die gar nicht in der Lage waren, die erforderliche Menge und Qualität an Büchern zu produzieren. Daher schrumpfte die Zahl der Titel im Programm des Aufbau-Verlages 1969 um mehr als 10 Prozent. Dreißig Titel, darunter aktuelle Spitzentitel aus dem Bereich der sozialistischen Gegenwartsliteratur, konnten trotz rechtzeitiger Bereitstellung der Manuskripte nicht im Planjahr erscheinen und fehlten im Weihnachtsgeschäft, was dann auch die Nachbezüge der älteren lieferbaren Titel aus früheren Jahren beeinträchtigte.

Der Verlag Rütten & Loening, der in diesem Jahr sein 125. Gründungsjubiläum feierte, blieb von diesen Problemen weitgehend verschont, aber beim Aufbau-Verlag war per 30.9.1969 die Produktion der Bücher mehr als 2,2 Millionen M im Rückstand gegenüber dem Plan und trotzdem waren die Bestände vom 1.1.1969 bis zum 31.8.1969 um fast 1,7 Millionen M angewachsen, wodurch der Aufbau-Verlag gegenüber dem im Jahresplan vorgesehenen Gewinn per 30.9.1969 um fast eine Million M in Rückstand geraten war.[73]

Bei einer Beratung am 30.9.1969 hatte der stellvertretende Minister und Leiter der HV Verlage und Buchhandel, Bruno Haid, vom Verlagsleiter Voigt die Umsetzung konkreter Maßnahmen zum Abbau der Bestände, eine Überarbeitung der Auflagenplanung 1970 und die Aktualisierung der Gewinnplanerfüllung per 31.12.1969 verlangt, aber auch die

---

73 AVA 0276-0117

Aussetzung der nach dem Kassenplan vorgesehenen Gewinnabführung an den Kulturbund angekündigt.

Wegen des unzureichenden Gewinns des Aufbau-Verlages wurden im Jahr 1970 für das Jahr 1969 statt der ursprünglich geplanten M 2.600.000 nur M 2.035.000 an den Kulturbund abgeführt. Zum Ausgleich dieses Fehlbetrags im Haushalt des Kulturbunds erhöhte das Ministerium der Finanzen die staatlichen Zuweisungen für 1970 um genau die fehlenden M 565.000.

In der Sekretariatssitzung des Kulturbunds am 10.11.1970 wurde der »Beschluss XI/148 – Arbeiten des Verlages 1970 und 1971 (s. a. Nr. IX/132 vom 29.9.1970)« gefasst:

»Der durch Gen. Hähn in Durchführung des o. a. Beschlusses erstattete Bericht über die 1970 geleisteten Arbeiten, den Stand der möglichen Planerfüllung bzw. – Unterziehung – bedingt durch nicht durch den Verlag zu beeinflussende Faktoren (Näheres kann beim Verlag erfragt bzw. eingesehen werden) – sowie über die Vorplanung für 1971 wird zur Kenntnis genommen. [...]

In Auswertung der Diskussion werden folgende Festlegungen getroffen:

a) Der mit Beschluß unseres Sekretariats Nr. XII/357 f vom 14. Dezember 1964 sowie unseres Präsidiums vom 17. Dezember 1964 berufene Beirat »Aufbau-Verlag und Rütten & Loening«, der in all den Jahren nicht arbeitswirksam wurde, ist künftig regelmäßiger und intensiver in die Arbeit einzubeziehen, d. h. arbeitsfähig zu machen. In den Beirat sollte Gen. Haines aufgenommen werden, der gleichzeitig zu wichtigen Verlagsberatungen eingeladen werden sollte. Genosse Haines wird die Verbindungsfunktion zwischen Kulturbund und Verlag übernehmen. [...]

c) Genosse Hähn wird mit den Mitgliedern der Verlagsleitung prüfen, ob eine Stellungnahme des Deutschen Kultur-

bundes zu den geschilderten Faktoren, die den Verlag in Situationen bringen, seine kulturpolitischen und finanziellen Aufgaben nicht erfüllen zu können, und zum Verhalten des Volksbuchhandels als zweckmäßig erscheint.«[74]

Zu einer solchen Stellungnahme des Kulturbunds für seinen Verlag ist es aber nicht mehr gekommen, weil zur gleichen Zeit eine wichtige Zäsur in der politischen Geschichte der DDR eintrat.

Auf dem VIII. Parteitag der SED im Juni 1971 wurde Erich Honecker Erster Sekretär des Zentralkomitees der SED. Er bekannte sich demonstrativ zur Sowjetunion und zur Verankerung der DDR in der »sozialistischen Staatengemeinschaft«. Als neue Richtlinie der SED verkündete er die »Einheit von Wirtschafts- und Sozialpolitik« und sprach sich zur Überraschung vieler für eine liberalere Kulturpolitik aus:

»Wir kennen nur ein Ziel, das die gesamte Politik unserer Partei durchdringt: alles zu tun für das Wohl des Menschen, für das Glück des Volkes, für die Interessen der Arbeiterklasse und aller Werktätigen. Das ist der Sinn des Sozialismus. […]

Seitdem in unserem Lande die sozialistischen Produktionsverhältnisse gesiegt haben, arbeiten wir daran, umfassend und allseitig die entwickelte sozialistische Gesellschaft zu gestalten. […] Jede Fünfjahresplanperiode, jeder Parteitag bringen uns diesem Ziel näher.«[75]

Für die Planungsperiode 1971 bis 1975 wurde die Aufstellung eines Fünfjahresplanes angeordnet.

Am 13.10.1971 schickte der Verlagsleiter Voigt den Entwurf für den Fünfjahresplan 1971–1975 des Aufbau-Verlages

---

74 AVA 0304-0133
75 Neues Deutschland, 16.06.1971, S. 3

an die HV Verlage und Buchhandel, Abteilung Ökonomie, Sektor Planung:

»Werte Genossen!
Der Fünfjahresplan 1971–1975 wurde auf der Grundlage der zentralen Dokumente von Partei und Regierung und der Weisungen der Hauptverwaltung Verlage und Buchhandel ausgearbeitet und im Verlagskollektiv diskutiert und verabschiedet.«

Im Kassenplan und auf Seite 6 des Formulars für die Staatliche Plankommission[76] sind die in den Jahren 1971 bis 1975 geplanten Gewinne des Gesamtverlages in TM aufgeführt:

1970	1971	1972	1973	1974	1975
2.913	3.824	3.690	3.486	3.686	3.666

Die Übereinstimmung der Zahlen für 1972 (geplanter Gewinn: M 3.690.000; Abführung an den Kulturbund: M 1.690.000) macht es wahrscheinlich, dass der für dieses Jahr geplante Gewinn von M DDR 3.690.000 für den Gesamtverlag die Basis war, auf der zwischen der HV, der Partei und dem Kulturbund die Abführung der Gewinne des Aufbau-Verlages an den Kulturbund in Höhe von netto M 1.690.000 für das Jahr 1972 vereinbart wurde. Für die Zahlung der Gebühren, gesetzlichen Abgaben und vereinbarten Prämien, die Stützung des »Sonntag« (ca. M 700.000), sonstige Risiken und den Anteil der Partei für den vom Aufbau-Verlag geführten Verlag Rütten & Loening wurden pauschal M 2.000.000 einbehalten.

Das Eigentum des Kulturbunds am Aufbau-Verlag, die Lizenz und das Statut des Verlages blieben durch diese Ver-

---

76 AVA 0278-0046

einbarung einer pauschalen Netto-Gewinnabführung ebenso unberührt wie das Verwaltungsabkommen vom 27.2.1964 mit der HV Verlage und Buchhandel. Die Pauschalierung der Gewinnabführung war eine pragmatische und realistische wirtschaftliche Entscheidung des Kulturbunds. Das im Statut des Verlages und in der Lizenz 301 verankerte und nach der Verfassung der DDR besonders geschützte Eigentum des Kulturbunds am Aufbau-Verlag wurde dadurch weder aufgegeben noch eingeschränkt. Die SED stellte 90 Prozent der Führungskader des Kulturbunds. Über die Verwaltungstätigkeit der HV und letztlich über die Papierzuteilung und Druckgenehmigung konnte sie so oder so den Gewinn des Verlages steuern und prüfte und genehmigte natürlich auch den Haushalt des Kulturbunds.

Nach der für 1969 außerplanmäßig erhöhten staatlichen Zuweisung um M DDR 565.000 im Jahr 1970, stiegen in den folgenden Jahren die staatlichen Zuweisungen aus dem Ministerium für Finanzen an den Kulturbund kontinuierlich, bis sie im Jahre 1989 mit M 31.870.000 ihren Höchststand erreichten. Davon unabhängig wurden von der Hauptverwaltung Verlage und Buchhandel im Ministerium für Kultur die Gewinne des dort verwalteten Aufbau-Verlages in Höhe von M 1.690.000 als jährliche »Verlagsabführungen« an den Kulturbund überwiesen und in dem von der SED bestätigten Haushaltsplan für den zentralen Aufwand des Bundessekretariats des Kulturbunds gebucht. Die vorgedruckten Formulare enthielten die Gesamtausgaben (darunter: Löhne und Gehälter, politische Arbeit, zentraler Aufwand, Verwaltungsarbeit und Erhalt von Grundmitteln) und die Einnahmen (darunter staatliche Zuweisungen, Mitgliederbeiträge und Verlagsabführungen).

Die Position »Verlagsabführungen« des Aufbau-Verlages blieb unter der Nummer 13 nach den genannten staatlichen

Subventionen und den Mitgliederbeiträgen bis zur Wende die dritthöchste Einnahmequelle des Kulturbunds.

Am 1.2.1973 wurde Bruno Haid als Leiter der HV Verlage und Buchhandel abberufen. Der erst 39-jährige Klaus Höpcke, Kulturredakteur des »Neuen Deutschlands« und seit Jahren Mitglied des Präsidialrats des Kulturbunds, übernahm als neuer stellvertretender Minister die Leitung der HV Verlage und Buchhandel im Ministerium für Kultur und damit Verwaltung, Anleitung und Planung fast des gesamten herstellenden und vertreibenden Buchhandels der DDR.

Bis zum November 1989 blieben die vorhandenen Organisationsstrukturen der von ihm geleiteten Behörde und die Eigentumsverhältnisse der von ihr verwalteten Verlage unverändert.

Das 1979 vom Bundesministerium für innerdeutsche Beziehungen herausgegebene DDR Handbuch bestätigte die Eigentumsverhältnisse der wichtigsten Verlage der DDR: »Der Ost-Berliner Dietz-Verlag gehört der SED, der Aufbau-Verlag dem Kulturbund, der Verlag Neues Leben der FDJ, der Urania-Verlag der Urania, der Verlag Tribüne dem FDGB, der Verlag der Nation der NDPD, der Verlag Koehler und Amelung und der Union Verlag der CDU.«[77]

Nach den anfänglichen Erfolgen der Politik Honeckers besonders auf dem Gebiet der Außen- und Deutschlandpolitik – der Grundlagenvertrag zwischen den beiden deutschen Staaten war abgeschlossen und die DDR diplomatisch anerkannt worden – schien eine weitere Liberalisierung nicht nur der Kulturpolitik möglich. Aber diese Hoffnungen waren bald verflogen.

---

77 DDR Handbuch, Bundesministerium für innerdeutsche Beziehungen, Bonn; 2. Auflage, August 1979, S. 1132

Nach dem Schock der Erdölkrise 1974 wuchsen die wirtschaftlichen Schwierigkeiten der DDR auch im Verhältnis zur Sowjetunion. Die Verschuldung gegenüber dem kapitalistischen Ausland, insbesondere durch Kredite westdeutscher Banken, die durch Bürgschaften der Bundesregierung und Abtretung der Transitzahlungen besichert waren, wurde zunehmend problematisch. Konsequenz daraus waren für die führenden Kader der SED einerseits die Anordnung waghalsiger Methoden der Devisenbeschaffung und andererseits ein willkürlicher Wechsel von vorsichtigem Taktieren in der Innen- und Deutschlandpolitik zu wiederholten Rückfällen in stalinistische Methoden, die selbst in der alltäglichen Diktatur der SED als anachronistisch auffielen.
Der endgültige Niedergang des Landes begann während der langen Agonie der Sowjetunion in den letzten Jahren von Leonid Breschnews Herrschaft. Als in den Jahren 1976 und 1977 Wolf Biermann ausgebürgert und Rudolf Bahro nach stalinistischem Muster zu 8 Jahren Zuchthaus verurteilt wurde, war für jeden offenbar, dass es mit der SED eine demokratische Reform zu einer freiheitlichen Gesellschaft in der DDR nicht geben würde.
Fritz-Georg Voigt war nie ein dominanter oder eigenwilliger Verlagsleiter gewesen, aber jetzt war er auch noch chronisch krank geworden und kaum noch voll arbeitsfähig. Seine Abwesenheit wurde im Verlag allerdings kaum wahrgenommen. Von den Lektoraten wurden die Themenpläne routiniert aus- und abgearbeitet; die HV Verlage und Buchhandel steuerte Betrieb und Verwaltung des Verlages weitgehend reibungslos. Bei der vom stellvertretenden Minister Klaus Höpcke geleiteten jährlichen Rechenschaftslegung des Aufbau-Verlages waren als Vertreter des Eigentümers Kulturbund meistens die Bundessekretäre Karl-Heinz Schulmeister oder Dieter Zänker anwesend.

Da die Höhe des an den Kulturbund abzuführenden Gewinns durch die vereinbarte Pauschalierung bereits feststand, war dessen Interesse hauptsächlich auf die kulturpolitische Korrektheit der Verlagsarbeit im Buchbereich und auf die Zeitung »Sonntag« konzentriert. Ausnahmslos wurde dem Aufbau-Verlag in allen Jahren die Erfüllung seiner kulturpolitischen Aufgaben und des Jahresplanes attestiert.

In den jährlichen Rechenschaftslegungen bestätigte die Hauptverwaltung in den Bilanzen des Verlages das Vermögen des Kulturbunds im Aufbau-Verlag in der bekannten Höhe von M DDR 3.606.852,17 und legte die jeweils zu zahlende Jahresprämien an die leitenden Mitarbeiter fest, während der Kulturbund die pauschalierte Gewinnzuweisung in Höhe von M DDR 1.690.000 verbuchte.

Dieser Betrag wurde auch in den jährlichen Rechenschaftslegungen der HV Verlage und Buchhandel gegenüber der Abteilung Finanzen und Parteibetriebe beim ZK der SED als planmäßige Gewinnabführung an den Kulturbund angegeben.

Am 30.6.1981 führte das Leitungskollektiv des Verlages eine Hausbegehung der Verlagsgebäude durch. Wie bei vielen Gebäuden in der DDR war der bauliche Zustand der Häuser miserabel, aber wenigstens wurde dieser schlechte Zustand von der Verlagsleitung wahrgenommen.

Auf der nächsten Sitzung am 27.7.1981 beschloss das Leitungskollektiv eine zumindest hinreichende Renovierung der Gebäude. Fenster, Dächer und Dachrinnen wurden instand gesetzt und gesäubert, und auch einige der unzumutbaren Büroräume richtete man neu her.

Aber noch zwei weitere Vorhaben, die den Zustand des Verlagshauses auch im übertragenen Sinne sichern sollten, wurden vom Leitungskollektiv beschlossen: eine vollständige Bibliografie der Verlagsproduktion seit der Gründung des

Verlages im Jahre 1945 (für Rütten & Loening seit 1964) und eine »effektive Archivierung und Lagerung der Bücher, Manuskripte, Korrekturunterlagen und Akten«.

Im Jahre 1982 wurde Fritz-Georg Voigt dauernd arbeitsunfähig und schließlich 1983 invalidisiert. Im Protokoll der Sitzung des Leitungskollektivs am 28.2.1983 ist vermerkt:

»*Kollegin Glatzer informiert das Leitungskollektiv darüber, daß Dr. Voigt zum 30. April seine Arbeit als Verlagsleiter beendet und zum 1. Mai Kollege Elmar Faber, bisher Direktor vom Verlag Edition Leipzig, als Direktor des Aufbau-Verlages eingesetzt wird.*«

Im Protokoll der Sitzung des Leitungskollektivs vom 4.4. 1983 steht dazu:

»*Am 28.4. findet die Verabschiedung Dr. Voigts als Verlagsdirektor statt. An der Belegschaftsversammlung um 15.00 Uhr nehmen die Genossen Klaus Höpcke, Arno Lange und Prof. Schulmeister teil.*«[78]

Diese drei Funktionäre vertraten den Verwalter und die beiden Eigentümer der Verlage: Klaus Höpcke als Leiter der HV Verlage und Buchhandel im Ministerium für Kultur, Arno Lange als Leiter des Sektors Verlage und Buchhandel der Abteilung Kultur beim ZK der SED für den »parteieigenen« Verlag Rütten & Loening und Prof. Dr. Schulmeister, der 1. Bundessekretär des Kulturbunds, für den Eigentümer des Aufbau-Verlages.

Schon vor der Verabschiedung Voigts in den Ruhestand wurde aus der von der SED geführten Nomenklatur der qualifizierten Kader Elmar Faber als dessen Nachfolger ausgewählt und nach Zustimmung des Präsidialrats des Kulturbunds vom Minister für Kultur Hans-Joachim Hoffmann

---

78 AVA E0005-0023

zum Leiter des Aufbau-Verlages Berlin und Weimar und des Verlages Rütten & Loening ernannt.

Elmar Faber hatte als Direktor des Verlages Edition Leipzig schon einen wichtigen Posten in der Verlagslandschaft der DDR erfolgreich geführt und galt als nach DDR-Verhältnissen weltgewandter Reisekader, der auch im Westen respektiert wurde.

Wegen seiner hohen Qualitätsansprüche und seiner exzellenten Kenntnisse aller technischen Aspekte der Buchherstellung war er als Fachmann anerkannt und gelegentlich gefürchtet, was für den Aufbau-Verlag regelmäßig eine gute Qualität der ausgelieferten Bücher bewirkte. Besonders bei den Gemeinschaftsprojekten mit Westverlagen, z. B. bei der mit Suhrkamp gemeinsam erarbeiteten Gesamtausgabe der Werke von Bertolt Brecht prüfte er streng und zwang die herstellenden Betriebe unerbittlich zu Nachbesserungen, wenn die Bücher seinen Qualitätsansprüchen nicht genügten.

Die Struktur des Verlages, die Personalunion mit Rütten & Loening, die Arbeitsabläufe in den einzelnen Abteilungen oder das Verhältnis zur HV Verlage und Buchhandel und zum Kulturbund, waren seit der Profilierung festgelegt und die bestehende Routine erleichterte dem neuen Leiter die Führung der fast 200 fest angestellten Mitarbeiter des großen Verlagsbetriebes. Gegenüber der Hauptverwaltung trat er sehr geschickt auf und beherrschte die Sprache des Machtapparates der SED.

Als Leiter des Aufbau-Verlages wurde er nach der Satzung des Kulturbunds qua Amt Mitglied in dessen Präsidialrat. Selbstbewusst vertrat er den Aufbau-Verlag in diesem zwischen den Bundestagen obersten Gremium des Verlagseigentümers. Faber war klug und gewandt genug, sich nicht der Staatssicherheit zu verpflichten, aber trotzdem ein zuverlässiger Parteigenosse. Die Zusammenarbeit mit Klaus Höpcke, dem Leiter der HV Verlage und Buchhandel, war vertrauensvoll und kollegial, da beide zwischen den Interessen der Literaturverbreitung und den Interessen der Partei keinen Widerspruch sahen.

Faber straffte gemeinsam mit Peter Dempewolf, dem neuen ökonomischen Direktor, energisch den Verwaltungsapparat und die innerbetriebliche Ordnung des Verlages. Die zahlreichen bisher erlassenen Arbeits- und Organisationsanweisungen wurden zentral erfasst und überarbeitet. Rechtzeitig zum vierzigsten Verlagsjubiläum wurde die im Sommer 1981 vom Leitungskollektiv beschlossene vollständige Bibliografie des Verlages fertiggestellt.

Das seit der Gründung des Aufbau-Verlages gesammelte Schriftgut unterlag den Bestimmungen der inzwischen erlassenen staatlichen Archivordnungen und wurde endlich fachgerecht bearbeitet. Für die Einrichtung des Verlagsarchivs, das bisher in den jeweiligen Abteilungen im Haus verteilt und mit älteren Beständen notdürftig und unerschlossen in nicht dafür geeigneten feuchten Kellerräumen aufbewahrt wurde, setzte Faber ab 1985 die Bereitstellung einer Planstelle und geeigneter Räume durch. Nach der Wende konnte die neue Verlagsleitung auf Anweisung von Bernd F. Lunkewitz das fast vollständig erhaltene Schriftgutarchiv in gutem Zustand geschlossen an die Staatsbibliothek Berlin übergeben, wo es dauerhaft für die Forschung gesichert wird.

Am 18.4.1984 schloss die Abteilung Finanzverwaltung und Parteibetriebe beim ZK der SED mit dem Ministerium für Kultur, HV Verlage und Buchhandel, eine neue Verwaltungsvereinbarung »*über die Leitung, Planung, Verwaltung und Kontrolle der parteieigenen Verlage in Durchführung des Politbürobeschlusses 34/62 – 385 vom 31.07.1962*«, mit der die bisherige Verwaltungsvereinbarung vom 13.12.1963 ersetzt und interne Verwaltungsabläufe für die partei- und organisationseigenen Verlage effizienter geregelt wurden.

Im Punkt 7 dieser Vereinbarung ist bestimmt:
»*Auf der Grundlage des Kassenplans erfolgen quartalsweise die geplanten Abführungen an die*
Hauptkasse des ZK der SED
den Kulturbund der DDR
den Zentralrat der FDJ.«[79]

Diese Regelungen der Gewinnabführungen des Aufbau-Verlages an den Kulturbund bestätigten die Festlegungen im Abkommen vom 27.2.1964 zwischen der HV und dem Kulturbund und der ab 1971 vereinbarten Pauschalierung.

Die in der Vereinbarung unter Punkt 25 getroffene Festlegung der juristischen Betreuung der Verlage durch das Rechtsanwaltsbüro Dr. Matthäus / Dr. Uhlmann hatte noch ein kleines Nachspiel, weil sie die Veranlassung dazu gab, die damals aktuellen Rechtsverhältnisse des Aufbau-Verlages darzulegen.

Seit jeher führte der Justiziar der HV Verlage und Buchhandel eine Kartei mit den wesentlichen Daten aller dem Ministerium für Kultur unterstellten Verlage und zu deren rechtlichen Verhältnissen. Im Verlagsarchiv ist ein Rundschreiben des damaligen Justiziars vom 3.5.1972 aufbewahrt. Er bat darin den damaligen Verlagsleiter Dr. Voigt, ein beigefügtes Formular auszufüllen, »*um eine dem neuesten Stand entsprechende, arbeitsmäßig verwendbare Übersicht zu haben.*«[80]

Als die neue Verwaltungsvereinbarung »*über die Leitung, Planung, Verwaltung und Kontrolle der parteieigenen Verlage*

---

79 BFL/BvS K 034
80 AVA 0279-0016

in Durchführung des Politbürobeschlusses 34/62 – 385 vom 31.07.1962« zwischen der SED und der HV Verlage und Buchhandel am 18.4.1984 geschlossen wurde, hatte der Aufbau-Verlag schon seit längerer Zeit in Fragen des Urheberrechts den darauf spezialisierten Rechtsanwalt Dr. Wilfried John mandatiert. Deshalb rief die Justiziarin der HV Verlage und Buchhandel, Dr. Karin Götz, am 18.7.1984 im Aufbau-Verlag an. Die Sekretärin Fabers verfasste eine Hausmitteilung:

»Anruf HV, Gen. Dr. Götz
– HV benötigt Kopien von folgenden Dokumenten:
– Berufungsurkunde des VD
– Statut
– Lizenzurkunde
– Registrier-Nr. des Verlages
(AV110-15-538/R+L110-15-507)
Vertrag mit Dr. John«[81]

Elmar Faber übersandte die Kopien der Dokumente. Sie enthielten neben dem Vertrag mit Dr. John die Berufungsurkunde Elmar Fabers zum Verlagsdirektor des Aufbau-Verlages mit Wirkung zum 1.5.1983 und im Begleitschreiben vom 19.7.1984 die Anmerkung: »*(dazu ist zu bemerken, daß die Berufung für den Verlag Rütten & Loening nachzutragen ist)*«, woraus sich bestätigt, dass die beiden Verlage nach wie vor rechtlich selbstständige juristische Personen waren.

Zu den im Bundesarchiv aufbewahren Akten des Justiziariats des Ministeriums für Kultur gehört das zum Aufbau-Verlag zuletzt aktualisierte Karteiblatt, die *»entsprechende, arbeitsmäßig verwendbare Übersicht«*. Es muss wegen der

---

81 AVA 2813-0073

von Dr. Karin Götz angeforderten Dokumente auf die Zeit nach dem 19.7.1984 datiert werden und enthält die folgenden Eintragungen:

»Verlagskartei

Name des Verlages: *Aufbau-Verlag Berlin und Weimar*
Anschrift: *1080 Berlin, Französische Str. 32, Tel. 2202421*
Übergeordnetes Verwaltungsorgan: *Ministerium für Kultur Hauptverwaltung Verlage und Buchhandel*
Eigentumsform: *Organisationseigentum (Kulturbd)*
Tag der Gründung:
Lizenzurkunde ausgestellt am: *9.10.1951*
Lizenznummer: *301*
Lizenzträger: *Kulturbund zur demokratischen Erneuerung Deutschlands, Berlin*
Handelsregister Abt. C, eingetragen unter *Nr. 110-15-538*
Abt. eingetragen unter Nr.:
Vertretungsbefugte Personen: *Elmar Faber*
Name des Cheflektors:
Statut erlassen am: *1.1.1961*
Veröffentlicht: *unveröffentlicht*
Gesellschaftsvertrag vom:
Zwischen:
Gleichnamiger Verlag:
Art der Beziehung:
Wirtschaftliche Einheit mit Rütten & Loening.«[82]

Die Feststellung der Eigentumsform (organisationseigener Betrieb des Kulturbunds), der Lizenznummer 301 (des Kulturbunds als Alleineigentümer des Aufbau-Verlages), des

---

[82] BArch. Blattsammlung Höpcke; Ablichtung im Anhang. BFL/BvS K 258

Statuts vom 1.1.1961 (Aufbau-Verlag als Verlag des Deutschen Kulturbunds) und der Beziehung zum parteieigenen Verlag Rütten & Loening (nur wirtschaftliche Einheit) beweisen in kaum zu überbietender Klarheit und Kürze, dass der Aufbau-Verlag nie Eigentum der SED, sondern vom Anfang bis zum Ende der DDR als rechtlich selbstständiges Unternehmen das Eigentum des Kulturbunds und auch von der SED als solches anerkannt war.

Der Aufbau-Verlag feierte im Herbst 1985 den 40. Jahrestag seiner Gründung mit einem aufwendigen Festakt im Haus der sowjetischen Kultur und Wissenschaft in Berlin. Stephan Hermlin hielt die Festrede in dem erst ein Jahr vorher fertiggestellten Gebäude vor mehr als 500 geladenen Persönlichkeiten aus dem literarischen und kulturellen Milieu der DDR und vielen ausländischen Gästen.

Am 23.9.1985 fand im Verlagsgebäude in der Französischen Straße 32 eine Belegschaftsversammlung und anschließend ein Verlagsfest mit den geladenen Gästen statt.

Elmar Faber eröffnete diese Veranstaltung mit einer Rede über die Geschichte des Aufbau-Verlages seit seiner Gründung im Jahre 1945. Er lobte den »*Kulturbund zur demokratischen Erneuerung Deutschlands, als dessen Verlag sich der Aufbau-Verlag von Anfang an verstand und dessen Gründungsmanifest wie die Ansprachen der Gründungskundgebung zu den ersten Manuskripten gehörten. […]*

Nach der Verlagsgründung am 16. August tritt die Lizenz am 18. August in Kraft. Am 20. Oktober erfolgt die Eintragung ins Berliner Handelsregister. Der Verlag wird eine GmbH. […]

Die scheinbar privatwirtschaftliche Form des Verlages wird am 16. Januar 1946 nach erfolgter Eintragung des Kulturbundes in das Vereinsregister dahingehend korrigiert, daß nun alle Gesellschaftsanteile an den Kulturbund übergehen und dieser nach notarieller Beglaubigung ab 30. März 1946 als alleiniger Eigentümer des Aufbau-Verlages auftritt.«[83]

Die hier öffentlich erklärte Zugehörigkeit des Aufbau-Verlags zum Kulturbund war den Anwesenden allerdings längst bekannt.

Der Bezirksleiter des Kulturbunds in Rostock, Johannes Lischke, hatte Elmar Faber zu einer eigenen Veranstaltung des Kulturbunds nach Rostock eingeladen, aber wegen der Jubiläumsfeiern des Verlages eine Absage erhalten. Verständnisvoll schrieb er am 6.12.1985 an den Aufbau-Verlag:

»Verehrter Bundesfreund Faber,
[...] Wir haben Ihre Absage, zu unserem 5. Jahrestreffen zu kommen, außerordentlich bedauert.

Fehlte doch bei unserer Rückschau auf 40 Jahre Arbeit des Kulturbunds einer seiner wichtigsten Partner – sein Verlag.«[84]

Im Frühjahr 1985, einige Monate vor dem vierzigsten Jubiläum des Aufbau-Verlages, war der erst 54 Jahre alte Michail S. Gorbatschow vom Zentralkomitee der KPdSU zum Generalsekretär der Partei gewählt worden. Er begann ein Reformprogramm, das unter den Schlagworten Glasnost (Meinungsfreiheit) und Perestroika (Umgestaltung) innerhalb von 5 Jahren die seit der Oktoberrevolution als angeblich »sozialistisches« System entstandenen gesellschaftlichen Verhältnisse in der UdSSR sprengte.

Auf einer Konferenz der RGW-Staaten (Rat für gegenseitige Wirtschaftshilfe) in Bukarest am 7.7.1989 gab die Sowjetunion offiziell die »Breschnew-Doktrin« auf. Der Bestand des »Sozialismus« in den Mitgliedsstaaten des War-

---

83 AVA 0493-0094
84 AVA 3097-0179

schauer Paktes wurde von ihr nicht mehr militärisch garantiert. Die Mitgliedsstaaten konnten »auf der Grundlage der Gleichheit, Unabhängigkeit und des Rechtes eines jeden Einzelnen, selbstständig eine eigene politische Linie, Strategie und Taktik ohne Einmischung von außen auszuarbeiten«, in freier Wahl ihre Regierungsform selbst bestimmen.

Erich Honecker brach seine Teilnahme an dem Gipfeltreffen wegen Krankheit ab. Noch nicht voll genesen, leitete er im September 1989 wieder die Sitzungen des Politbüros, in denen die Entwicklung in der Sowjetunion und die immer schwierigere politische und wirtschaftliche Lage sowie die Verschuldung der DDR gegenüber der Bundesrepublik zentrale Themen waren.

Nur zwei Jahre vorher hatte Honecker den Höhepunkt seiner politischen Laufbahn durch den Staatsbesuch in der Bundesrepublik erlebt. Jetzt war er mit einer fundamentalen Krise der DDR konfrontiert, die innerhalb weniger Wochen zu seiner Absetzung führte. Die pompösen Feiern zum 40. Jahrestag der Gründung der DDR waren von einer immer stärkeren Fluchtwelle von DDR-Bürgern, aber auch von immer größeren Demonstrationen der unzufriedenen Bürger überschattet, die das Land nicht verlassen, sondern verändern wollten. Nach der Politbürositzung am 17.10.1989 kam es am folgenden Tag zur Ablösung Erich Honeckers durch Egon Krenz als Generalsekretär des ZK der SED. Als Gorbatschow am 25.10.1989 in Helsinki auch öffentlich die Sinatra-Doktrin (»I did it my way«) bestätigte (»Keine Anwendung von Gewalt kann gerechtfertigt werden, weder durch eine militärisch-politische Allianz gegen eine andere noch innerhalb dieser Allianzen noch gegen neutrale Länder jedweder Partei«), war den Mitgliedern des Politbüros endgültig klar, dass die in der DDR stationierten sowjetischen Truppen nicht gegen eine friedliche Revolution in der DDR eingreifen würden. Nur zwei Wochen später brach die DDR zusammen wie ein Kartenhaus.

Als am 9.11.1989 die Grenzübergänge in der Mauer um Westberlin für die herandrängenden DDR-Bürger geöffnet wurden, bestätigte sich die Richtigkeit der von Lenin geprägten Definition: »Eine revolutionäre Situation gibt es dann, wenn die oben nicht mehr können und die unten nicht mehr wollen.«

Die Flucht
ins Volkseigentum

Die Herrschaft der SED war nach Öffnung der Mauer in Berlin am 9. November noch nicht beendet, aber die Macht lag bei den Demonstranten auf der Straße. Die Bundesregierung zögerte. In der DDR träumten Autoren und Verlagsmitarbeiter vom »Dritten Weg«, vom »menschlichen Sozialismus« oder vom »Volkseigentum für alle«. Mutigste Verlagsleiter forderten die Abschaffung der Zensur und eine bessere Organisation staatlicher Papierzuteilung. Die Funktionäre in der Hauptverwaltung Verlage und der Abteilung Finanzverwaltung und Parteibetriebe der SED ahnten, dass innerhalb kurzer Zeit radikale Veränderungen bei den Verlagen und polygrafischen Betriebe der DDR unvermeidlich sein werden. Die Verlage auf der Insel DDR begrüßten das Erdbeben, rechneten aber nicht mit dem Tsunami.

Das »*Protokoll der Sitzung des Leitungskollektivs am 13.11.1989*« fasst die damalige Stimmung und den Stand der Diskussion zwischen der Verlagsleitung und den Lektorats- und Abteilungsleitern zusammen:

»[...] Das heutige Thema ist: Was müssen wir verändern und welche Strukturen müssen wir schaffen?
a) Druckgenehmigungspraxis:
 Die Druckgenehmigungspraxis wird ganz abgeschafft.
 Die volle Verantwortlichkeit der Verlage wird hergestellt,

ohne jede Einschränkung. Es ist anzunehmen, daß die HV personell verringert und zu einem Konsultations- und Koordinierungsorgan wird. Die Informationspraxis gegenüber der HV wird sich gravierend entbürokratisieren. [...]
b) Bessere Befriedigung der Literaturbedürfnisse, Umgestaltung des Editionsschemas, Verteilung der Kontingente und Kapazitäten;
[...] Der Verleger bestimmt, was gedruckt wird. Die Papierkontingente müssen umstrukturiert und wieder nach Gewicht abgerechnet werden, damit die Verschleierung der Papiermängel aufhört. [...]
c) Zur Eigentumsfrage des Verlages:
Die Verlage müssen aufhören, Geldspender für Parteien und gesellschaftliche Organisationen zu sein (wobei es natürlich Parteiverlage geben muß). Für Aufbau ist ein klärendes Gespräch über die Eigentumsfrage notwendig (vorgesehen für den 17.11.89). Die Form der Rechenschaftslegung ist zu überdenken. Vom übergeordneten Organ muß die Verwendung des Gewinns und der Deviseneinnahmen offengelegt werden. Eine Vereinheitlichung der Arbeits- und Lebensbedingungen in den Verlagen unterschiedlicher Eigentumsformen ist <u>unverzüglich</u> anzustreben.
d) Zur Fondshoheit:
Fondshoheit bedeutet: die staatliche Planauflage wird bestätigt bzw. als unrealistisch zurückgewiesen, notfalls werden bessere und zusätzliche Ziele gestellt. Es wird Gewinnbeteiligung angestrebt, an der die Belegschaft partizipiert. Auch wird Beteiligung an den Deviseneinnahmen vorgesehen. [...]
Weiter wird folgendes beschlossen:
Der Themenplan 1990 bleibt im wesentlichen bestehen. Es werden aber Vacat-Positionen geschaffen. [...]

Der Perspektivplan ist rasch zu überarbeiten. Es ist alles herauszunehmen, was nicht den neuen Gegebenheiten entspricht. [...]
Es wird eine Arbeitsgruppe gebildet, die Vorschläge zur Struktur des Verlages im Zusammenhang mit einer klaren Rationalisierungskonzeption erarbeitet.«[85]

Faber zeigte in diesen stürmischen Tagen seine Führungsqualitäten. Die Abschaffung von Zensur und politisch motivierter Subvention vieler Titel, die Reform der staatlichen Planung und der polygrafischen Industrie waren längst überfällig; genauso wie eine Straffung des Programms durch Konzentration auf »die neuen Gegebenheiten« sowie die ökonomische Notwendigkeit der Gewinnerzielung. Aber noch wichtiger war für Faber die unter Punkt c) angesprochene »Eigentumsfrage« des Verlages. Dabei ging es ihm aber nicht um den Nachweis der bekannten und seit Jahrzehnten bestehenden Eigentumsverhältnisse sondern um deren Veränderung.

In diesem Protokoll vom 13.11.89 – am ersten Arbeitstag nach Öffnung der Mauer – kündigte er unter c) *»Zur Eigentumsfrage des Verlages«* an: *»Die Verlage müssen aufhören Geldspender für Parteien und gesellschaftliche Organisationen zu sein.«* Damit waren die SED (für Rütten & Loening) und der Kulturbund (für den Aufbau-Verlag) gemeint, denn selbstverständlich kannte Faber, der als Leiter des Aufbau-Verlages auch Mitglied des Präsidialrats war, die Gewinnabführung an den Kulturbund und die sich schon daraus ergebenden Eigentumsverhältnisse. Er gestand gerade noch zu, dass *»es natürlich Parteiverlage geben muß«*, aber das Eigentum des Kulturbunds am Aufbau-Verlag war für ihn eine Ge-

---

85 AVA 2878-0007

fahr für dessen Existenz. Das Organisationseigentum an den Verlagen war dem Volkseigentum nur rechtlich »gleichgestellt«. Es gehörte gerade nicht dem Staat, sondern den Mitgliedern der jeweiligen gesellschaftlichen Organisation. Diese Organisationen konnten nun möglicherweise untergehen, besonders wenn sie, wie der Kulturbund, von der direkten und indirekten Subvention durch den Staat abhingen. Daher hatte die von der politischen Opposition geforderte Trennung von Parteien und Staat dramatische reale Auswirkungen auf die Geschäftstätigkeit der von der HV verwalteten organisationseigenen Verlage, ihre Eigentumsverhältnisse und ihre Finanzierung, weil dafür zukünftig die jeweilige Organisation allein verantwortlich war.

Die jahrzehntelange ökonomische und ideologische Verwaltung des Verlages durch das Druckerei- und Verlagskontor und dann die HV Verlage und Buchhandel hatte dazu geführt, dass der Kulturbund als passiver Eigentümer zur eigenen Führung seines Verlages selbst in wirtschaftlich normalen Zeiten kaum fähig war.

Elmar Faber hielt zwar die Entwicklung einer freien sozialistischen Gesellschaft auf dem Gebiet der DDR für möglich, aber er erkannte schnell, dass der Aufbau-Verlag als Eigentum des Kulturbunds in den kommenden Turbulenzen untergehen könnte und nur dann überleben würde, wenn er zum Volkseigentum gehört und staatlich finanziert wird.

Er machte sich auf die Suche nach Verbündeten, die ihm helfen könnten, die kulturelle Institution Aufbau-Verlag (und Rütten & Loening) vor dem Untergang zu retten und auch seine eigene Position als Verlagsleiter zu sichern. Er fand sie in der SED/PDS.

Nachdem Bundeskanzler Dr. Helmut Kohl am 28. November 1989 im Bundestag ein 10-Punkte-Programm verkündet hatte, waren die künftige bürgerlich-demokratische

Struktur und die von einer sehr großen Mehrheit der Bürger in Ost und West geforderte nationale Einheit Deutschlands nicht mehr aufzuhalten. Die DDR würde untergehen und mit ihr all ihre Institutionen, die sich nicht in den demokratischen Verhältnissen einer bürgerlich-kapitalistischen Gesellschaft würden selbst behaupten können.

Am 1.12.1989 beschloss die Volkskammer die Streichung der bisher in der Verfassung verankerten Führungsrolle der SED, und zwei Tage später traten endgültig alle Mitglieder des ZK und des Politbüros zurück.

Am 7.12.1989 gab es das erste Treffen am zentralen Runden Tisch in Berlin. Wichtigste Forderungen waren freie Wahlen und die Trennung von Parteien und Staat.

In der DDR waren die Eigentumsverhältnisse der organisationseigenen Betriebe besonders im sensiblen Medienbereich, also an Zeitungs- und Buchverlagen, durch verdeckte Treuhandschaft und interne Verwaltungsabkommen mit »übergeordneten« staatlichen Organen gezielt verschleiert worden. Die Eintragung dieser Betriebe in das Register der volkseigenen Wirtschaft ließ nach außen die tatsächlichen Rechtsverhältnisse kaum noch erkennen oder als von untergeordneter Bedeutung erscheinen.

In dem Politbürobeschluss vom 31.7.1962[86] waren die vom DVK verwalteten 10 Verlage der SED und die 3 Verlage der Massenorganisationen aufgeführt, die der HV Verlage und Buchhandel unterstellt wurden.

In der von Klaus Höpcke am 12.12.1989 unterzeichneten *»Vorlage für das Präsidium des Parteivorstandes zur zukünftigen Leitung der organisationseigenen Verlage (Parteiverlage)«*[87] unterstützt er den *»Vorschlag, die organisationseigenen*

---

86 AVA 0012-0067. Siehe Fn 53
87 AVA 2878-0007

Verlage der SED aus der bisherigen Wirtschaftsführung durch das Ministerium für Kultur herauszulösen. [...]
3. Zu entscheiden ist, welche der 10 organisationseigenen Verlage auch weiterhin im Parteieigentum verbleiben und welche in Staatseigentum überführt werden. [...]
a) Folgende Verlage sollten auch weiterhin als organisationseigene Verlage unserer Partei weitergeführt werden:

Urania Verlagsgruppe, Leipzig mit Neumann-Verlag, Zimsen-Verlag sowie Arnold Verlag;
Kiepenheuer Verlagsgruppe Leipzig
Verlag Volk & Welt, Berlin
Eulenspiegel-Verlag und Verlag Neues Berlin
Altberliner Verlag, Berlin

b) Für die Überführung in staatliches Eigentum werden folgende Verlage vorgeschlagen: (Auch die Umwandlung in gemischte Eigentumsverhältnisse – Staats- und Organisationseigentum – wäre denkbar.)
Aufbau-Verlag, Berlin und Weimar
Rütten & Loening, Berlin
Mitteldeutscher Verlag, Halle-Leipzig
Henschel Verlag, Berlin
Kinderbuchverlag, Berlin
Verlag Neues Leben.«

Diese Liste der angeblich »10 organisationseigenen« Verlage der Partei enthält zusammen in a) und b) addiert aber nicht 10, sondern 11 Verlage, was dadurch erklärt werden kann, dass der Aufbau-Verlag, der nicht der Partei sondern dem Kulturbund gehörte, vorsätzlich und entgegen der Rechtslage als parteieigen deklariert wurde, um ihn in Volkseigentum zu überführen.

Tatsächlich war diese Liste »organisationseigener« bzw. »parteieigener« Verlage keine Feststellung tatsächlicher Eigentumsverhältnisse. Zu der »Kiepenheuer Verlagsgruppe Leipzig« gehörten z. B. auch die privaten Verlage Paul List und Insel Verlag Anton Kippenberg und der hier als einer der angeblich »organisationseigenen Verlage der SED« aufgeführte Verlag Neues Leben gehörte der FDJ.

Unter Punkt 5 dieser Vorlage werden dann die Gewinnabführungen der jetzt wieder »10 organisationseigenen Verlage der Partei« wie folgt aufgelistet:

»*5. Die organisationseigenen Buchverlage unserer Partei haben über die HV Verlage und Buchhandel des Ministeriums für Kultur 1988 Geldmittel von insgesamt*

*37,2 Mio. Mark
darunter 29,9 Mio. Mark Nettogewinn
an die Hauptkasse des ZK abgeführt.*

Davon	
Urania-Verlagsgruppe	*6,1 Mio.*
Aufbau-Verlag	*2,4 Mio.*
Mitteldeutscher Verlag	*1,4 Mio.*
Volk & Welt	*3,2 Mio.*
Eulenspiegel-Verlag	*0,8 Mio.*
Kinderbuch-Verlag	*7,3 Mio.*
Verlag Neues Leben	*7,3 Mio.*
Kiepenheuer-Gruppe	*1,7 Mio.*
Altberliner Verlag	*3,9 Mio.*
Henschel-Verlag	*2,7 Mio.*
	37,2 Mio. Mark«

An dieser Aufstellung des Gewinns dieser angeblich »organisationseigenen Buchverlage« der Partei fällt zunächst auf, dass der »parteieigene« Verlag Rütten & Loening nicht genannt wird. Der Grund dafür ist, dass dieser Verlag vom »organisationseigenen« Aufbau-Verlag des Kulturbunds in Personalunion betrieben wurde. Die HV Verlage und Buchhandel führte den durch die Verluste der Kulturbundzeitung »Sonntag« verringerten Gewinn der Arbeitsgemeinschaft aus Aufbau-Verlag und dem Verlag Rütten & Loening in Höhe von 2,4 Mio Mark an die Hauptkasse des ZK der SED ab. Von dort wurden an den Kulturbund auch im Jahr 1988 die pauschalierten Gewinne des Aufbau-Verlags in der mit der HV Verlage und Buchhandel seit 1972 vereinbarten Höhe von 1,690 Mio. Mark »planmäßig weitergeleitet« und in dem von der SED bestätigten Haushaltsplan des Kulturbunds als »Verlagsabführungen« verbucht. Nach Abzug dieser an den Kulturbund gezahlten »Verlagsabführungen« des Aufbau-Verlages verblieben von den insgesamt abgeführten 2,4 Mio. Mark daher netto nur 710.000 Mark bei der SED, während der Kulturbund insgesamt (Pauschale Abführung plus Preisstütze für den »Sonntag«) ca. 2,4 Mio. Mark erhalten hatte.

Nachdem der Sonderparteitag der SED/PDS den Erhalt des Parteivermögens beschlossen hatte, wurde am 21.12.1989 vom Präsidium des Parteivorstands die »Arbeitsgruppe zur Sicherung des Vermögens der SED/PDS« ernannt. Nach Anlage 1 des Beschlusses übernahm Dr. Gerhard Pelikan deren Leitung. Auch Arno Lange, der langjährige Leiter des Sektors Verlage und Buchhandel der Abteilung Kultur des ZK der SED wurde Mitglied dieser Arbeitsgruppe.[88]

In der Begründung des Beschlusses wird das Gesamtvermögen der SED beziffert:

---

88 ADS, Bestand: PDS-PV-146, 000184

»1. Zum 31.12.1988 verfügte die damalige SED über ein Gesamtvermögen von rund 7 Milliarden Mark. Davon fielen auf

*– Parteibetriebe 3,9 Mrd. Mark.
(eine Übersicht über das Vermögen der
Parteibetriebe ist als Anlage 2 beigefügt)*

*– Leitungen und Einrichtungen des
Parteiapparates 3,2 Mrd. Mark*

Dieses Vermögen ist Eigentum der Partei bzw. entgeltlich in Rechtsträgerschaft der Partei übernommenes Volkseigentum. Dieses Eigentum ist zum größten Teil juristisch belegbar. Nach dem gegenwärtigen Erkenntnisstand kann jedoch nicht in jedem Fall die Entstehung bzw. der Übergang in Parteieigentum dokumentarisch nachvollzogen werden. Es erfordert weitere Untersuchungen von Materialien im Zentralen Parteiarchiv sowie von Unterlagen des Notariats Gentz, die sich heute im Ministerium für Justiz befinden.«

Am 10.1.1990 verfasste Klaus Höpcke eine Vorlage für das Präsidium des Parteivorstands.[89]

»Betr.: Information über den Stand der Vorbereitungen für die zukünftige Leitung der organisationseigenen Verlage der SED/PDS

Ausgehend von der Vorlage zu dieser Problematik vom 12.12.1989, die vom Präsidium des Parteivorstandes grundsätzlich bestätigt worden ist, sowie der erfolgten Erklärungen des Parteivorstandes zur Sicherung des Parteivermögens ist gegenwärtig folgendes festzustellen:

---

89 PDS Parteiarchiv. Persönliche Verschlusssache – Vorlagen – 59/90

1. Die Wirtschaftsführung der organisationseigenen Verlage der SED durch das Ministerium für Kultur, HV Verlage und Buchhandel, wird auf Grund einer Entscheidung des Ministers für Kultur mit Wirkung vom 31.1.1990 beendet. [...]
Ein Problem von besonderer politischer Bedeutung ist die zukünftige Handhabung des Aufbau-Verlages und Rütten & Loening, Berlin. Der Verlag wurde 1945 mit Mitteln der KPD durch Genossen K. Gysi und weiteren drei Gesellschaftern [sic] mit je 20.000 RM gegründet, zu einem späteren Zeitpunkt als Verlag des Kulturbunds zur demokratischen Erneuerung Deutschlands deklariert, und dorthin erfolgte auch die Gewinnabführung.
Anfang der sechziger Jahre brachte die SED die Substanz des Volksverlages, Weimar (kulturelles Erbe) und von Rütten & Loening, Berlin, ein. Der Verlag firmierte nun nicht mehr als Kulturbund-Verlag, und die Finanzierung des Kulturbundes wurde über die Hauptkasse des ZK neu geregelt. Die Verlagsgebäude in Berlin und Weimar sind Parteieigentum.«

Diese Darstellung der Eigentumsverhältnisse ist gezielt falsch und voller Lücken: Die Aufbau-Verlag GmbH wurde wie hier dokumentiert[90] von privaten Gesellschaftern für den Verein gegründet, weil der Kulturbund damals noch nicht rechtsfähig war. Die Kapitaleinlage bei der Gründung im August 1945 war 5.000 RM pro Gesellschafter; nicht erwähnt werden u. a. der Erwerb aller Anteile der Aufbau-Verlag GmbH durch den Kulturbund im Jahr 1946, die Kapitalerhöhung durch den Kulturbund auf 200.000 Mark der DDR, die fortbestehende und in allen Büchern des Verlages angegebene Lizenz Nr. 301 des Kulturbunds zum Betrieb des Auf-

---

90 Siehe Fn 13, 14, 15

bau-Verlages, dessen Umwandlung im Jahr 1955 in einen organisationseigenen Betrieb des Kulturbunds, das noch immer gültige Statut des Aufbau-Verlages als »Verlag des Deutschen Kulturbunds« vom 10.1.1961, die Festlegungen des Politbüros durch die Beschlüsse vom 31.7.1962 zur Profilierung der Verlage (»*1. Die Eigentumsverhältnisse bleiben unverändert«*), die jährlichen Rechenschaftsberichte auch nach dem Geschäftsjahr 1964 und die Gewinnzahlungen (später pauschalierte »Verlagsabführungen«) an den Kulturbund, die Vermögensfeststellungen in den Bilanzen und das Eigentum an den Grundstücken in Berlin, die nicht der SED gehörten, sondern Eigentum des Aufbau-Verlages waren.

Am 10.1.1990 schrieb der neue Minister für Kultur der DDR, Dr. Dietmar Keller, an den Parteivorstand der SED/PDS:

»Sehr geehrter Genosse Dr. Gysi,
entsprechend der Vereinbarung vom 19.4.1984 zwischen der Abteilung Finanzverwaltung und Parteibetriebe beim Zentralkomitee der SED und dem Ministerium für Kultur, Hauptverwaltung Verlage und Buchhandel, verwaltet das Ministerium für Kultur zehn parteieigene Verlage.

Die konsequente Trennung von Partei und Staat erfordert, daß diese Verwaltung durch das Ministerium für Kultur sofort beendet wird.«[91]

Zwei Tage später verfasste Klaus Höpcke im »Ergebnis einer weiteren grundsätzlichen Beratung mit den Direktoren der betreffenden Verlage« eine Aktennotiz
»Zur zukünftigen Zuordnung und Leitung der organisationseigenen Verlage der SED/PDS – Stand vom 12.1.1990«

---

91 PDS Parteiarchiv, 004327/8. Der Profilierungsbeschluss nannte 10 »parteieigene« und 3 »organisationseigene« Verlage. Siehe auch Fn 53 bis 56

1. Folgende Verlage, die eindeutig Eigentum der Partei sind, werden als Eigentum der Partei weitergeführt
- *Verlag Neues Leben, Berlin*
- *Kinderbuchverlag, Berlin*
- *Eulenspiegel Verlag, Berlin*
- *Verlag Volk und Welt, Berlin*
- *Kiepenheuer Verlag, Leipzig [...]*

3. [...] Folgende Verlage werden aus kulturpolitischen Gründen und <u>bei nicht in jedem Fall eindeutig geklärter Rechtslage</u> in Volkseigentum überführt und der Regierung zum Kauf angeboten:
- *Aufbau-Verlag, Berlin*
Der Verlagsteil Rütten & Loening wird als Parteieigentum, mit rechtlicher Sicherung und entsprechender Gewinnabführung, in Personalunion vom Aufbau-Verlag geleitet.
- *Mitteldeutscher Verlag, Halle – Leipzig*
wurde als Verlag von der Landesverwaltung Sachsen-Anhalt mit Lizenz der SMAD gegründet und später als »Eigentum des Volkes« dem Landesvorstand der SED zur Verwaltung und Nutznießung übergeben.
- *Henschel Verlag, Berlin.«*[92]

An dieser Notiz fällt sofort auf, dass die SED nicht als Eigentümerin des Aufbau-Verlags genannt wird, sondern nur das separate Parteieigentum an Rütten & Loening in der seit der Profilierung bestehenden Wirtschaftsgemeinschaft mit dem Aufbau-Verlag beschrieben wird. Die erwähnte »*rechtliche Sicherung*« ist die Eintragung beider Verlage als selbstständige juristische Personen im Handelsregister C, *die »entsprechende Gewinnabführung«* ist die separate Abführung der

---

92 PDS Parteiarchiv. Siehe Fn 94: Henschel Verlag »zweifelsfrei Eigentum der Partei«

Gewinne des Verlages Rütten & Loening an die SED und des Aufbau-Verlages an den Kulturbund.

Zum Mitteldeutschen Verlag wird – im Gegensatz zu der bisher vertretenen Behauptung, er sei Eigentum der Partei – festgestellt, dass er bereits Eigentum des Volkes ist, also kein Verkauf, sondern höchstens ein Besitzwechsel in Volkseigentum möglich ist.

Damit bleibt als einziger der vier genannten Verlage, deren Rechtslage bisher angeblich nicht »eindeutig geklärt« sein soll, nur der Aufbau-Verlag, denn für die anderen stand fest:

Der Verlag Rütten & Loening ist »separates Parteieigentum«,
der Mitteldeutsche Verlag ist Volkseigentum,
der Henschel Verlag ist Parteieigentum.

Am 16.1.1990 präsentierte die Arbeitsgruppe Kulturpolitik, die inzwischen in den entsprechenden Archiven recherchiert hatte, eine mit Details zu den Rechtsverhältnissen zahlreicher Verlage versehene *»Übersicht über Verlagscharakteristik und ökonomische Hauptdaten«*, in der zu den Eigentumsverhältnissen am Aufbau-Verlag festgestellt wurde:

»Wurde 1945 mit Mitteln der KPD durch K. Gysi und weiteren 3 Gesellschaftern (sic) mit je 20.000 RM als GmbH gegründet. Im Statut vom 1.1.1961 ist der Verlag als Institut/ion des Deutschen Kulturbundes ausgewiesen.« [93]

Damit war schließlich auch der Aufbau-Verlag ein Fall »eindeutig geklärter Rechtslage«, selbst wenn die Behauptung, das Gründungskapital stamme von der KPD, zutreffend wäre, denn im Frühjahr 1946 hatte der Kulturbund von den Gründungsgesellschaftern mit eigenen Mitteln die Geschäfts-

---

93 PDS Parteiarchiv

anteile materiell-rechtstaatlich erworben. Die dem Kulturbund nachfolgend erteilte Lizenz Nr. 301 zum Betrieb des Verlages und das ebenso unverändert gültige »Statut vom 1.1.1961« bestätigten lediglich die rechtliche Stellung des Aufbau-Verlages als Verlag des Deutschen Kulturbunds.

In den vom Parteivorstand eingesetzten Arbeitsgruppen Kultur bzw. Parteifinanzen liefen die Informationen für alle Verlage zusammen. Am 18.1.1990 formulierten beide Arbeitsgruppen eine von Klaus Höpcke, Wolfgang Pohl (stellv. Vorsitzender), Wolfgang Langnitschke (Parteifinanzen) und Matthias Kirchner (AG Kultur) unterzeichnete gemeinsame Vorlage für das Präsidium des Parteivorstands für denselben Tag:

> *»Betrifft: Organisationseigene und Zentrag Buchverlage*
> *Beschlußentwurf:*
> *Im Buchverlagswesen der DDR wirken neben 32 volkseigenen Verlagen zwei Akademie-Verlage, drei dem Sekretariat des Ministerrats bzw. Fachministern unterstellte Verlage, acht staatlich verwaltete Verlage zum Teil privaten Eigentums, ein Gewerkschaftsverlag, drei kircheneigene Verlagshäuser und sieben Verlage, die der CDU, LDPD und NDPD gehören, 22 Betriebe im Eigentum der SED/PDS: Dietz Verlag, Verlag für Agitations- und Anschauungsmaterial, vier der Zentrag angeschlossene Buchverlage und 16 organisationseigene Verlage.*
> *1. Weil sich bei den letzteren ein Übergewicht an Belletristik veröffentlichenden Verlagen gebildet hat, empfiehlt das Präsidium dem Parteivorstand, Verhandlungen zur Überführung des Aufbau-Verlages Berlin und Weimar, des Henschel-Verlages, Berlin, des Verlages Volk & Welt sowie des Mitteldeutschen Verlages Halle-Leipzig in Volkseigentum einzuleiten. [...]*

5. Die Prüfung der Situation des bisherigen Eigentums der Partei an Buchverlagen ergab, daß die Verlage Volk & Welt, Berlin, sowie Henschel-Verlag für Kunst und Gesellschaft, Berlin, zweifelsfrei Eigentum der Partei sind. Aus politischen Gründen wird, wie unter Punkt 1. vorgeschlagen, die Überführung in Volkseigentum für zweckmäßig gehalten.

Gleiches gilt für den Mitteldeutschen Verlag, Halle–Leipzig.
  Der parteieigene Verlag Rütten & Loening, Berlin, soll in Personalunion, bei rechtlicher Sicherstellung des Parteieigentums, vom Aufbau-Verlag geleitet und verwaltet werden.«[94]

Diese auch in der Aktennotiz vom 12.1.1990 erwähnte »rechtliche Sicherstellung« war schon 1964 bei der Profilierung der Verlage erfolgt. Der Aufbau-Verlag des Kulturbunds hatte seither den »parteieigenen Verlag Rütten & Loenig« wie beschrieben in »Personalunion« »geleitet und verwaltet«, während beide Verlage als rechtlich selbstständige juristische Personen im HRC eingetragen blieben. Der Beschluss des Politbüros: »*1. Die Eigentumsverhältnisse bleiben unverändert*«, war nie aufgehoben oder geändert worden. Der Versuch der SED/PDS im Frühjahr 1990, den Aufbau-Verlag »*in Volkseigentum zu überführen und der Regierung zum Kauf anzubieten*«, war deshalb unwirksam, denn die SED/PDS war nie Eigentümer des Aufbau-Verlages und hatte keinerlei Verfügungsbefugnis über den organisationseigenen Betrieb des Kulturbunds.

Die panikartige Flucht der organisationseigenen Verlage der DDR in das Volkseigentum ist angesichts der drohenden wirtschaftlichen Probleme durchaus verständlich. Die politischen Organisationen der DDR, egal ob SED oder Kultur-

---

94 PDS Parteiarchiv, siehe auch Fn 93

bund, waren gründlich diskreditiert und aus Sicht der Mitarbeiter aufgrund ihres Machtverlustes auch finanziell und administrativ zukünftig wenig zuverlässig. Eine Übergabe in Volkseigentum, das lediglich eine andere Bezeichnung für Staatseigentum ist, suggerierte der Verlagsleitung und der Belegschaft dagegen eine politische und vor allem wirtschaftliche Sicherheit, die erst nach dem Beginn der Privatisierungen des ehemaligen Volkseigentums durch die Treuhandanstalt endete.

Am 22.2.1990 kam es im Gebäude des Parteivorstands zu der Beratung, in der die angebliche Übergabe des Aufbau-Verlages durch die SED/PDS in Volkseigentum beschlossen wurde, obwohl er nicht deren Eigentum war. Teilnehmer dieser Beratung waren Dr. Gerhard Pelikan und Arno Lange, PDS; Dieter Lange, MfK, Hauptabteilung Verlags- und Buchhandelsökonomie; Elmar Faber, Verlagsleiter, und Peter Dempewolf, kaufmännischer Direktor des Aufbau-Verlages und des Verlages Rütten & Loening. Im Protokoll dieser Beratung ist notiert:

»*Die bisher in Eigentum der SED/PDS befindlichen Verlage Rütten & Loening und Aufbau-Verlag werden rückwirkend ab 1.1.1990 in Volkseigentum überführt. Grundlage für die Überführung ist ein Beschluß des Parteivorstandes der SED/PDS und die von der Hauptverwaltung Verlage und Buchhandel für beide Verlage bestätigte Bilanz 1989.*«[95]

Matthias Kirchner, AG Kulturpolitik, richtete am 26.2.1990 eine Hausmitteilung an Klaus Höpcke:

»*Lieber Klaus,
zum Stand der Überführung der organisationseigenen Verlage möchte ich Dir folgendes mitteilen:*

---

95 AVA 2800-0115. BFL/BvS B 012

Mit den Direktoren und Belegschaftsvertretern der entsprechenden Verlage haben nochmals zu der damit verbundenen Problematik individuelle Gespräche stattgefunden. Geleitet wurden sie, wie festgelegt, vom Genossen Gerhard Pelikan, beteiligt war Kollege Lange vom Ministerium für Kultur sowie unser Arbeitsbereich.

Folgende Kollektive haben sich für die Überführung in Volkseigentum entschieden:
 – Aufbau-Verlag
 – Verlag Volk und Welt
 – Mitteldeutscher Verlag
 – Verlag Neues Leben
 – Kinderbuch-Verlag
In den Verlagen
 – Henschel-Verlag
 – Eulenspiegel-Verlag sowie
 – Altberliner Verlag
wird gegenwärtig noch beraten, ob nicht doch der direkte Schritt zur Bildung einer GmbH den gesellschaftlichen Umständen besser entspricht.

Die jeweilige Entscheidung ist noch in dieser Woche zu erwarten. Von den Verlagen fehlen gegenwärtig noch bestimmte Unterlagen des Geschäftsjahres 1989, auch die Gewinnabführung ist noch nicht voll erfolgt. Sie wurden aufgefordert, diese Verpflichtungen unverzüglich gegenüber dem Ministerium für Kultur zu erfüllen, weil das die Voraussetzung dafür ist, daß die Übergabe-/Übernahmeprotokolle für den jeweiligen Verlag unterschrieben werden können. (Für den Parteivorstand Gen. Pelikan, für das Ministerium für Kultur Kollege Dieter Lange)«[96]

---

96 PDS Parteiarchiv

Am 14.3.1990 unterzeichneten Elmar Faber als Verlagsdirektor und Dieter Lange als verantwortlicher Mitarbeiter im Ministerium für Kultur der DDR jeweils als Übernehmender das »Übergabe-/Übernahmeprotokoll« und sandten das Dokument per Post an die SED. Die entscheidende Passage in dem Vertrag lautet:

»Mit Wirkung vom 1.1.1990 wurde der Aufbau-Verlag Berlin und Weimar sowie der Verlag Rütten & Loening Berlin aus dem Eigentum der PDS in Volkseigentum überführt. Die Überführung erfolgt ohne Werterstattung mit allen Rechten und Pflichten. Die Grundlage bildet die Schlußbilanz 1989.«

Nach Erhalt des Dokuments änderte der Bevollmächtigte des Parteivorstands der PDS, Dr. Pelikan, am 2.4.1990 den vereinbarten Vertragstext einseitig und in Übereinstimmung mit den Vorgaben der Partei in diesem zentralen Punkt. Mit dem Zusatz »b. w.« (»bitte wenden«) auf der Vorderseite ergänzte er auf der Rückseite das Dokument mit der

»Erklärung
Zur Überführung der Verlage Aufbau-Verlag Berlin und Weimar sowie Verlag Rütten & Loening Berlin in Volkseigentum.

Auf Beschluß des Präsidiums des Vorstandes der Partei des Demokratischen Sozialismus werden die ihr bisher juristisch und ökonomisch gehörenden Verlage
– Aufbau-Verlag Berlin und Weimar und
– Verlag Rütten & Loening Berlin
mit Wirkung vom 1.1.1990 zu einem Zeitwert von 16.987 Mio. Mark (ohne Anrechnung von Verlags- und Urheberrechten) in Volkseigentum überführt.
Dieser Zeitwert ist fällig, wenn ein Verkauf an Dritte er-

folgt bzw. die in- oder ausländische Fremdbeteiligung 49 % übersteigt.

Berlin, den 2.4.1990 *Dr. G. Pelikan*«[97]

Laut einer Aktennotiz an Klaus Höpcke und Gregor Gysi wurde das von Gerhard Pelikan am 2.4.1990 unterzeichnete Dokument erst am 11.4.1990 dem Ministerium für Kultur zugestellt.[98] Der dort zuständige Mitarbeiter im Ministerium für Kultur, Dieter Lange, schickte das Dokument am 18.4.1990 weiter an den Aufbau-Verlag.

»*Sehr geehrter Herr Faber,*
beiliegend übergebe ich das vom Parteivorstand unterzeichnete Übernahme-/Übergabeprotokoll.

Zu der auf Seite 2 des Protokolls gegebenen einseitigen Erklärung des Parteivorstandes der PDS habe ich dem Parteivorstand mitgeteilt, daß diese Erklärung nicht vom Ministerium für Kultur als bindend angesehen wird, da ein derartiger Eigentumsvorbehalt nie und nirgendwo als Bedingung für die Übergabe in das Volkseigentum geltend gemacht und nach Unterschriftsleistung der Übernehmenden abgegeben wurde.«[99]

Wegen der fehlenden Einigkeit über seinen wesentlichen Inhalt – der Kaufpreis ist ein »essentialia negotii« – war das Übernahme-/Übergabeprotokoll deshalb auch unabhängig vom nicht bestehenden Eigentum der SED am Aufbau-Verlag unwirksam und konnte die beiden Verlage nicht in Volkseigentum übertragen.

---

97 PDS Parteiarchiv. BFL/BvS K 035
98 PDS Parteiarchiv. Betr.: Überführung der ehemaligen organisationseigenen Buchverlage der Partei in andere Eigentumsformen – Stand 11.0.4.1990
99 Klage BFL/BvS K 238

Wolfgang Pohl, stellvertretender Parteivorsitzender der PDS, hatte auf der internationalen Pressekonferenz am 13.6.1990 den Umgang seiner Partei mit deren am 31.12.1989 vorhandenem Vermögen geschildert und zu den Buchverlagen erklärt:

»*Auf Beschluß des Parteivorstandes erfolgte eine teilweise Übergabe in volkseigene bzw. in andere Eigentumsformen. Diesem Beschluß lag das Bestreben zugrunde, das Medienmonopol der SED vollständig zu brechen, um auch hier deutlich zu machen, daß der Alleinherrschaftsanspruch aufgegeben ist.*

a) Aus dem Bereich der Zentrag wurden Betriebe und Verlage mit einer Übergabebilanz per 28.2.1990 in Höhe von 2.611,6 Mio. M überführt. Das gleiche gilt für fünf organisationseigene Buchverlage (Aufbau-Verlag Berlin mit Rütten & Loening, Verlag Volk & Welt Berlin, Kinderbuchverlag Berlin, Mitteldeutscher Verlag Halle, Kiepenheuer Verlag mit Dieterich'sche Verlagsbuchhandlung) mit einem Bilanzvermögen von rund 47 Mio. Mark.

Lediglich bei diesen Betrieben und Verlagen gibt es eine Vereinbarung über einen gestundeten Kaufpreis, der bei einem Verkauf an Dritte oder nach Umwandlung in eine Kapitalgesellschaft beim Übersteigen ausländischer Anteile von mehr als 49 % fällig wird.

Diese Vereinbarung dient dem Ziel, in Übereinstimmung mit dem Programm der Partei Volkseigentum zu erhalten.

Belegschaftsanteile würden in keinem Fall zur Fälligkeit des Kaufpreises führen. Diese Vereinbarung war zu keinem Zeitpunkt geheim. Sie wurde von der Parteibasis gefordert und spielte in vielen öffentlichen Veranstaltungen eine Rolle.«[100]

---

100 PDS Parteiarchiv

Die neue Parteiführung der PDS hatte bis zum Frühjahr 1990 versucht, den gescheiterten Staat oder wenigstens das »Volkseigentum« zu erhalten, aber auch diese Wunschträume platzten spätestens nach der letzten aber ersten freien Volkskammerwahl im März 1990. Die SED/PDS wurde nicht verboten, wie wenig später die KPdSU in der Sowjetunion. Sie durfte an diesen Wahlen teilnehmen, erhielt aber nur 16,4 Prozent der Stimmen und ging zum ersten Mal in die Opposition.

Nach dem Beginn ihrer Tätigkeit am 1.6.1990 prüften die UKPV (Unabhängige Kommission zur Überprüfung des Vermögens der Parteien und Massenorganisationen der DDR) und das Direktorat Sondervermögen die Übergabe der parteieigenen Verlage in Volkseigentum und stellten fest, dass die nicht vereinbarte und ohne Zustimmung des Ministeriums für Kultur nachträglich und einseitig von der SED/PDS in das Protokoll eingefügte Kaufpreisforderung zur Unwirksamkeit der Übergabe/Übernahme geführt hatte, weshalb die betreffenden Verlage noch immer Eigentum der SED/PDS seien.

Dr. Achim Schneider, Referat Printmedien, notierte am 3.5.1991 dazu: *»Anruf: Fuhrmann, Sondervermögen: [...] Herr Fuhrmann bittet uns, darauf zu achten, daß folgende Verlage vor dem Verkauf von der Parlamentarischen Kommission zur Regelung des Parteivermögens freizugeben sind: [...], Aufbau-Verlag, Rütten & Loening. Die Parlamentarische Kommission muß die Kaufpreisklausel, in der eine Abführung des Kaufpreises an die PDS vereinbart ist, in jedem Einzelfall ungültig erklären.«*[101]

Am 6.9.1991 teilte die UKPV durch den in ihrem Sekretariat tätigen Referent Hingst der Treuhandanstalt dazu mit:

---

101 BFL/BvS K 054

»Vorbehaltlich weiterer tatsächlicher Erkenntnisse gehe ich daher davon aus, daß die Überführung der acht Verlage auf der Grundlage der Übergabe/Übernahme-Protokolle vom 27. März/2. April 1990 unwirksam sind, so daß sich die betreffenden Verlage noch im Eigentum der PDS befinden. Ich bitte mir zu allen acht Verlagen Ablichtungen der bei Ihnen vorhandenen Unterlagen, insbesondere auch der Registerauszüge per 7. Oktober 1989 und über spätere Veränderungen, herzuleiten, damit ich das Feststellungsverfahren einleiten kann.
Mit freundlichen Grüßen
Hingst«[102]

UKPV und Treuhandanstalt Sondervermögen übergingen dabei, dass diese Verlage als am Stichtag 1.7.1990 organisationseigene Betriebe nicht in GmbH i. A. umgewandelt werden konnten, selbst wenn sie Eigentum der SED gewesen wären, da das Treuhandgesetz nur für volkseigene (d.h. staatseigene) Betriebe galt. Der Aufbau-Verlag unterlag als organisationseigener Betrieb des Kulturbunds dem Parteiengesetz der DDR. Danach hätte der rechtsstaatliche Erwerb des Unternehmens durch das Direktorat Sondervermögen der Treuhandanstalt im Einvernehmen mit der UKPV überprüft und – da dieser zweifellos vorlag – der Aufbau-Verlag dem Kulturbund als dessen Eigentum wieder zur Verfügung gestellt werden müssen. Somit war nicht nur wegen der verweigerten Zustimmung zu der Kaufpreisforderung, sondern bereits mangels Eigentums der SED das Übernahme-/Übergabeprotokoll unwirksam und der Aufbau-Verlag nicht volkseigen. Deshalb konnte er am Stichtag 1.7.1990 nicht in eine GmbH i.A. umgewandelt werden. Die am

---

102 BFL/BvS K 055

29.11.1990 trotzdem im Handelsregister eingetragene Aufbau-Verlag GmbH i. A. existierte rechtlich nicht. Zum Zeitpunkt des Verkaufs durch die THA im Herbst 1991 war deshalb die vertraglich vereinbarte Übertragung der an die Investoren verkauften, aber nicht existierenden Gesellschaftsanteile von Anfang an aus Rechtsgründen objektiv unmöglich und deshalb der Kaufvertrag nichtig.

Die Käufer beschlossen am 20.2.1992 in der irrtümlichen Annahme, das Eigentum von Geschäftsanteilen an einer vermeintlichen Aufbau-Verlag GmbH i. A. erworben zu haben, die Fortsetzung der Gesellschaft, unterzeichneten einen Gesellschaftsvertrag und meldeten dies im Handelsregister an. Durch diese vermeintliche Nachgründungsmaßnahme in Verbindung mit der Eintragung der Streichung des Zusatzes »i. A.« im Handelsregister entstand auf diesem Wege allerdings tatsächlich eine Aufbau-Verlag GmbH, die jedoch vermögenslos und nicht identisch ist mit dem Aufbau-Verlag des Kulturbunds. Diese von den Käufern irrtümlich selbst gegründete »Aufbau-Verlag GmbH« okkupierte in der Folge, wenn auch zunächst unerkannt, rechtswidrig den Geschäftsbetrieb des Aufbau-Verlages und führte dessen Geschäfte ohne Rechtsgrundlage, wobei sie laufend die Rechte des Kulturbunds verletzte.

Die Verantwortung dafür trifft die Treuhandanstalt, die vor und nach dem Verkauf der nicht existenten Geschäftsanteile die mehrfachen Hinweise insbesondere des Kulturbunds, des Sekretariats der Unabhängigen Kommission und sogar des eigenen Direktorats Sondervermögen auf die ungeklärten Eigentumsverhältnisse übergangen und damit ihre gesetzlichen Pflichten vorsätzlich oder wenigstens grob fahrlässig verletzt hat.

Nachdem die UKPV der Treuhandanstalt am 6.9.1991 angekündigt hatte, ein Verfahren einzuleiten, um das Organisationseigentum an den Verlagen festzustellen, prüfte sie die Eigentumsverhältnisse der Verlage weiter und fand immer mehr Anhaltspunkte dafür, dass der Aufbau-Verlag, wie sie schon länger vermutet hatte, Eigentum des Kulturbunds ist.

Am 7.10.1991 vereinbarte sie wegen des begründeten Verdachts, dass der Aufbau-Verlag Organisationseigentum ist, mit Klemens Molinari, dem Abteilungsleiter im Referat Printmedien der THA, dass die Veräußerung des Aufbau-Verlags unter dem Vorbehalt ihrer Zustimmung stehe.[103]

Am 9.10.1991 übergab er der UKPV die Akten zu den Eigentumsverhältnissen des Aufbau-Verlags und beantragte am selben Tag die Zustimmung zu den bereits abgeschlossenen Kaufverträgen.

Am 10.10.1991 notierte der im Sekretariat der UKPV für das Vermögen der SED zuständige Referent Hingst nach Prüfung der vorgelegten Akten: *»Die Annahme, der Aufbau-Verlag sei Parteieigentum gewesen, beruht allein auf der Existenz des Überführungsprotokolls und – wohl – entsprechenden mündlichen Äußerungen Würzbergers und Pelikans«.*[104]

Gleichzeitig erklärte das Direktorat Sondervermögen der Treuhandanstalt, dass das Übergabe-/Übernahmeprotokoll wegen der einseitig verlangten Kaufpreisforderung der SED unwirksam sei.

Damit wurde für beide Verlage festgestellt, dass sie nicht eine aus Volkseigentum umgewandelte GmbH i. A., sondern organisationseigene Betriebe waren. Sie gehörten nicht der Treuhandanstalt, sondern weiterhin ihren bisherigen Eigentümern. Geschäftsanteile an GmbH »im Aufbau« waren nie entstanden und konnten nachträglich auch nicht mehr entstehen. Die von der Treuhandanstalt erbetene Zustimmung

---

103 Ablichtung im Anhang. Siehe auch Fn 164. BFL/BvS K 064
104 VG Berlin zu 26 A 191/94, Beiakte UK Band I. BFL/BvS K 065

der UKPV zu den Kaufverträgen über die beiden Verlage wurde nie erteilt.

Trotzdem verkaufte die Treuhandanstalt am 18./27.9.1991 die nicht existierenden Geschäftsanteile und schickte dem Notar am 16.10.1991 die Erklärung ihres Vorstands zur Genehmigung der Verträge, die damit vollzogen wurden.

Am 29.10.1991 wies das Direktorat Sondervermögen auf die Unwirksamkeit der Verträge hin, bestand auf dem Zustimmungsvorbehalt und erklärte:

»Sollte eine nachträgliche Zustimmung in Betracht kommen, weisen wir Sie darauf hin, daß der erzielte Verkaufserlös dem Sondervermögen zusteht.

Dr. Beyerle   von Klenck   i.V. Schröter«[105]

Die Treuhandanstalt handelte bei dem nichtigen Verkauf der beiden vermeintlichen GmbHs i. A. hauptsächlich durch diese drei ihrer Vertreter: den Vorstand, Dr. Wolf Klintz, den Direktor Dr. Eberhard Sinnecker und den Abteilungsleiter Klemens Molinari. Sie verheimlichten arglistig gegenüber den Käufern ihre Kenntnisse über wesentliche Mängel der Kaufsache, insbesondere die Plusauflagen und die Eigentumsverhältnisse an den beiden Verlagen, um sich selber die Vorteile aus den (nichtigen) Verträgen dauerhaft zu verschaffen[106].

---

105 BFL/BvS K 062
106 Kriminelle Vereinigung: »Eine Vereinigung im Sinne des § 129 Abs. 1 StGB [ist] ein auf Dauer angelegter organisatorischer Zusammenschluß von mindestens drei Personen, die bei Unterordnung des Willens des Einzelnen unter den Willen der Gesamtheit gemeinsame kriminelle Ziele verfolgen und unter sich derart in Beziehung stehen, daß sie sich untereinander als einheitlicher Verband fühlen.« BGHSt 31, 202 (204f.); BGH, Beschluss vom 22.4.2003

Der Kulturbund
in der Wende

Im November 1989 stand die Massenorganisation Kulturbund unmittelbar vor ihrer Auflösung. Nach dem Rücktritt aller gewählten Leitungsgremien war der Kulturbund bis zum außerordentlichen Bundeskongress im Frühjahr 1990 faktisch beschluss- und handlungsunfähig. Mehrere Organisationen und Verbände erklärten für ihre Mitglieder den Austritt. »Die Lage des Kulturbunds war also konfus.«[107]

Zeitgleich mit der Verkündung des 10-Punkte-Programms von Helmut Kohl hatte in Berlin am 28.11.1989 der Präsidialrat des Kulturbunds getagt. Er war das zwischen den Bundeskongressen oberste Entscheidungsgremium der Massenorganisation. Der Musikwissenschaftler Hans Pischner, Präsident des Kulturbunds, nahm an der Sitzung nicht teil, sondern erklärte schriftlich seinen Rücktritt aus Altersgründen. Auch alle anderen Mitglieder des Präsidialrats traten zurück, und ein »Arbeitspräsidium« aus 19 Mitgliedern des Sekretariats des Präsidiums wurde gebildet, das am 8.12.1989 zusammentrat und kontrovers diskutierte, ob der Kulturbund die Interessenvertretung der Intelligenz sei (»Intel. Partei«) oder »Dachorg. für die verschied. Org. ohne Mandats-

---

107 Andreas Zimmer, »Der Kulturbund in der SBZ und in der DDR. Eine ostdeutsche Kulturvereinigung im Wandel der Zeit zwischen 1945 und 1990«, Wiesbaden 2018, S. 604

träger«. Das Gremium beschloss u. a. die »Rückführung« des Aufbau-Verlages aus der Verwaltung des Ministeriums für Kultur an den Kulturbund und eine Erhöhung der Auflage des »Sonntag«:

»Mit dieser Sitzung wurden außerdem Walter Janka, Robert Havemann und Ernst Bloch, jedoch nicht Wolfgang Harich, rehabilitiert [...]. Weitere Forderungen waren: Rückführung des Aufbau-Verlages an den Kulturbund, Erhöhung der Auflage des »Sonntag« auf 50.000 Exemplare, Reduzierung des Verwaltungsaufwands, Unterordnung der hauptamtlichen Mitarbeiter unter die Beschlüsse der gewählten Leitungen, moralische und geistige Gesundung, Neuwahl der Zentralvorstände, Neuerarbeitung der Satzung und Grundaufgaben sowie Einberufung eines außerordentlichen Bundeskongresses für das Frühjahr 1990.«[108]

Das Sekretariat des Präsidiums des Kulturbunds blieb zunächst unverändert. Seine Aufgaben waren auf dem VIII. Bundeskongress im Oktober 1972 in der aktuellen Satzung der Organisation festgelegt worden. Sie bestimmte in § 13:

»Sekretariat des Präsidiums

(1) Die Bundessekretäre und der Geschäftsführer bilden gemeinsam mit dem Leiter des Aufbau-Verlages und dem Chefredakteur der vom Kulturbund herausgegebenen Wochenzeitung »Sonntag« das Sekretariat des Präsidiums. Auf seinen Vorschlag hin können weitere Mitglieder durch den Präsidialrat in das Sekretariat berufen werden.

(2) Das Sekretariat des Präsidiums ist dem Präsidenten und dem Präsidium gegenüber verantwortlich und rechenschaftspflichtig. Es sorgt für eine einheitliche kulturpolitische Leitung in allen Gliederungen und Bereichen der

---

108 Zimmer, Kulturbund, S. 603

Organisation. Es ist für die Anleitung der Organisation, für die Qualifizierung der Kader sowie für die Verwendung der Haushaltsmittel und des Vermögens des Kulturbunds nach den Richtlinien des Präsidialrats verantwortlich.
Die innerorganisatorischen Verantwortlichkeiten werden durch die Grundsätze für die Leitungstätigkeit geregelt. Das Vermögen des Kulturbunds bildet eine Einheit und wird vom Sekretariat des Präsidiums verwaltet.«

Der nach der Satzung allein dazu befugte Präsidialrat bzw. der Präsident des Kulturbunds hatte nach dem Erwerb der Anteile an der Aufbau-Verlag GmbH im Jahr 1946 niemals eine Abtretung dieser Anteile oder eine sonstige Übertragung des auch nach der Verfassung der DDR besonders geschützten Vermögens des Kulturbunds am Aufbau-Verlag beschlossen. Wegen der im Jahre 1955 erfolgten Löschung der Aufbau-Verlag GmbH im Handelsregister B und der Eintragung des Aufbau-Verlages in das Register der volkseigenen Wirtschaft (Handelsregister C) und der dortigen Unterstellung unter das Ministerium für Kultur vermuteten aber einige Funktionäre des Kulturbunds irrtümlich, dass der Aufbau-Verlag damit rechtswidrig in Volkseigentum geraten sein könnte.

Nachdem Elmar Faber, wie am 13. November im Leitungskollektiv des Verlages angekündigt, die Eigentumsfrage des Aufbau-Verlages mit der Partei angeblich »geklärt« hatte, unterrichtete er in einer Betriebsversammlung die Mitarbeiter von der Absicht der Partei, den Verlag in Volkseigentum zu übertragen.

Der Vizepräsident und 1. Bundessekretär des Kulturbunds Prof. Schulmeister, der in den Jahrzehnten seiner Tätigkeit den Aufbau-Verlag immer als unbestrittenes Eigentum des Kulturbunds erlebt und behandelt hatte, war über diese Entwicklung überrascht und verunsichert.

Er hielt zwar auf Grund der Eintragung des Verlages im Register der volkseigenen Wirtschaft für möglich, dass der Aufbau-Verlag vielleicht irrtümlich (aber jedenfalls rechtswidrig) volkseigen geworden sein könnte, obwohl der Verlag nie als VEB bezeichnet worden war, aber für das jetzt behauptete Eigentum der SED hatte er keine Erklärung. Für den juristisch unerfahrenen Prof. Schulmeister schien die Rechtslage kompliziert, zumal er dazu keine belastbaren Dokumente vorliegen hatte. Er selbst war vom Eigentum des Kulturbunds am Aufbau-Verlag überzeugt, wagte aber nicht, der Partei zu widersprechen. In völliger Verkennung des Eigentumsrechts in der DDR, aber auch angesichts der noch vorhandenen Macht der SED beantragte er die »Rückgabe« des Verlages nach dessen beabsichtigter »Überführung« in Volkseigentum durch die SED/PDS, und zwar »*in unsere Rechtsträgerschaft*«, und wiederholte diese Forderung am 22.1.1990 mit dem Hinweis auf die von Klaus Höpcke an diesem Tag mitgeteilte »*Festlegung*« der Partei.

Am 16.1.1990 hatte die SED/PDS-Arbeitsgruppe Kulturpolitik intern in der »*Übersicht über Verlagscharakteristik und ökonomische Hauptdaten*«[109] Klaus Höpcke mitgeteilt, dass der Aufbau-Verlag in seinem Statut vom 1.1.1961 »*als Institut/ion des Deutschen Kulturbunds ausgewiesen ist*«.

Am 22.1.1990 besuchte Prof. Schulmeister das Büro von Klaus Höpcke, der ihm (wie mit Elmar Faber verabredet) wissentlich die falsche Auskunft erteilte, dass der Aufbau-Verlag Eigentum der Partei sei und der Verlag nach dem Beschluss des Vorstands der SED/PDS demnächst in Volks-

---

109 PDS Parteiarchiv. Siehe Fn 93

eigentum übertragen werde. Durch diesen Beschluss sah sich Prof. Schulmeister aber sogar ermutigt, die »Rückgabe« des Aufbau-Verlages an den Kulturbund zu fordern.

Am 22.1.1990 schrieb Professor Schulmeister an Dietmar Keller, den neuen Minister für Kultur der DDR:

»Sehr geehrter Herr Minister,
ich komme noch einmal zurück auf unseren Antrag, dem Kulturbund den Aufbau-Verlag zurückzugeben. Da der Aufbau-Verlag im Jahre 1945 eine Gründung des Kulturbundes war, gehen wir selbstverständlich davon aus, daß die Rückgabe dieses Verlages an unsere Organisation erfolgt.

Im Beschluß des Parteivorstandes der SED/PDS wird darauf hingewiesen. Soweit eine Überführung in Volkseigentum erfolgt, wird der Regierung empfohlen, für andere Parteien, Bewegungen, Vereinigungen und Verbände die Übertragung in Rechtsträgerschaft zu ermöglichen. Aufgrund dieser Festlegung der SED/PDS erwarten wir von der Regierung, daß der Aufbau-Verlag wieder in unsere Rechtsträgerschaft überführt wird.«[110]

Der erst seit wenigen Wochen amtierende Minister Keller bat die HV Verlage und Buchhandel um eine Stellungnahme. Sie wurde am 2. Februar von Dieter Lange, dem für den Aufbau-Verlag zuständigen Leiter der Abteilung Planung und Finanzen der HV verfasst. Lange war vor seiner Tätigkeit in der HV Verlage und Buchhandel jahrelang ökonomischer Direktor des Aufbau-Verlages gewesen und kannte das Eigentum des Kulturbunds am Aufbau-Verlag. Er schrieb nach Rücksprache mit Elmar Faber an den Minister:

---

110 BArch, DR/1-13526. Unterpunkt 2. Teilband 1(3) 1985, 1989 – Juli 1990

»Der Aufbau-Verlag soll entsprechend dem Beschluß des Parteivorstands in Volkseigentum überführt werden. Das entspricht auch dem eindeutigen Willen der Mitarbeiter dieses Verlages. Der Verlagsdirektor, Herr Elmar Faber, hat darüber in einem Gespräch bereits Herrn Professor Dr. Schulmeister informiert.«[111]

Die Eigentumsrechte des Kulturbunds erwähnte er nicht, sondern nur den Beschluss der Partei und den angeblichen Willen der Mitarbeiter des Verlages.
Daraufhin antwortete Minister Keller am 7.2.1990:

*Sehr geehrter Herr Professor Schulmeister!
Ihr Schreiben vom 22. Januar habe ich erhalten. In der Frage der Rechtsträgerschaft des Aufbau-Verlages kann ich Ihrem Vorschlag leider nicht folgen. Der Beschluß des Parteivorstandes der (damals noch) SED/PDS sieht die Überführung der noch im Parteibesitz befindlichen Buchverlage in Volkseigentum vor. Das entspricht auch dem Grundsatz der verlegerischen und ökonomischen Selbstständigkeit der Verlage. Soweit mir bekannt, und der Direktor des Aufbau-Verlages, Herr Elmar Faber, hat Sie wohl darüber informiert, steht das auch im Einklang mit den Wünschen der Mitarbeiter des Verlages, da sonst befürchtet wird, das Mitspracherecht des Eigentümers »Kulturbund« könnte das verlegerische Profil und die ökonomischen Notwendigkeiten der Gestaltung der Arbeit des Hauses beeinträchtigen.«*[112]

Die rechtlichen Bestimmungen zum gesellschaftlichen Eigentum der Parteien und Massenorganisationen in Form »organi-

---

111 Ebd.
112 BArch-DR/1-13526-294/295/296

sationseigener Betriebe« waren vor der Wende wenig bekannt. Solche Themen waren in der DDR das Herrschaftswissen weniger Funktionäre. Allerdings war auch in der DDR allgemein bekannt, dass – abgesehen von Enteignungen – nur der Eigentümer selbst sein Eigentum auf einen anderen übertragen kann.

Erst acht Jahre später befragte Lothar Naumann, Referent im Sekretariat der Unabhängigen Kommission, Prof. Dr. Schulmeister zu den Eigentumsverhältnissen des Aufbau-Verlages und verfasste eine von ihm genehmigte Niederschrift dieses Gesprächs:

»Referat PV 3   Berlin, den 19. Mai 1998
PV 1 – 500-5/37; RefL MR Leonhard; REF: Naumann
Gesprächs-Niederschrift
Nach vorheriger telefonischer Vereinbarung erschien gestern Herr Prof. Dr. Karl-Heinz Schulmeister, [...], zu einem Gespräch über die Entwicklung der Eigentumsverhältnisse des Aufbau-Verlages. Herr Schulmeister erklärte sich zu Auskünften bereit. Ich teilte zum weiteren Ablauf mit, daß ich über Inhalt und Verlauf des Gesprächs eine Niederschrift fertigen werde, die Herr Schulmeister zur Korrektur und zur Unterzeichnung erhalten wird.

Herr Schulmeister war 1948 bis 1952 Landessekretär des Kulturbundes in Mecklenburg und 1952 bis 1954 Bezirkssekretär in Rostock. Seit 1953 war Herr Schulmeister Bundessekretär des Kulturbundes. In dieser Position gab es vier oder fünf Sekretäre mit verschiedenen Geschäftsbereichen. Er selbst hatte damals mit dem Aufbau-Verlag nicht direkt zu tun.

Am 1. Mai 1957 wurde Herr Schulmeister zum 1. Bundessekretär berufen und war danach verantwortlich für die Zusammenarbeit mit dem Präsidium und mit dem Präsidenten des Kulturbundes. Die Berufung erfolgte auf Vorschlag von

Johannes R. Becher, damals Präsident des Kulturbundes und Minister für Kultur. Die erfahrensten Mitarbeiter von Johannes R. Becher waren seinerzeit Klaus Gysi und Alexander Abusch, aber auch Erich Wendt war da, der frühere Direktor des Aufbau-Verlages. Dadurch ist Herr Schulmeister mit diesem Verlag zunächst nicht in Berührung gekommen, da die entsprechenden Aufgaben von Erich Wendt übernommen wurden.

Gysi und Abusch wurden aber sehr bald abgelöst, da es in der Partei eine starke Aversion gegen die ›West-Emigranten‹ gab. Zwar blieben die Betroffenen formal in ihren Positionen, waren aber kaltgestellt und übten keine Tätigkeit mehr aus. In diese Lücke rückte Herr Schulmeister als Jüngerer ein. In den ersten Monaten mußte er sehr viele Fragen stellen. Wenn es um den Aufbau-Verlag ging, sprach er stets mit Erich Wendt, der damals Vizepräsident des Kulturbunds war. Es war für ihn völlig klar, daß der Aufbau-Verlag dem Kulturbund gehörte. An diesen Eigentumsverhältnissen hat Herr Schulmeister auch bis heute keinen Zweifel. Einmal im Jahr legte der Direktor des Aufbau-Verlages dem Präsidium des Kulturbundes Rechenschaft ab. Die Planungen über die Nachdrucke von Werken der Literatur besprach der Aufbau-Verlag vielfach mit dem Kulturbund, denn viele der Autoren des Verlages waren Mitglieder oder Gründungsmitglieder des Kulturbundes.

Ich legte Herrn Schulmeister eine Kopie des Politbüro-Beschlusses 34/62 vom 31. Juli 1962 über das Verlagswesen vor. Dort ist unter Pkt. 1.2.a) der Aufbau-Verlag als Verlag des Kulturbunds genannt. Herr Schulmeister wußte von diesem Beschluß, kannte ihn bisher aber nicht wörtlich. Dies gilt auch für die Vereinbarung vom 28. Dezember 1962 zwischen ZK der SED und Ministerium für Kultur, die ausschließlich für Verlage der SED geschlossen wurde. Mit dem Ministeri-

um für Kultur hatte Herr Schulmeister kaum etwas zu tun. Die jeweiligen Minister hatten einen Sitz in der Kulturbund-Fraktion der Volkskammer oder im Präsidium des Kulturbundes, so daß es eine Zusammenarbeit und Absprachen in diesem Rahmen gab. Irgendein Dienst- oder Unterstellungsverhältnis wurde damit nicht begründet.

Der Aufbau-Verlag selbst spielte eine größere Rolle, da der Kulturbund bei der Planverteidigung des Verlagsdirektors vor dem stellvertretenden Kulturminister dabei war. Der Kulturbund erhielt die Jahresabschlüsse und seine Meinung zum Geschäftsablauf war gefragt. Herr Schulmeister war insbesondere vom Präsidium beauftragt, dafür zu sorgen, daß die literarische Tradition der Herausgabe antifaschistischer Werke gewahrt wurde.

Nunmehr legte ich Herrn Schulmeister eine Kopie des Abkommens zwischen ZK der SED und Ministerium für Kultur vom 13. Dezember 1963 vor. Nach Sichtung des Schriftstücks erklärte er, dieses Papier noch nie gesehen zu haben. Auf meine Bitte las Herr Schulmeister nun intensiv die Punkte 2.2 und 2.4 des Abkommens und bemerkte dann, auch nach dreimaligem Lesen sei ihm das neu, er erkenne die Bedeutung der Regelung nicht. Das Thema der Zusammenfassung der drei Verlage zu einem Verlag habe ihn nie beschäftigt, so daß es ihm schwerfalle, dazu etwas zu sagen.

Nach kurzer Überlegung meinte Herr Schulmeister dann, ganz habe der Kulturbund seinen Anspruch auf den Aufbau-Verlag ja nicht verloren, denn er sei Miteigentümer geblieben und setzte dann hinzu: ›Das hat man uns nicht gesagt. Haben Sie noch so schöne Beschlüsse?‹

Ich legte Herrn Schulmeister nun eine Kopie der Vereinbarung zwischen ZK der SED und Ministerium für Kultur vom 19. April 1984 vor, die das Abkommen vom 13. Dezember 1963 ersetzte. Auch diese Vereinbarung kannte Herr

Schulmeister nicht. Zum Inhalt der Vereinbarung, in der der Aufbau-Verlag als parteieigen genannt ist, alle Grundstücksangelegenheiten nur über den SED-eigenen OEB Fundament zu regeln sind und beginnend mit dem Fünfjahresplan 1986 bis 1990 Bedarfsmeldungen für Material und Ausrüstungen nach einer zwischen der HV Verlage und Buchhandel und der Abteilung Finanzverwaltung und Parteibetriebe beim ZK der SED vereinbarten Nomenklatur zu erfolgen haben, erklärte Herr Schulmeister, ihm sei das alles unbekannt. Über diese Vereinbarung könne er nur staunen.

Auf Frage, ob er von einem Schreiben des Ministers für Kultur oder dessen Stellvertreters Höpcke im Januar 1990 an das Präsidium des Kulturbundes Kenntnis habe, das die seitens der SED beabsichtigte Überführung des Aufbau-Verlages in Volkseigentum zum Gegenstand hatte, antwortete Herr Schulmeister, von einem solchen Brief nichts gehört zu haben. Möglicherweise habe sein Stellvertreter Dr. Wilfried Maaß das Schreiben erhalten.

Das Protokoll vom 26. Februar über eine Beratung im PDS-Parteivorstand zur Überführung des Aufbau-Verlages in Volkseigentum kannte Herr Schulmeister ebenfalls nicht. Damals sei er mit der Vorbereitung eines für März angesetzten Bundeskongresses des Kulturbunds beschäftigt gewesen, so daß er für den Aufbau-Verlag ohnehin keine Zeit hatte. Auch an damalige Gespräche zwischen PDS und Kulturbund in dieser Sache habe er keine Erinnerung.

Herr Schulmeister las nun die Vorlage Klaus Höpckes für das Präsidium des PDS-Parteivorstandes vom 10. Januar 1990. Zu den Passagen über das vorgeschlagene weitere Schicksal des Aufbau-Verlages sagte er, er könne sich das alles nur schwer erklären. In der Richtung, was bedeutet Eigentum, sei damals überhaupt nicht gedacht worden. Er und andere Vertreter des Kulturbundes seien im Glauben gewesen, unverändert Eigen-

tümer des Aufbau-Verlages zu sein. Wäre dies tatsächlich der Fall gewesen, hätte der Kulturbund im Verteiler der Vorlage stehen müssen (wo er jedoch nicht aufgeführt war).

Herr Schulmeister drückte seine große Überraschung über die ihm vorgelegten Papiere aus. Am meisten sei er überrascht über Klaus Höpcke, der immer ein ehrlicher Mann gewesen sei. Abschließend erklärte er froh zu sein, dass er bisher zu den Eigentumsverhältnissen des Aufbau-Verlages nicht von anderer Seite befragt wurde, weil er dann ohne Kenntnis der Unterlagen gesagt hätte, dieser Verlag sei Eigentum des Kulturbunds gewesen.

Das Gespräch begann kurz nach 10:30 und war gegen 13 Uhr beendet.

gez. Prof. Dr. Schulmeister   gez. Naumann«[113]

Aus der Niederschrift geht zunächst hervor, dass der Kulturbund die in den Jahren 1963 und 1984 getroffenen Vereinbarungen zwischen der HV Verlage und Buchhandel und dem ZK der SED über die Verwaltung der 10 parteieigenen Verlage nicht kannte. Der Kulturbund wurde offensichtlich über diese Vereinbarungen weder informiert noch war er daran beteiligt. Einen Beschluss des Kulturbunds zur Übertragung des Eigentums am Aufbau-Verlag auf die SED gibt es darin nicht. In den ohne Beteiligung des Kulturbunds zwischen der HV und der SED abgeschlossenen Verwaltungsverträgen über deren 10 parteieigene Verlage wird ein Eigentumswechsel weder vereinbart noch überhaupt erwähnt. Die dem Kulturbund zustehenden Gewinne des Aufbau-Verlages in Form pauschalierter »Verlagsabführungen« wurden darin sogar ausdrücklich bestätigt.

Nach der Satzung des Kulturbunds *(»Das Vermögen des*

---

113 BArch Akte UKPV – PV 1.) Bestandssignatur 441 / Archiv Nr. 2955

Kulturbunds bildet eine Einheit und wird vom Sekretariat des Präsidiums verwaltet«) war das Sekretariat des Präsidiums des Kulturbunds für die Verwaltung des Vermögens der Organisation zuständig. Zur Veränderung der Eigentumsverhältnisse am Aufbau-Verlag wäre nach dem Rücktritt des Präsidenten und Auflösung der Entscheidungsgremien des Kulturbunds am 28. November 1989 nur ein satzungsgemäß neu gewähltes Gremium, jedoch nicht das provisorische »Arbeitspräsidium« befugt gewesen. Unabhängig davon konnte es aber auch schon mangels Kenntnis einem Verkauf oder einer Schenkung des Verlages an die SED nicht zugestimmt haben.

Prof. Schulmeister »wusste« vom Profilierungsbeschluss des Politbüros und von der Vereinbarung vom 28.12.1962 zwischen der SED und dem Ministerium für Kultur. Diese Vereinbarung bestätigt die grundsätzliche Festlegung dieses Beschlusses: *»1. Die Eigentumsverhältnisse bleiben unverändert.«*

Prof. Schulmeister kannte jedoch nicht die ihm erstmalig von Lothar Naumann vorgelegte Vereinbarung vom 13.12. 1963. Entgegen seiner – »nach kurzer Überlegung« – spontan geäußerten Ansicht dazu blieb der Kulturbund nicht bloßer »Miteigentümer« des Aufbau-Verlages, sondern dessen alleiniger Eigentümer, was sich schon daraus ergibt, dass er danach, am 27.2.1964, den Verwaltungsvertrag über den Aufbau-Verlag mit dem Ministerium für Kultur der DDR abschloss. Ausgerechnet diesen Vertrag hat Lothar Naumann in dem Gespräch nicht vorgelegt. Auch nicht die Urkunde Nr. 301, die den Kulturbund als alleinigen Lizenzträger des Aufbau-Verlages ausweist, auch nicht das Statut vom 10.1.1961, auch nicht die Überweisungen der Verlagsgewinne an den Kulturbund oder die entsprechenden Feststellungen in den Bilanzen, Rechenschaftsberichten und Finanzplänen der

HV Verlage und Buchhandel und erst recht nicht die Verlagskartei des Justiziariats der HV Verlage und Buchhandel, die den Aufbau-Verlag als organisationseigenen Betrieb des Kulturbunds ausweist. Der Aufbau-Verlag blieb – wie auch der Verlag Rütten & Loening – innerhalb der Arbeitsgemeinschaft aus beiden Verlagen weiterhin alleiniger Inhaber insbesondere seiner Verlagsrechte und Buchbestände, die mit separater Lizenz (der in jedem Exemplar angegebenen Nr. 301 für den Aufbau-Verlag und der Nr. 220 für den Verlag Rütten & Loening) hergestellt und vertrieben wurden. Beide Verlage erwarben und verwerteten ihre Rechte und erhielten die Druckgenehmigungen auch in den folgenden Jahren jeweils separat. Nur die Arbeitsplätze wurden mit ausdrücklicher Zustimmung des Kulturbunds im Vertrag vom 26.2.1964 seit der Profilierung gemeinschaftlich »in Personalunion« mit dem ebenso wie der Aufbau-Verlag rechtlich selbstständigen Verlag Rütten & Loening besetzt, wodurch die Mitarbeiter für beide Verlage arbeiteten.

Das Prof. Schulmeister unbekannte Abkommen vom 19.4.1984 über die 10 parteieigenen Verlage zwischen der SED als deren Eigentümer und dem Ministerium für Kultur als Verwalter ersetzte das ihm ebenfalls unbekannte Abkommen vom 13.12.1963, aber ausdrücklich »*in Durchführung des Politbürobeschlusses 34/62 – 385 vom 31.7.1962*«, in dem, wie dargelegt, das Politbüro für die 10 parteieigenen und 3 organisationseigenen Verlage angeordnet hatte: »*1. Die Eigentumsverhältnisse bleiben unverändert.*«

Nach dem Inhalt der Vereinbarung – in der, nicht wie von Lothar Naumann behauptet, »*der Aufbau-Verlag*«, sondern unter der Bezeichnung »*Aufbau-Verlag/Rütten & Loening*« der Verlag Rütten & Loening als parteieigen bezeichnet ist – war für die parteieigenen Verlage bestimmt, dass »*alle Grundstücksangelegenheiten nur über den SED-eigenen OEB Fun-*

dament zu regeln sind«. Prof. Schulmeister antwortete darauf zu Recht, »*ihm sei das alles unbekannt. Über diese Vereinbarung könne er nur staunen*«, denn diese Regel für die Behandlung von Parteieigentum galt nicht für den organisationseigenen Aufbau-Verlag des Kulturbunds, der deshalb auch weiterhin als Eigentümer seiner Grundstücke in der Französischen Straße 30 und 32 im Grundbuch eingetragen blieb.

Irgendwelche vermögensrechtlichen Verfügungen über das Eigentum am oder des organisationseigenen Aufbau-Verlags hat dessen nach der Satzung für das Vermögen des Kulturbunds zuständige Präsidium nie beschlossen. Die HV Verlage und Buchhandel im Ministerium für Kultur war durch den Vertrag vom 27.2.1964 vom Kulturbund lediglich mit der Verwaltung des Aufbau-Verlages betraut und konnte schon mangels Verfügungsmacht die Eigentumsverhältnisse des Verlages nicht durch irgendwelche Vereinbarungen mit der SED verändern. Das trifft auch auf das Übernahme-/Übergabeprotokoll vom 14.3./2.4.1990 zu.

Die Vereinbarung vom 18.4.1984 bestätigte auf Seite 3 auch die bis zur Wende gezahlten Abführungen der seit 1972 auf jährlich 1.690.000 M DDR pauschalierten Gewinne des Verlages an den Kulturbund der DDR, die dort als »*Verlagsabführungen*« im Haushalt verbucht wurden. Dementsprechend war der Kulturbund an der ebenfalls in dieser Vereinbarung festgelegten jährlichen Rechenschaftslegung der Verlage als Eigentümer des Aufbau-Verlags beteiligt und dabei meistens vertreten durch Prof. Schulmeister selbst.

Deshalb war Prof. Schulmeister noch im Jahre 1998 nicht verständlich, warum Klaus Höpcke, den er immer als »*ehrlichen Mann*« betrachtet hatte, am 10.1.1990 in der Vorlage für den Parteivorstand und in dem persönlichen Gespräch am 22.2.1990 behauptet hatte, die SED/PDS sei Eigentümerin des Aufbau-Verlages.

Beweiskräftige Dokumente oder Zeugen für die seither nur noch von der Treuhandanstalt in den Gerichtsverfahren um den Aufbau-Verlag verbreitete substanzlose Spekulation, die SED sei irgendwie und irgendwann Eigentümerin des Aufbau-Verlages geworden, gibt es nicht. Dieser Umstand ist allerdings schon deshalb leicht erklärbar, weil es für einen solchen Eigentumswechsel weder eine politische noch eine wirtschaftliche Motivation der SED gegeben und er schon deshalb nie stattgefunden hatte, wie der Schatzmeister der PDS Dr. Dietmar Bartsch am 10.4.1995 schriftlich bestätigte[114].

In der von Lothar Naumann gefertigten Niederschrift bestätigt Prof. Schulmeister das fortbestehende Eigentum des Kulturbunds am Aufbau-Verlag: »*An diesen Eigentumsvehältnissen hat Herr Schulmeister auch bis heute keinen Zweifel.*« Prof. Schulmeister bekräftigt diese Aussage noch weiter durch die Streichung des von Lothar Naumann am Schluss der Niederschrift verwendeten Adverbs »*irrigerweise*«, weil er vom Eigentum des Kulturbunds am Aufbau-Verlag überzeugt war.

Der Kulturbund widmete sich im Frühjahr 1990 seinen zahlreichen anderen, noch drängenderen Problemen und der Vorbereitung des außerordentlichen Bundeskongresses.

Um die zukünftige rechtliche Stellung des Kulturbunds e. V. als Rechts- und Vermögensnachfolger der Massenorganisation der DDR zu sichern, schrieb am 27.3.1990 der Bundesvorstand des Kulturbunds an das Stadtbezirksgericht Berlin-Mitte:

»*Der Kulturbund, der am 3. Juli 1945 gegründet wurde und seit dieser Zeit tätig ist, hat am 23. und 24. März seinen außerordentlichen Bundeskongreß durchgeführt, eine neue Satzung beschlossen und den Vorstand gewählt.*

---

114 Siehe Fn 198

Der Kulturbund hat seinen Sitz in Berlin. Ihm gehören gegenwärtig über 260.000 Mitglieder an. Im Rechtsverkehr wird er durch seinen Präsidenten sowie durch den Bundesgeschäftsführer oder durch von diesen beauftragten Personen vertreten.

Die Satzung ist am 24. März beschlossen worden. Eine Liste der Mitglieder des Vorstands sowie eine Fassung der Satzung fügen wir unserem Schreiben bei. Gemäß § 22 des Vereinigungsgesetzes bitten wir, unsere Vereinigung zu registrieren.«[115]

Am 18.5.1990 erstellte das Stadtgericht Berlin-Mitte die dem Antrag entsprechende Urkunde:

»Die Vereinigung K U L T U R B U N D
Mit dem Sitz in Berlin – Hauptstadt der DDR – wurde am 18.5.1990 unter der laufenden Nummer 186 des Vereinigungsregisters des Stadtgerichts Berlin-Mitte registriert. Mit der Registrierung ist die Vereinigung rechtsfähig.«[116]

In der Zwischenzeit war vom Kulturbund unbemerkt die Entscheidung über das Schicksal des Aufbau-Verlages längst gefallen. Klaus Höpcke hatte im November 1989 den hoffnungslosen Posten des Leiters der HV Verlage und Buchhandel aufgegeben und war stattdessen in das Präsidium der SED/PDS gewählt worden. Dort für die Kulturpolitik zuständig, hatte er ab dem 17.11.1989 in Abstimmung mit Elmar Faber den Aufbau-Verlag, wie in vorstehenden Kapiteln erläutert, als parteieigenen Betrieb deklariert, um ihn in Volkseigentum zu übertragen.

---
115 BFL/BvS, K 154
116 Ebd., BFL/BvS, K 155; Eintragung Vereinsregister, Berlin

Nachdem der Kulturbund sich neu konstituiert hatte und als Rechtsnachfolger des Kulturbunds der DDR in das Vereinsregister beim AG Charlottenburg eingetragen war, stellten die Mitglieder in den neu gewählten Leitungsgremien, die vom Eigentum des Kulturbunds am Aufbau-Verlag überzeugt waren, eigene Ermittlungen zu den Rechtsverhältnissen des Aufbau-Verlages an.

Der Bundesvorstand beauftragte damit Rechtsanwalt Anselm Glücksmann, der in der DDR jahrzehntelang Leiter des Büros für Urheberrechte und der Arbeitsgruppe Haushalt/Finanzen der Zentralen Revisionskommission des Kulturbunds gewesen war.

Am 11.10.1990 schrieb Dr. Glücksmann unter Hinweis auf die Einhaltung der gesetzlichen Fristen für die Anmeldung vermögensrechtlicher Ansprüche einen Brief an den Magistrat von Berlin mit Kopie an das Amtsgericht Charlottenburg:

»*Betr.: <u>Anmeldung von Vermögensansprüchen auf den Aufbau-Verlag und das Hausgrundstück 1080 Berlin, Französische Str. 32</u>*
Der Kulturbund e. V., 0-1080 Berlin, Otto-Nuschke-Str. 1, ein eingetragener Verein, der als gemeinnützig anerkannt ist, hat mich als den Rechtsberater seines Bundesvorstands bevollmächtigt und beauftragt, die Eigentumsverhältnisse des Aufbau-Verlages und des diesem gehörenden Hausgrundstücks Französische Str. 32 zu klären.«

Aus diesem Schreiben geht hervor, dass Dr. Glücksmann nur unvollständig über die frühen Rechtsverhältnisse des Aufbau-Verlages informiert war:
»*Nach den mir vorliegenden Unterlagen nehme ich an, daß die SMAD den Verlag und das Gebäude der Aufbau-*

Verlag GmbH im August 1945 übergeben hat. Leider habe ich den Gesellschaftsvertrag bzw. seine Änderungen bisher noch nicht auffinden können, hoffe aber, daß mir das in absehbarer Zeit gelingen wird.

Wie viele andere langjährige Funktionäre des Kulturbundes bin ich der Ansicht, daß der Vorgänger des Verlages und das Haus Französische Str. 32, in dem dieser tätig ist, von der SMAD enteignet und dem Kulturbund zur demokratischen Erneuerung Deutschlands als Eigentum übergeben worden sind.«[117]

Er vermutete damit irrtümlich, dass im August 1945 ein von der SMAD enteigneter »*Vorgänger*«-Verlag und das Grundstück in der Französischen Str. 32 der Aufbau-Verlag GmbH des Kulturbunds als Eigentum überlassen wurden. Andererseits nannte er einige wichtige Daten zum Aufbau-Verlag korrekt, z. B. die Bestellung von Funktionären des Kulturbunds zum Geschäftsführer des Verlages, den Umstand, dass der Leiter des Aufbau-Verlages ex officio Mitglied im Bundessekretariat war und dass »*nachweisbar*« dem Kulturbund stets ein Teil der Gewinne ausgezahlt wurde. Die Aufbau-Verlag GmbH sei zunächst im HRB unter der Nr. 86/Nz und dann beim Stadtbezirksgericht Berlin-Mitte unter der Nummer 4001 eingetragen gewesen. Danach sei der Kulturbund möglicherweise durch Eintragung des Aufbau-Verlages in das Register der volkseigenen Wirtschaft rechtswidrig enteignet worden.

Aufgrund einer von Dr. Glücksmann für rechtswidrig gehaltenen Anordnung des Sekretärs des Magistrats von Groß-Berlin sei er am 19.4.1955 im HRB gelöscht, ohne Rechtsgrundlage zum Volkseigentum erklärt und in das HRC unter

---

117 VG Berlin, Beiakte zu III. 167 VG 26 A 191.95; 001725

der Nummer 538 eingetragen worden. Dr. Glücksmann beantragte die Löschung dieser rechtswidrigen Eintragungen und die Wiedereintragung der ursprünglichen GmbH. Gleichzeitig widersprach er der Eintragung der *»neuen GmbH, die jetzt auf der Grundlage der angeblichen Existenz eines volkseigenen Betriebes durch Umwandlung in der Bildung begriffen sein sollte, weil der Aufbau-Verlag zu keiner Zeit ein volkseigener Betrieb gewesen ist. [...]*

Noch eigenartiger ist aber die Tatsache, daß, obwohl der Aufbau-Verlag als volkseigener, dem Ministerium für Kultur, HV Verlage und Buchhandel unterstehender Betrieb im Handelsregister eingetragen war, die PDS öffentlich erklärte, er sei ihr Eigentum und sie übergäbe ihn nunmehr im Jahre 1990 in Volkseigentum. Diesen Widerspruch habe ich bisher vergeblich zu klären versucht. Er hat meine Überzeugung verstärkt, daß der Aufbau-Verlag im Grunde nie Partei- oder Volkseigentum, sondern eigentlich immer Eigentum des Kulturbunds war. Ich übersende ein Exemplar dieses Schreibens auch an die Treuhandanstalt, damit sie Verlag und Hausgrundstück an den Kulturbund zurückgibt.«

Erst am 30.4.2021 erklärte das BADV[118], wegen des jahrelangen zivilrechtlichen Streits sei eine Bearbeitung des Antrags nicht möglich gewesen. Inzwischen stehe rechtskräftig fest, *»dass der Aufbau-Verlag Eigentum des Kulturbunds der DDR war und daher zum Zeitpunkt seines Verkaufs an den Verleger Bernd F. Lunkewitz im Jahre 1995 im Eigentum des Kulturbunds e.V. stand.«* [...] *»Da der Kulturbund der DDR das Eigentum am Aufbau-Verlag nicht an die SED verloren hat, mangelt es an einem Vermögensschaden, der nach den Regelungen des VermG (Vermögensgesetz) wiedergutzuma-*

---

118 Bundesamt für zentrale Dienste und offene Vermögensfragen, Brief vom 30.4.2021 an den Kulturbund e.V.; Ablichtung im Anhang

chen wäre. Der Kulturbund e.V. als Rechtsnachfolger des Kulturbunds der DDR hat den Verlag wirksam verkauft.«

Die Treuhandanstalt – Niederlassung Berlin – hatte am 13.11.1990 den Erhalt des Restitutionsantrags bestätigt und versichert: »*Die von Ihnen im Auftrage geltend gemachten Forderungen werden ausschließlich durch die von Ihnen angerufenen Institutionen geprüft und entschieden. Bis zur endgültigen Entscheidung hat die Treuhandanstalt – Niederlassung Berlin, jegliche Rechtsgeschäfte zu unterlassen, die den Interessen der wahren Eigentümer entgegenstehen könnten.*«[119]

Dr. Glücksmann hatte in seinem Antrag zwar nicht alles korrekt dargestellt und etwas verwirrend erklärt, der Aufbau-Verlag sei – rechtswidrig – volkseigen geworden und trotzdem immer Eigentum des Kulturbunds geblieben, aber er hatte die richtigen Fragen aufgeworfen. Eine sorgfältig arbeitende Behörde wäre von diesen zu den entsprechenden Nachforschungen veranlasst worden, vor allem auch zur Einhaltung ihrer Zusage, bis zur Klärung der angesprochenen Fragen »*jegliche Rechtsgeschäfte zu unterlassen, die den Interessen der wahren Eigentümer entgegenstehen könnten*«.

Der Kulturbund hörte weiter von Bestrebungen der Treuhandanstalt zum Verkauf des Verlages. Daraufhin schrieb Dr. Glücksmann am 21.1.1991 an den Leiter des Bereichs Printmedien der Treuhandanstalt:

»*Betr.: Aufbau-Verlag Berlin*
Sehr geehrter Herr Dr. Behnke,
Ende vorigen Monats war ich bei den Herren Dr. Greuner, Dr. Schneider und Binder in verschiedenen Verlagsangelegenheiten. Seit einigen Tagen versuche ich – leider vergeb-

---

119 BFL/BvS, K 227

lich – zunächst einmal telefonisch, mit dem für den o. g. Verlag zuständigen Herrn Verbindung aufzunehmen.

Ich wäre Ihnen dankbar, wenn Sie dieses Schreiben an den zuständigen Herrn weiterleiten und ihn veranlassen würden, mich einmal anzurufen, da ich ihn dringend sprechen müßte.

Zur Person möchte ich darauf hinweisen, daß ich jahrzehntelang Leiter der Arbeitsgruppe Haushalt/Finanzen der Zentralen Revisionskommission des Kulturbundes war.

In dieser Zeit war die Vorstellung stets, daß der Aufbau-Verlag Eigentum des Kulturbundes sei. So saß entsprechend der Satzung der Direktor des Aufbau-Verlages als Mitglied im Bundessekretariat des Kulturbundes. Ein Bundessekretär nahm an den jährlichen Rechenschaftslegungen des Verlages teil und die Hauptverwaltung Verlage und Buchhandel im Ministerium für Kultur, die verwaltungsmäßig die Aufsicht über den Verlag führte, überwies jedes Jahr einen Gewinnanteil an den Kulturbund. [...]

Ich möchte gern den zuständigen Herrn Ihres Bereichs sprechen, da ich sicher noch weitere Einzelheiten darstellen kann und aus der Sicht des Kulturbundes unbedingt jeder Verkauf vor Klärung der Eigentumsverhältnisse unterbleiben muß.« [120]

Am 8.3.1991 antwortete Dr. Albrecht Greuner, der als ehemaliger Geschäftsführer des renommierten Georg Thieme Verlages in Stuttgart in der Treuhandanstalt mit dem Verkauf auch des Aufbau-Verlages beauftragt war:

»Sehr geehrter Herr Dr. Glücksmann,
Ihr Schreiben vom 21.1.1991, gerichtet an Herrn Dr. Behnke, ist an mich weitergeleitet worden. Inzwischen hatte ich auch

---

120 VG Berlin, Beiakte zu III. 167 VG 26 A 191.95, Blatt 001722

Gelegenheit, mit Herrn Faber über dieses Thema zu sprechen. Die Treuhandanstalt muß sich auf den Standpunkt stellen, daß die Gründung des Aufbau-Verlages als GmbH i. A. rechtens ist. Eine Rückgabe an den Kulturbund ist ein Thema, mit dem ich mich nicht zu befassen habe.
  Mit freundlichen Grüßen Dr. Greuner« [121]

Dr. Greuner veranlasste innerhalb der Treuhandanstalt keine weiteren Nachforschungen zu den konkreten Hinweisen des Kulturbunds. Stattdessen befragte er ausgerechnet Elmar Faber, der gemeinsam mit Klaus Höpcke und anderen führenden Funktionären der PDS den vorsätzlich von ihm falsch als »parteieigen« deklarierten Aufbau-Verlag in vermeintliches »Volkseigentum« »orientiert« hatte und nun Dr. Greuner in der fehlerhaften Behandlung des Aufbau-Verlages bestärkte.

Am 15.3.1991 schrieb Dr. Glücksmann an Dr. Greuner:

»Ihr Schreiben vom 8.3.1991 habe ich erhalten und muß sagen, daß sein Inhalt mich etwas erstaunt hat. [...]
  Ich darf mein Befremden darüber zum Ausdruck bringen, daß Sie in einer so wichtigen Angelegenheit nur die eine Seite hören und gleichzeitig nicht die andere. [...]
  Zu Ihrer Information darf ich darauf hinweisen, daß ich über zahlreiches Material verfüge, das die Rückgabe des Aufbau-Verlages an den Kulturbund e.V. stützt, und daß der Kulturbund e.V. gegen alle Schritte vorgehen wird, die in irgendeiner Weise geeignet sind, seinen Rückgabeanspruch zu beeinträchtigen, bevor über diesen endgültig entschieden ist.« [122]

---

121 Ebd. Blatt 001721
122 Ebd. Blatt 001719

Dr. Greuner antwortete erst am 9.4.1991 und verweigerte die von Dr. Glücksmann verlangte Erklärung, dass die Treuhandanstalt vor Klärung der Eigentumsverhältnisse und Entscheidung über den Rückgabeanspruch des Kulturbunds keine Entscheidung über den Verkauf des Verlages treffen werde. Zum Rückgabeanspruch des Kulturbunds erklärte er erneut:

»*Von Herrn Faber, der die Verhältnisse in den vergangenen Jahren recht gut überblickt, wird ein solcher Anspruch jedoch mit Nachdruck bestritten.*«[123]

Dr. Glücksmann erwiderte darauf am 15.4.1991, dass in der Treuhandanstalt augenscheinlich mangelhaft gearbeitet werde, da offensichtlich die von ihm längst übersandte Anmeldung der vermögensrechtlichen Ansprüche des Kulturbunds Dr. Greuner nicht vorläge, weshalb er noch einmal eine Kopie beifüge. Zu Elmar Faber erklärte er:

»*Ich kenne Herrn Elmar Faber seit langen Jahren, und zwar schon aus der Zeit, als er Mitarbeiter des VEB Edition Leipzig war und Angelegenheiten des Kulturbundes und des Aufbau-Verlages ihm nicht bekannt waren. Ich war bereits zu dieser Zeit Leiter der Arbeitsgruppe Haushalt/Finanzen in der Zentralen Revisionskommission des Kulturbundes und mir war damals durchaus bekannt, daß und warum der Aufbau-Verlag in Wirklichkeit dem Kulturbund gehörte. Nur war dieses zur damaligen Zeit praktisch bedeutungslos, weil die Gewinne des Aufbau-Verlages in einem vereinbarten Umfang dem Kulturbund zuflossen und die Klärung rein rechtlicher Fragen unter den damaligen Umständen aus Ihnen bekannten Gründen nicht möglich war, wenn es sich um die Frage volkseigener Betriebe handelte.*

---

123 Ebd. Blatt 001718

In dieser Situation ist es mir etwas unverständlich, warum Sie eine Unterredung mit mir in mehreren Schreiben ablehnen, während Sie sich gleichzeitig immer wieder auf mündliche Darstellungen von Herrn Faber berufen.« [124]

Am 9.6.1991 schrieb Dr. Glücksmann erneut an Dr. Greuner, weil er »*aus sonst zuverlässiger Quelle*« erfahren hatte, dass die Treuhandanstalt über den Verkauf des Aufbau-Verlages mit der Bertelsmann Verlagsgruppe verhandelt, obwohl über den Rückgabeanspruch des Kulturbunds e.V. noch nicht entschieden ist. In diesem Schreiben weist er mehrfach darauf hin, dies würde dem geltenden Recht widersprechen, und trotz seiner langen beruflichen Erfahrung als Rechtsanwalt setzte er hinzu:

»Zum Glück leben wir jetzt in einem Rechtsstaat, in dem – so hoffe ich – rechtsverletzende Handlungen oder Entscheidungen wirkungsvoll bekämpft und die hierfür Verantwortlichen wirkungsvoll zur Rechenschaft gezogen werden können.« [125]

Die treuhänderische Verwaltung des Kulturbunds nach dem Parteiengesetz der DDR durch die »UKPV« und die Treuhandanstalt Direktorat Sondervermögen wurde am 26.7.1991 durch Bescheid der Behörde ausdrücklich bestätigt. Um das Altvermögen des Kulturbunds kam es vor dem Verwaltungsgericht Berlin zu einem langen Streit, der erst im Jahre 1999 durch einen Vergleich beendet wurde. Dem fast mittellosen Kulturbund e.V. wurden zwei Grundstücke im Wert von mehr als 7 Mio. DM und 340.000 DM Barvermögen wieder zur Verfügung gestellt.

---

124 Ebd. Blatt 001715
125 Ebd. Blatt 001710

Die noch immer strittige Frage des Eigentums am Aufbau-Verlag blieb von diesem Vergleich ausgeschlossen. Das gesamte Vermögen des Kulturbunds war längst von den Behörden akribisch überprüft worden. Dabei hatte die Unabhängige Kommission festgestellt, dass der Aufbau-Verlag nie volkseigen gewesen war, sondern bis zur Wende vom Ministerium für Kultur als »*ein organisationseigener Betrieb des Kulturbunds der DDR*« verwaltet wurde und noch immer dessen Eigentum war. Die Unabhängige Kommission verheimlichte dies dem Kulturbund und den Käufern, aber forderte von der Treuhandanstalt den Verkaufserlös für das Sondervermögen. Erst als im Jahre 1995 der Rechtsstreit der Käufer gegen die Treuhandanstalt begann, behauptete ihr Vorsitzender Hans-Jürgen Papier, der spätere Präsident des Bundesverfassungsgerichts, auf Verlangen der Treuhandanstalt wegen des »*Prozessrisikos Lunkewitz*« das Gegenteil der bisher von der UKPV selbst festgestellten Tatsachen.

Im Februar 1995 hatte Bernd F. Lunkewitz persönlich vom Kulturbund die möglicherweise noch existierenden Geschäftsanteile an der im Jahre 1945 gegründeten Aufbau-Verlag GmbH gekauft. Für den Fall, dass diese GmbH durch Umwandlung in einen organisationseigenen Betrieb des Kulturbunds untergegangen sein sollte, kaufte er im Dezember 1995 den Geschäftsbetrieb und das gesamte Vermögen des organisationseigenen Aufbau-Verlags des Kulturbunds und dessen Schadensersatzansprüche gegen die Treuhandanstalt.

Die Treuhandanstalt und die UKPV verweigerten wider besseres Wissen ihre nach dem Parteiengesetz DDR erforderliche Zustimmung zu diesen Verträgen. Auch dagegen klagte der von ihm unterstützte Kulturbund e.V. vor dem Verwaltungsgericht Berlin, das wie üblich von den beklagten Behörden die Vorlage ihrer Akten verlangte, da solche Verfahren dem Amtsermittlungsgrundsatz unterliegen. Die Treuhandanstalt/BvS verweigerte die Vorlage und erst nach fast zwei Jahren wurden auf Anweisung der vom Gericht aufgeforderten Dienstaufsicht diese Akten teilweise (und um wichtige Dokumente »bereinigt«) vorgelegt. Als das Gericht während der mündlichen Verhandlung im Dezember 1999 erklärte, dass es aufgrund der vorliegenden Dokumente und der unstreitigen Tatsachen vom fortbestehendem Eigentum des Kulturbunds am Aufbau-Verlag ausgehe und der Klage wahrscheinlich stattgeben werde, erklärten die Treuhandanstalt und die UKPV, um dieses Urteil zu vermeiden, dass ihre Zustimmung bzw. ihr Einvernehmen zu dem Kaufvertrag nicht erforderlich sei.

Die Klage war durch diesen juristischen Trick nach fünf Jahren Prozessführung ohne Urteil erledigt, aber, wie bereits beschrieben, war wenigstens die Wirksamkeit des Kaufvertrages vom Dezember 1995 bestätigt worden. Damit war Bernd F. Lunkewitz persönlich in der Rechtsnachfolge des Kulturbunds der Eigentümer des Aufbau-Verlages geworden.

Auf die zivilrechtliche Bestätigung dieser Tatsache durch den BGH musste er aber noch weitere acht Jahre warten.

Der Aufbau-Verlag
nach der Wende

Die Verfassung der DDR verankerte besonders den Schutz sozialistischen Eigentums der gesellschaftlichen Organisationen, aber auch die führende Rolle der SED, die alle politische Macht bei sich konzentriert hatte. Deren Politbüro hatte bestimmt, dass die Eigentumsverhältnisse der Verlage durch die Profilierung zum 1.1.1964 unverändert bleiben, weil dies auch im Interesse der SED lag. Der Aufbau-Verlag erwarb sein großes Renommee bei den Autoren und den Lesern auch wegen einer gewissen Distanz zur Partei und seiner Zugehörigkeit zum Kulturbund, der ja angeblich »überparteilich« war. Schon deshalb war irgendein sachlicher oder politischer Grund, das Eigentum am Aufbau-Verlag auf die SED zu übertragen, überhaupt nicht ersichtlich. Erst recht nicht, seit ab 1972 durch die Pauschalisierung der Verlagsabführungen an den Kulturbund die sonstigen Gewinne der Wirtschaftsgemeinschaft beider Verlage allein die SED vereinnahmte. Erst nach der Wende und dem folgenden Zusammenbruch der DDR-Strukturen sahen einige am Erhalt des Verlages interessierte Funktionäre der Partei das Eigentum des Kulturbunds am Aufbau-Verlag als eine Gefahr für dessen Existenz. Der Kulturbund war durch die Wende politisch gelähmt, dazu noch fast mittellos und organisatorisch unfähig, den Verlag zu führen, zumal der Präsident und der gesamte Präsidialrat zurückgetreten waren und entscheidungsbefugte

Gremien erst im Frühjahr 1990 gewählt werden sollten. Sowohl Elmar Faber als auch Klaus Höpcke konnten als langjährige Mitglieder des Sekretariats des Präsidiums des Kulturbunds dessen konfusen Zustand sehr gut beurteilen. Sie nutzten diese Umstände zur Vertuschung der wahren Eigentumsverhältnisse am Aufbau-Verlag, um ihn als vermeintlich »sicheres« Volkseigentum zu deklarieren.

Die mit den juristischen Grundlagen des Eigentums am Aufbau-Verlag nicht vertrauten Mitarbeiter im Verlag und Ministerium für Kultur, die Öffentlichkeit und die Autoren konnten von Klaus Höpcke und Elmar Faber leicht davon »überzeugt« werden, der Aufbau-Verlag sei irgendwann und irgendwie Eigentum der SED geworden und werde nun auf Wunsch der Belegschaft von der Partei in Volkseigentum übertragen.

Erst 28 Jahre nach der Wende, am 15.10.2018, gab Klaus Höpcke vor dem Notar Günther Hädinger, Berlin[126] eine eidesstattliche Versicherung zur Vorlage bei Gericht ab, in der er den tatsächlichen Hintergrund und den Ablauf dieser vermeintlichen Übergabe des Aufbau-Verlages in Volkseigentum detailliert darstellt:

»Ich bin als DDR-Bürger der ersten Stunde Mitglied des Kulturbunds gewesen. Seit 1968 bis 1990 war ich Mitglied in dessen Präsidialrat, der unter anderem die Aufsicht über die Finanz- und Vermögensangelegenheiten des Kulturbunds führte. Ferner bin ich in der Zeit vom März 1973 bis zum Ende 1989 Stellvertretender Minister für Kultur der DDR und in Personalunion im selben Zeitraum Leiter der Hauptverwaltung Verlage und Buchhandel des Ministeriums gewesen. Die HV Verlage im Ministerium für Kultur hat von 1964

---

126 Urkunde-Nr. 102/2018 des Notars Günther Hädinger, Berlin

bis zur Wende auf der Grundlage eines Vertrages mit dem Kulturbund den Aufbau-Verlag politisch-ideologisch und ökonomisch verwaltet. Die Eigentumslage des Kulturbunds am Aufbau-Verlag bzw. am später profilierten Aufbau-Verlag Berlin und Weimar ist mir insbesondere aus diesen Tätigkeiten umfassend bekannt.

Der Aufbau-Verlag ist im August 1945 als GmbH von vier Gesellschaftern gegründet worden. Bis zum Frühling 1946 übertrugen sie ihre Geschäftsanteile auf den Kulturbund, der dadurch alleiniger Eigentümer des Aufbau-Verlags wurde. Diese Eigentumslage ist bis zu meinem Ausscheiden aus dem Ministerium für Kultur Ende 1989 unverändert geblieben und zu keinem Zeitpunkt auch nur in Frage gestellt worden, insbesondere weder von der SED noch von den jeweiligen Regierungen der DDR noch von irgendwelchen sonstigen Stellen.

Nach Gründung der DDR mussten von den jeweiligen Eigentümern die von der Sowjetischen Militärverwaltung erteilten Lizenzen für Verlage neu beantragt werden. Im Jahre 1951 wurde vom Amt für Literatur und Verlagswesen der DDR dem Kulturbund als alleinigem Eigentümer die Lizenz zum Betrieb des Aufbau-Verlages ausgestellt. Diese Lizenz war bis zur Abschaffung der Lizenzpflicht in der DDR im Frühjahr 1990 gültig.

Der Aufbau-Verlag ist 1955 in einen organisationseigenen Betrieb (OEB) umgewandelt und deswegen im Handelsregister B als GmbH gelöscht und in das Handelsregister C eingetragen worden, und zwar als ein weiterhin dem Kulturbund gehörendes Unternehmen, das den volkseigenen Betrieben gleichgestellt war.

Das Eigentum am Aufbau-Verlag hat sich auch im Zuge der Profilierung im Verlagswesen nicht geändert. Es handelt sich hier um folgendes: Die politisch-ideologische und ökono-

mische Aufsicht über eine Anzahl organisationseigener Verlage, darunter der Aufbau-Verlag und der Verlag Rütten & Loening, hatte seit Anfang der 50er Jahre zunächst bei einem Unternehmen der SED, dem Druckerei- und Verlagskontor, gelegen. Das Politbüro der SED ordnete 1962 an, dass diese Aufsicht ab dem 01.01.1964 auf das Ministerium für Kultur übergehen sollte. Dort wurde dafür die Hauptverwaltung Verlage und Buchhandel gegründet. Es wurde also lediglich die unveränderte politisch-ideologische und ökonomische Aufsicht von einer Stelle auf die andere, nämlich auf die später von mir geleitete Hauptverwaltung Verlage und Buchhandel übertragen.

Eine Änderung der Eigentumsverhältnisse war zu keiner Zeit beabsichtigt und ist auch nie erfolgt. Lediglich die Programme der Verlage, ihr Profil, wurden neu ausgerichtet und zur Rationalisierung ihrer Tätigkeit einige Arbeitsgemeinschaften zwischen partei- und organisationseigenen Verlagen gebildet, ohne dass die gesellschaftlichen Organisationen dadurch ihr Eigentum verlieren sollten und verloren. Sowohl der Aufbau-Verlag als auch der Verlag Rütten & Loening blieben trotz des gemeinsamen Betriebs als jeweils juristisch selbständige Unternehmen in HRC eingetragen und erwarben und verwerteten weiterhin ihre jeweiligen Rechte im eigenen Namen. Der Wert der Anteile des Kulturbunds wurde in einer Schlussbilanz zum 31.12.1963 mit M DDR 3.606.852,17 festgestellt und in der Eröffnungsbilanz des profilierten Aufbau-Verlag Berlin und Weimar ab dem 01.01.1964 und in den nachfolgenden Bilanzen bis zum Ende der DDR in unveränderter Höhe fortgeschrieben.

Am 28.12.1962 schloss die Abteilung Finanzverwaltung und Parteibetriebe beim ZK der SED mit der HV Verlage ein Abkommen über die Verwaltung der partei- und organisationseigenen Verlage, in dem u. a. festgestellt wurde, dass – wie vom Politbüro bestimmt – die Eigentumsverhältnisse an den Verlagen unverändert bleiben.

Dieses Abkommen wurde durch die Vereinbarung vom 13.12.1963 ersetzt. Darin wurde u. a. bestimmt, dass die Gewinne der Verlage an die jeweiligen Eigentümer abzuführen sind.

Am 27.02.1964 schloss der Kulturbund mit der HV Verlage über die Verwaltung des profilierten Aufbau-Verlag Berlin und Weimar den Vertrag, der bis zur Wende in der DDR unverändert in Kraft blieb.

Am 18.04.1984 wurde »in Durchführung des Politbürobeschlusses 34/62 – 385 vom 31.07.1962« das Abkommen vom 13.12.1963 durch die Vereinbarung zwischen der Abteilung Finanzverwaltung und Parteibetriebe beim Zentralkomitee der SED und der HV Verlage ersetzt. Die Vereinbarung regelte interne Verwaltungsabläufe neu. Die planmäßigen Gewinnabführungen an die Eigentümer (SED, FDJ und Kulturbund) wurden bestätigt.

An der Eigentumslage am Aufbau-Verlag hat sich nichts geändert. Ich selbst habe die Vereinbarung für das Ministerium für Kultur mit entworfen und unterschrieben.

Das Ministerium für Kultur erstellte durch die Hauptverwaltung Verlage und Buchhandel zur zusammenfassenden Darlegung der Entwicklung der von ihm verwalteten partei- und organisationseigenen Verlage jährlich seine Rechenschaftsberichte, zu denen auch deren Bilanzen gehörten. In meinen Funktionen als Stellvertretender Minister und als Leiter der Hauptverwaltung Verlage und Buchhandel bin ich ab dem Geschäftsjahr 1972 auch für die Feststellung der jährlichen Rechenschaftsberichte und Bilanzen des Aufbau-Verlages verantwortlich gewesen.

Bei den Gewinnabführungen des Aufbau-Verlages an den Kulturbund hat es ab dem Geschäftsjahr 1971 der Höhe nach eine Änderung gegeben. Der Aufbau-Verlag hatte im Geschäftsjahr 1970 wegen unzureichender Geschäftsentwicklung zu geringe Erträge erwirtschaftet, um die im Haushalt des Kulturbunds geplanten Abführungen aus den Verlagsgewinnen zu ermöglichen. Der Kulturbund vereinbarte daraufhin mit dem Ministerium der Finanzen eine Erhöhung der staatlichen Zuwendungen für seine Tätigkeit und bat die HV Verlage zur Sicherung seiner zukünftigen Haushaltsplanung um eine pauschal festgelegte Abführung aus den Gewinnen des Verlages. Dies wurde dem Kulturbund auch zugestanden mit der Folge, dass er ab dem Geschäftsjahr 1971 die erbetenen pauschalierten Abführungen aus den Gewinnen des Aufbau-Verlages einplante und von der HV Verlage erhielt. Dabei blieb es während meiner gesamten Amtszeit bis Ende 1989.

Die Verlage, darunter auch der Aufbau-Verlag, hatten ihrerseits jährlich dem Ministerium für Kultur und ihren Eigentümern Rechenschaft über das abgelaufene Geschäftsjahr zu legen, wobei auch die jeweilige Bilanz bestätigt wurde. Der Kulturbund hat stets an der Rechenschaftslegung des Aufbau-Verlages als dessen Eigentümer teilgenommen.

Ich habe Ende 1989 meine Funktionen im Ministerium für Kultur und der Hauptverwaltung Verlage und Buchhandel aufgegeben. Am 1. November 1989 wurde ich Leiter der Kulturkommission beim Politbüro des ZK der SED und am 9. Dezember Mitglied des Präsidiums des Parteivorstandes der SED/PDS und Leiter der Kommission Kultur, Wissenschaft und Bildungspolitik. Dort habe ich mich auch mit der schwierigen Situation der vom Ministerium für Kultur verwalteten organisationseigenen Verlage befasst, die im Zuge der Wende im November 1989 entstanden war. Mein zentrales Anliegen bestand damals darin, so vielen dieser Verlage wie nur irgend möglich eine Überlebensmöglichkeit zu verschaffen. Diese konnte nach meiner Ansicht nur in deren Übertragung in Volkseigentum bestehen, weil der Staatshaushalt die einzige Möglichkeit der Finanzierung eröffnete.

Der Kulturbund war nach meiner damaligen Einschätzung handlungs- und beschlussunfähig und wäre weder institutionell noch personell noch und erst recht finanziell in der Lage gewesen, für den Fortbestand des Aufbau-Verlages zu sorgen. Da in der damaligen extremen Situation äußerst schnell Entscheidungen getroffen werden mussten, habe ich im November/Dezember 1989 in Abstimmung mit Herrn Elmar Faber, der nach der Satzung des Kulturbunds qua Amt des Verlagsleiters des Aufbau-Verlages gleichzeitig Mitglied des Präsidiums des Kulturbunds war, die damals verantwortlichen Stellen davon überzeugt, zur Sicherung der Existenz des Aufbau-Verlages das Unternehmen als Eigentum der SED zu deklarieren, um es dann – vermeintlich – in Volkseigentum zu überführen.

Einbezogen waren also auf Seiten der SED/PDS die Parteispitze, die Zentrale Revisionskommission Finanzverwaltung und Parteibetriebe und die Abteilung Kultur beim Zentralkomitee, weiter die Leitung der für alle Parteiverlage zuständigen Zentrag, sodann die Verantwortlichen im Ministerium für Kultur.

Am 10.01.1990 habe ich für das Präsidium des Parteivorstands der SED/PDS die Vorlage verfasst, über die dann aufgrund der darin enthaltenen falschen Angaben am 22.02.1990 ein entsprechender Beschluss der SED/PDS zustande gekommen ist, auf dem die vermeintliche Übertragung beruhte.

Die SED/PDS stellte damals dem Staatshaushalt der DDR etwa 3 Milliarden M DDR für soziale und kulturelle Zwecke und für Volksbildung zur Verfügung. Der Kulturfonds des Ministeriums für Kultur erhielt 98 Millionen M

DDR für die Kapitalausstattung der in Volkseigentum übertragenen parteieigenen Verlage. Auf den nun vermeintlich ehemals parteieigenen Aufbau-Verlag entfielen 9,6 Millionen M DDR, die ihm im April 1990 überwiesen wurden.

Die von mir im Januar 1990 vorbereitete Übernahme des Aufbau-Verlages aus angeblichem Parteieigentum in Volkseigentum sollte den Aufbau-Verlag in einer fortbestehenden DDR möglichst dauerhaft existentiell absichern. Zu diesem Zeitpunkt war die Gründung der Treuhandanstalt noch nicht abzusehen. Nachdem deren Privatisierungsauftrag bekannt geworden war, wurde von Herrn Dr. Pelikan, dem Leiter der Kommission zur Sicherung des Parteivermögens, der von der Partei zum Verkauf der Verlage bevollmächtigt war, noch vor Gegenzeichnung der Übernahmeprotokolle durch nachträglich hinzugefügte Vertragsbedingungen und hohe Kaufpreisforderungen versucht, den Weiterverkauf der Verlage zu verhindern. Tatsächlich hatte die SED/PDS keinerlei Eigentumsrechte am Aufbau-Verlag. Deshalb ist der Kulturbund trotz der vermeintlichen Übergabe aus angeblichem Parteieigentum in Volkseigentum der alleinige Eigentümer des Aufbau-Verlags geblieben. Wegen dieser klaren Eigentumslage hat die SED/PDS von ihren ohnehin nicht bestehenden Eigentumsansprüchen schon kurz nach der vermeintlichen Übergabe des Verlags in Volkseigentum im Frühjahr 1990 Abstand genommen und unter der treuhänderischen Verwaltung der damaligen Treuhandanstalt gegenüber ihr, der Unabhängigen Kommission und dem Bundesamt zur Regelung offener Vermögensfragen frühzeitig klargestellt, dass sie wegen des fortbestehenden Eigentums des Kulturbunds eigene Ansprüche auf den Aufbau-Verlag Berlin und Weimar nicht erheben konnte.

Berlin   Klaus Höpcke, Notar«

Elmar Faber kannte die von Klaus Höpcke bestätigten Rechtsverhältnisse und wußte positiv, dass der Kulturbund Eigentümer des Aufbau-Verlages war. Der Kulturbund hatte 1964 nur die Verwaltung des Verlages dem Ministerium übertragen und auch durch die Pauschalierung der Verlagsabführungen 1971 die Eigentumsverhältnisse des Verlages nicht verändert, aber Ende 1989 waren die meisten Dokumente dazu in den Archiven vergraben. Als Elmar Faber gegenüber dem »konfusen« Kulturbund und der Belegschaft behauptete, dass der Aufbau-Verlag Eigentum der Partei sei, löste das zwar Empörung, aber zunächst kaum ernsthafte Zweifel aus. Gegenüber anderen DDR Stellen, die mit den bestehenden Rechtsverhältnissen besser vertraut und nicht in seine Täuschungsabsichten eingeweiht waren, führte er den Verlag allerdings auch nach der Unterzeichnung des Übergabe-/Übernahmeprotokolls vom 14.3./2.4. 1990 weiter als organisationseigenen Betrieb des Kulturbunds, um eventuelle »Eigentumsfragen« nicht beantworten zu müssen.

Der Aufbau-Verlag des Kulturbunds war 1963 von der Staatsbank der DDR treuhänderisch zum geschäftsführenden Komplementär und Kommanditist am Verlag Philipp Reclam jun. KG in Leipzig bestellt worden[127]. Am 5.5.1990 vereinbarten die beiden Verlage und das Ministerium für Kultur, dass der Aufbau-Verlag, weil er kein VEB war, die von ihm verwalteten staatlichen Anteile am Reclam Verlag auf die am 1.3.1990 gegründete Treuhandanstalt überträgt.

Am 16.5./31.5.1990 wurde der am 10. Oktober 1963 geschlossene Gesellschaftsvertrag der Philipp Reclam jun. Verlag KG durch einen 5. Nachtrag abgeändert. Der organisationseigene »Aufbau-Verlag Berlin und Weimar« schied

---

127 Deutsche Investitionsbank; AVA 0261-0033; AVA 2835-0057

als Gesellschafter aus, die Treuhandanstalt trat als Gesellschafter ein.[128]

Alle Beteiligten: der Aufbau-Verlag, die (staatliche) Deutsche Kreditbank AG, das Ministerium für Kultur, das Registergericht Leipzig, die Treuhandanstalt (Leipzig), und die Philipp Reclam jun. Verlag KG betrachteten und behandelten zutreffend den Gesellschafter und Komplementär »Aufbau-Verlag Berlin und Weimar« noch zwei Monate nach seiner angeblichen Übergabe in Volkseigentum unverändert als organisationseigenen Betrieb des Kulturbunds. Als vier Wochen später die von Elmar Faber nach dem Umwandlungsgesetz versuchte Gründung von GmbHs wegen fehlender Nachweise scheiterte, behauptete er am 2.7.1990 gegenüber der Treuhandanstalt die gesetzliche Umwandlung der Verlage nach dem Treuhandgesetz. Die Treuhandanstalt übernahm die Verlage ohne weitere Nachprüfung und führte sie als eigene Unternehmen, obwohl sie nie zum Volkseigentum gehört hatten.

Als im Jahre 1995 der Streit über die Eigentumszuordnung des Aufbau-Verlages bekannt wurde, unterstützte Elmar Faber öffentlich die Position der Treuhandanstalt und bestritt die Eigentumsrechte des Kulturbunds. Erst in seiner 2014 erschienenen Autobiografie[129] schrieb er auf Seite 231 über den Präsidialrat des Kulturbunds, dem er bis zur Wende *»als Aufbau-Chef angehörte, weil der Verlag dieser Organisation zugehörig war«*, und bestätigte damit, wer damals tatsächlich Eigentümer des Aufbau-Verlages war.

Die von Elmar Faber und Klaus Höpcke durch die gezielt falschen Angaben zu den angeblichen Eigentumsverhältnissen gesteuerte Überführung des Aufbau-Verlages in ver-

---

128 AVA 2835-0003
129 Elmar Faber, »Verloren im Paradies«. Aufbau-Verlag, Berlin 2014

meintliches Volkseigentum sollte vor allem die weitere Finanzierung durch den Staat sicherstellen und ihm wenigstens bis zur Herstellung »normaler« Verhältnisse das Überleben sichern. Der Kulturbund wäre kaum in der Lage gewesen, die notwendige Anpassung des Aufbau-Verlags an die freie Marktwirtschaft zu finanzieren. Der Verlag musste sich durch die Wende und den Beitritt der DDR zur Bundesrepublik zum ersten Mal in seiner Geschichte ohne politische Protektion und gegen weitaus besser aufgestellte Verlage aus dem Westen auf dem Buchmarkt behaupten.

Die Liquidität des Aufbau-Verlages, dem als organisationseigener Verlag des Kulturbunds möglicherweise die Gesamtvollstreckung gedroht hätte, war mit der Überweisung der von der SED/PDS bereitgestellten Finanzmittel von 9,6 Millionen Mark wenigstens vorläufig gesichert. Nach der Position 145 der Bilanz waren davon zum 30.6.1990 noch etwa 6,8 Millionen M DDR vorhanden, als die Währungs- und Wirtschaftsunion mit der Bundesrepublik begann und die volle Wucht der westdeutschen Konkurrenz die DDR-Verlage traf. Schon im Frühjahr 1990 begann die radikale Umstrukturierung des Verlages. Im Zuge einer Entlassungswelle wurde durch den Sozialplan die Belegschaft des Betriebes innerhalb eines Jahres von 180 auf zunächst nur noch 80 Mitarbeiter reduziert.

Der Vertrieb des Aufbau-Verlages und die Belieferung von Buchhandlungen in den »alten« Bundesländern mussten unter den Bedingungen »kapitalistischer Überproduktion« völlig neu gestaltet werden. Der Verlag machte zum ersten Mal die bittere Erfahrung, dass auch der Verkauf guter Bücher schwierig ist.

In schon fast grotesker Überschätzung der Vertriebskraft des Verlages kaufte Faber vermeintlich populäre und entsprechend teure Titel für die neukonzipierten Sachbuchprogramme ein und ließ viel zu hohe Auflagen herstellen. Die bemüht »buchkünstlerisch« gestalteten Sachbücher scheiterten im Herbst 1990 und im Frühjahr und Herbst 1991 allesamt kläglich, obwohl manche dieser Titel im »richtigen« Umfeld bei westdeutschen Verlagen erfolgreich gewesen wären. Nur das eher reißerisch gestaltete Buch »Der Sturz. Honecker im Kreuzverhör« erfüllte die Umsatzerwartungen, besonders in den neuen Bundesländern. Auch die belletristischen Programme blieben ohne große Resonanz im Buchhandel und bei den Lesern.

Nach der Frankfurter Buchmesse 1990 sind im Protokoll der Leitungssitzung vom 16.10.1990 der desolate Zustand des Verlages und die Abhängigkeit von der Finanzierung durch die Treuhandanstalt notiert:

»Es wurde ein Rahmenüberbrückungskredit von 4–5 Mio. beantragt. Die augenblickliche Finanzsituation ist ernst: z.B. werden monatlich 1,6–2 Mio. Umlaufmittel benötigt, die fixen Kosten betragen monatlich 480 000,–, werden sich ab Januar ohne spürbare Gehaltserhöhungen auf 620 000,– erhöhen. Das Umsatzvolumen (ca. 120 000,– in 10 Tagen) ist so, daß wir 12 Mitarbeiter beschäftigen könnten. Diese Dekadenumsatzsumme bräuchten wir jeden Tag!

Die Begegnung zwischen der Treuhand, Abt. Privatisierung, und Herrn Faber und Herrn Dempewolf führte zu einer grundlegenden Veränderung der Verlagskonzeption. Die Treuhand fordert nun die Privatisierung bis zum 31.03.91 (nicht wie vorgegeben bis Ende 1993).

Herr Faber: Ausgangspunkt der Überlegung, daß der Verlag 120 Mitarbeiter behalten kann, war das Netto-Absatzergebnis der Jahre 1981 bis 1989: ca. 33,4 Mio. = ca. 300 000,– als unterste Grenze Leistung jedes Mitarbeiters. Januar bis Juni 1990 berechtigte noch zu dieser Aussage: ca. 15,5 Mio.

Ab Juni 1990 ist die Tendenz jedoch stark fallend: Monatsumsatz jetzt 300 000, – DM. Die Leistungskraft des Verlages ist jetzt noch nicht klar einzuschätzen, dennoch: Das Effektivierungskonzept des Frühjahrs muß weitergeführt werden. Die Reduzierung von 120 auf 80 Mitarbeiter muß schnellstens, im wesentlichen bis 31.12.91 geschehen.«[130]

Im Herbst des Jahres 1991 hatte der Verlag noch 42 Beschäftigte.

---

130 AVA E 0016a-0135

Verkauf durch
die Treuhandanstalt

Am 2.7.1990 hatte Elmar Faber die drei angeblich aus volkseigenen Betrieben zum gesetzlichen Stichtag 1.7.1990 durch Umwandlung nach dem Treuhandgesetz entstandenen und nunmehr zur Treuhandanstalt gehörenden Unternehmen bei der Treuhandanstalt angemeldet: die Aufbau-Verlag GmbH i.A., die Aufbau-Taschenbuch-Verlag GmbH i.A. und die Rütten & Loening GmbH i.A.

Allen dreien wurde eine Betriebsnummer der Treuhandanstalt zugeteilt. Elmar Faber beantragte die Eintragungen der vermeintlichen GmbH i.A. im Handelsregister B. Die Treuhandanstalt übernahm ihre angebliche Gesellschafterrolle und übersandte eine Liste der zustimmungspflichtigen Geschäfte.

Erst ein Jahr später fiel ihr auf, dass der Aufbau-Taschenbuch-Verlag kein rechtlich selbstständiger volkseigener Betrieb und erst recht keine GmbH i.A. war, sondern ein Betriebsteil des Aufbau-Verlages. Auch die schon früh vorliegenden eigenen Erkenntnisse und Informationen, dass es bezüglich des Aufbau-Verlages ganz offensichtlich Fehler und Falschinformationen gibt und dass von kompetenter dritter Seite (Kulturbund, Direktorat Sondervermögen, UKPV) ernsthafte Zweifel an den von Elmar Faber behaupteten Eigentumsverhältnissen vorlagen, veranlasste die Treuhandanstalt nicht, die Zweifel an den Rechtsverhältnissen der

Unternehmen oder an der Wirksamkeit der Übergabe-/ Übernahmeprotokolle den Käufern zu offenbaren. Die Überprüfung der Eigentumsverhältnisse war eine ihrer zentralen gesetzlichen Pflichten gewesen, da durch das am 17.6.1990 erlassene Treuhandgesetz (THG) nur die tatsächlich volkseigenen (d. h. staatseigenen) Betriebe der DDR am Stichtag 1.7.1990 in Kapitalgesellschaften im Eigentum der Treuhandanstalt umgewandelt werden konnten.

Außer den mit knapp 1,35 Millionen DM allerdings viel zu hoch bewerteten fertigen Erzeugnissen bestand das Vermögen der Verlage in den noch vorhandenen Urheberverwertungsrechten, ihrem exzellenten Ruf (»Goodwill«) und der Erfahrung der Mitarbeiter, aus umgetauschten 3,4 Millionen DM Bankguthaben und den im Eigentum des Aufbau-Verlages stehenden Grundstücken in Berlin, Französische Straße 32 und 33. Dieses Vermögen war wie ausführlich dargestellt am Stichtag 1.7.1990 jedoch nicht »Volkseigentum«, sondern »Organisationseigentum«. Deshalb konnten die Betriebe nicht auf der Grundlage des Treuhandgesetzes in Kapitalgesellschaften »im Aufbau« umgewandelt werden.

Am 29.11.1990 erfolgte trotzdem die Eintragung einer angeblichen Aufbau-Verlag GmbH i. A. unter der Nummer HRB 35991 im Handelsregister B des Amtsgerichts Charlottenburg mit dem Vermerk: »*Aufbau-Verlag Gesellschaft mit beschränkter Haftung im Aufbau, entstanden nach dem THG durch Umwandlung des Aufbau-Verlag Berlin und Weimar*«. Am 19.12.1990 folgte auch im Handelsregister C für den organisationseigenen Betrieb »Aufbau-Verlag Berlin und Weimar« der Eintrag: »*Umwandlung gem. Treuhandgesetz vom 17.6.1990. Amtsgericht Charlottenburg HRB 35991*«.

Als die vorhandene Liquidität des Verlages aufgebraucht war, gab es kein Volkseigentum mehr. Faber sah sich nun gezwungen, den vermeintlichen Gesellschafter Treuhandanstalt um Geld zu bitten. Die vermeintliche Aufbau-Verlag GmbH i. A. beantragte am 1.10.1990 bei der Treuhandanstalt die Übernahme einer Bürgschaft für einen ersten Liquiditätskredit in Höhe von 3.313.500 DM durch die Berliner Stadtbank. Im November wurden zunächst 1,8 Mio. DM bewilligt. »*Dadurch war es dem Verlag möglich, fast alle bis Ende November 1990 fälligen Rechnungen zu bezahlen.*« Im Dezember machte der Verlag einen Verlust von knapp 2 Millionen DM und beantragte im Januar 1991, »*um die Zahlungsfähigkeit des Verlages für die nächsten 4 Wochen zu sichern*«, die Gewährung der beantragten restlichen 1,5 Millionen DM Kreditbürgschaft.[131]

Die vor der Wende in Ost und West unterschiedlichen Verfahrensweisen bei Lizenzgeschäften erwiesen sich jetzt als sehr nachteilig für den Aufbau-Verlag. Während die westdeutschen Verlage die Lizenzen für Autoren des Aufbau-Verlages für möglichst lange Laufzeiten und – wegen der im Buchhandel üblichen kontinuierlichen Nachlieferung – mit unbegrenzter Auflagenhöhe erwarben, hatten die ostdeutschen Verlage die Lizenzen westdeutscher Verlage nur für jeweils eine Auflage mit fest vereinbarten Stückzahlen erworben und abgerechnet. Inzwischen waren alle vereinbarten Auflagen (und heimlich sogar noch mehr) ausgeliefert und verkauft worden und damit die Lizenzen erloschen. Umgekehrt aber liefen die vom Aufbau-Verlag vergebenen Lizenzen wichtiger Autoren, z. B. Lion Feuchtwanger, Heinrich Mann oder Theodor Fontane, noch längere Zeit, und die Titel wurden von den westdeutschen Verlagen sogar im Buchhandel der neuen Bundesländer verkauft. Das größte praktische Problem des Verlagsbetriebes war, dass er keine nennenswerte Backlist hatte und nur mit den Novitäten der

---

131 BFL/BvS, K 203

aktuellen Frühjahrs- und Herbstprogramme seine Einnahmen erzielen konnte. Eine solch ungünstige Situation ist seit der Einführung des Urheberrechts bei etablierten Verlagen extrem ungewöhnlich. Die urheberrechtlich geschützte Backlist – im Buchhandel präsente, lieferbare Bücher früherer Programme, die kontinuierlich nachbezogen werden – macht bei Publikumsverlagen nur einen kleinen Teil der Kosten, aber deutlich mehr als die Hälfte des Umsatzes aus.

Die strategische Überlegung von Elmar Faber und Klaus Höpcke, den Aufbau-Verlag in das vermeintlich sichere Volkseigentum zu überführen, hatte dem Verlag zwar die faktische Überlebensmöglichkeit eröffnet. Was die beiden ein Jahr vorher nicht sahen, war, dass die volkseigenen Verlage nicht etwa in einer fortbestehenden DDR dauerhaft betreut und finanziert vom Staat die gesellschaftlichen Bedürfnisse nach guter Literatur befriedigen würden, sondern von der Treuhandanstalt gemäß ihres politischen »Privatisierungsauftrags« so schnell wie möglich verkauft werden sollten.

Die Treuhandanstalt privatisierte die Unternehmen durch den Verkauf der Geschäftsanteile an den Kapitalgesellschaften im Aufbau, die aus dem Vermögen der volkseigenen Betriebe durch deren gesetzliche Umwandlung am Stichtag 1.7.1990 entstanden.

Die organisationseigenen Betriebe der Parteien und Massenorganisationen der DDR, darunter auch der Aufbau-Verlag des Kulturbunds, waren gesetzlich von der Umwandlung ausgeschlossen. Durch die irrtümliche Eintragung einer vermeintlichen Aufbau-Verlag GmbH i. A. in das Handelsregister entstand daher keine juristische Person, sondern nur eine »Scheingesellschaft«, die rechtlich nicht existierte. Nach dem 1.7.1990, und erst recht zum Zeitpunkt des Verkaufs, konnten solche Geschäftsanteile nicht mehr entstehen. Ihre Übertragung ist deshalb objektiv unmöglich.

Elmar Faber steuerte nach dem 3.10.1990 geschickt den Verkauf dieser vermeintlichen GmbHs durch die Treuhandanstalt und setzte das kulturelle Kapital des Verlages gezielt für seine Pläne ein. Schon im Dezember 1989 hatte der zum Jahresende aus dem Vorstand der Bertelsmann AG ausgeschiedene Dr. Ulrich Wechsler[132] dem Aufbau-Verlag und auch Elmar Faber persönlich seine Hilfe angeboten.

Er besuchte Elmar Faber im Januar 1990 auch in dessen Wohnung und schlug ihm vor, eine mögliche Privatisierung des Verlages durch ein Management-Buy-Out zu verfolgen, bei dem auch für Elmar Faber ein Anteilserwerb möglich wäre. Kurz danach empfahl er den auf das Verlagsgeschäft spezialisierten und in der Branche hoch angesehenen Unternehmensberater Dr. Eberhard Kossack als Berater des Aufbau-Verlages.

Im ersten Halbjahr 1990 hatte es lebhaftes Interesse von westdeutschen Verlagen am Aufbau-Verlag gegeben. Elmar Faber sprach schon vor und auf der Leipziger Messe mit einigen Verlagen über mögliche Kooperations- oder Beteiligungsmodelle.

Nichts davon wurde konkret, und nach der Währungsunion bemerkten die Westverlage die dramatisch schwierige Lage der ostdeutschen Konkurrenz, die viele Rechte und Lizenzen verloren, kaum Vertriebsstrukturen im westdeutschen Buchhandel und keine nennenswerte Backlist hatte.

Im Frühjahr 1991 beauftragte die Treuhandanstalt die Unternehmensberatung Roland Berger mit dem Verkauf. Dr. Eugen von Keller bat Faber um möglichst umfassende Informationen zu den rechtlichen und wirtschaftlichen Verhältnissen des Verlages, erhielt aber nur ausgewählte Daten und verallgemeinerte Angaben insbesondere zu den vorhandenen

---

132 AVA 2848-0140

Verlagsrechten, weil Faber angab, die Weitergabe der Daten an die westliche Konkurrenz verhindern zu wollen.

Die ihm von Dr. Wechsler aufgezeigte Möglichkeit, selber einen Anteil am Aufbau-Verlag erwerben zu können, hatte Elmar Faber geschickt in der Treuhandanstalt als MBO-Vorschlag platziert und sogar den Präsidenten Dr. Rohwedder dafür gewonnen. Zielstrebig hatte Elmar Faber danach alle Übernahmeangebote der westdeutschen Konkurrenten zurückgewiesen und aus seiner Sicht die Autonomie des Verlages gesichert. Dr. Wechsler hat durch seine intensive Unterstützung und Beratung wesentlich dazu beigetragen, dass Elmar Faber die drastische Umstrukturierung des Aufbau-Verlages, den Personalabbau um 75 Prozent und die Ausrichtung auf den kapitalistischen Buchmarkt der erweiterten Bundesrepublik wenigstens in Ansätzen bewältigen konnte, ohne die programmatische Substanz und das Profil des Verlages zu zerstören, obwohl die dadurch entstehenden finanziellen Verluste auf Dauer untragbar waren.

Das von ihm entwickelte und von Dr. Kossack und Elmar Faber mit Daten versehene Privatisierungskonzept fußte zwar auf der falschen Eigentumszuordnung, war rechtlich unmöglich und viel zu optimistisch hinsichtlich der zukünftig möglichen Erträge. Es eröffnete aber faktisch einen Weg, den Verlag, dessen Autorengemeinschaft und damit einen wichtigen Bestandteil deutscher Literatur- und Geistesgeschichte eigenständig zu erhalten.

Nachdem Hilmar Hoffmann den Kontakt zwischen Dr. Wechsler und Bernd F. Lunkewitz vermittelt hatte, wurde in der »*Gesprächsnotiz über das Zusammentreffen der Herren Lunkewitz, Faber und Dr. Wechsler am 24. Juni 1991 in Frankfurt*« der wesentliche Inhalt des ersten Gesprächs zwischen Bernd F. Lunkewitz und Elmar Faber, dem Leiter des Aufbau-Verlages, festgehalten.

»Nach einem Vorgespräch zwischen den Herren Lunkewitz und Dr. Wechsler diente das Gespräch vorwiegend dem Kennenlernen der Herren Lunkewitz und Faber sowie dem Zweck zu eruieren, ob und in welcher Weise ein Engagement von Herrn Lunkewitz bei der Privatisierung des Aufbau-Verlages denkbar ist.

Ich habe Herrn Lunkewitz vertraulich das Privatisierungs-Konzept Dr. Kossack vom 27.4./22.5.91 sowie die Kurzfassung Dr. Wechsler vom 29.5.91 übergeben.

Neben einer allgemeinen politischen und insbesondere gesellschaftspolitischen Diskussion nahm breiten Raum die Darstellung des Aufbau-Verlages und seiner Programmarbeit ein. Ferner wurde die derzeit noch nicht abschließend erkennbare Haltung der Treuhandanstalt erörtert, soweit es den Vorschlag der Entschuldung betrifft. Inwieweit die Treuhand unseren Vorschlägen zu folgen bereit ist, muß den weiteren Gesprächen und Verhandlungen vorbehalten bleiben.

Herr Lunkewitz machte nachdrücklich deutlich, daß der Immobilienbesitz keine entscheidende Frage ist, sondern daß es ganz wesentlich darauf ankommt, ein günstiges und langfristiges Nutzungsrecht für den Aufbau-Verlag zu verhandeln. Dabei hält er 10 Jahre für notwendig mit einer anschließenden Option. Auf die Immobilie sollte der Verlag gegebenenfalls ein Vorkaufsrecht erhalten, solange das Mietverhältnis läuft.«[133]

Die Treuhandanstalt hatte als Alternative tatsächlich nur das Konzept von Roland Berger, aber keinen anderen Käufer. Ob die vorgeschlagene »Ausschreibung« überhaupt sinnvoll wäre, bezweifelte selbst der Berater. Der wesentliche Vermögenswert ist auch für Roland Berger die Immobilie:

---

133 Brief Dr. Wechsler, AVA, Nachtrag BFL

»Hauptposition auf der Aktivseite ist die Immobilie an der Französischen Straße, welche mit 6,1 Mio. DM bewertet wird. Das Verkehrswertgutachten geht von einem qm-Preis von 2.420 DM resp. in der Ertragswertbetrachtung von 30 DM/ qm Mieteinnahmen aus. Beide Werte liegen nach unserer Einschätzung um mindestens 50 % zu niedrig. Bei einem qm-Kaufpreis von 5.000 (Vergleichswerte für die Französische Straße liegen bei 6.000 DM/qm und einem erzielbaren Mietpreis von 60 DM/qm) ergibt sich ein Verkehrswert von 12–14 Mio. DM für die Immobilie. Tatsächlich dürften bei einer Ausschreibung eher höhere Werte zu erzielen sein.«[134]

Fast alle anderen Aussagen über den Substanz- und Ertragswert des Aufbau-Verlages beruhten auf den Angaben von Elmar Faber und den wenigen Zahlen, die der Verlag bisher an die Treuhandanstalt gemeldet hatte. Etwas später präsentierte Dr. Kossack der Treuhandanstalt eine »Ertragsstruktur und Ertragsprojektion 1990–1993« und eine »Konsolidierte Bilanzstruktur (M DDR + DMEB) und Bilanzprojektion bis 31.12.1993, die den Sanierungsaufwand mit mehr als 10 Mio. DM bezifferte.

Am 9.7.1991 trugen Dr. Wechsler und Elmar Faber in den Räumen der Treuhandanstalt deren Vertretern, Dr. Eberhard W. O. Sinnecker und Dr. Greuner, das Übernahmeangebot für die Verlagsgruppe Aufbau-Verlag/Rütten & Loening vor. Dr. Wechsler bestätigte am 11.7.1991 den wesentlichen Inhalt des Gesprächs in einem Schreiben an Dr. Sinnecker:
»1. Herr Lunkewitz wird als künftiger Hauptgesellschafter die Mehrheit übernehmen. Konkret heißt dies, daß er mindestens 55 % der Anteile erwirbt. Mit diesem Engagement von Herrn Lunkewitz wird das angestrebte Ziel er-

---

134 VG Berlin, Beiakte zu III. 167 VG 26 A 191.95

reicht, daß Aufbau/Rütten & Loening als eigenständiger Verlag erhalten bleiben. [...]
2. *Herr Elmar Faber als Geschäftsführer und Verlagsleiter wird in die Lage versetzt werden, bis zu 10 % der Anteile zu erwerben. Mit diesem Schritt wird erreicht, daß das verantwortliche Management des Verlages eingebunden wird und daß gleichzeitig der Verleger und Geschäftsführer des Verlages nach außen eine branchenadäquate Position hat.«*[135]

Dr. Wechsler bestätigte unter 3. die grundsätzliche Bereitschaft weiterer Persönlichkeiten aus der Verlags- und Buchhandelsbranche, ebenfalls einen kleineren Anteil an der Verlagsgruppe zu erwerben, und die weitergehende Absicht, auch ausländische Gesellschafter aus der Branche aufzunehmen, wodurch *»ein internationales Netzwerk literarischer Verlage entstehen«* könnte.

Dr. Eberhard Sinnecker lud zum 23.8.1991 in die Treuhandanstalt zum Verhandlungstermin ein. Auf Seiten der Treuhandanstalt nahmen daran Dr. Eberhard Sinnecker und Dr. Albrecht Greuner teil. Für den Aufbau-Verlag waren Elmar Faber und die Berater Dr. Wechsler und Dr. Kossack und Bernd F. Lunkewitz als Käufer anwesend.

Am 30.8.1991 übergab Elmar Faber in seinem Auftrag der Treuhandanstalt das schriftliche Kaufangebot:

*»Treuhandanstalt Direktorat Dienstleistungen
Sehr geehrter Herr Dr. Sinnecker,
Im Anschluß an das Gespräch am 23. August 1991 in der Treuhandanstalt übergebe ich Ihnen vereinbarungsgemäß und fristgerecht das Angebot zum Erwerb der Verlage Aufbau/Rütten & Loening. Dabei nehme ich Bezug auf das Ihnen*

---

[135] Brief Dr. Wechsler, AVA, Nachtrag BFL

vorliegende Privatisierungskonzept vom 27.4. und 22.5.1991, die ergänzend dazu erstellte Kurzfassung vom 29.5.1991 sowie das Schreiben Dr. Wechsler vom 11.7.1991. Unser Gespräch basierte auf diesem Material und ergab zu den einzelnen Punkten Modifizierungen.

Das vorgestellte Konzept entspricht den erklärten Intentionen der Treuhandanstalt, die Eigenständigkeit, Unabhängigkeit und kontinuierliche Weiterentwicklung des Verlages zu sichern. Mit dieser Zielsetzung hatte mir der Geschäftsführer der ›Stiftung Lesen‹, Herr Prof. Hilmar Hoffmann, in Übereinstimmung mit dem Verlag, die Abgabe eines Übernahmeangebots vorgeschlagen.

Mit der Annahme dieses Angebots durch die Treuhandanstalt wird der Verlag in seiner kulturellen Bedeutung und als literarische Einrichtung mit Sitz in Berlin erhalten bleiben. Mit besonderem Nachdruck lege ich dabei Wert auf die Fortsetzung des verlegerischen Engagements von Herrn Elmar Faber, der ebenfalls Gesellschafterstellung erhalten wird.

Nach dem Verlauf unserer Verhandlung und nach nochmaliger Überprüfung der verschiedenen Parameter unterbreite ich folgendes Angebot zur Übernahme:
1. *Der Verlag wird ohne Immobilie verkauft. [...]*
2. *Der Verlag erhält über die von ihm benötigten Flächen einen Mietvertrag. [...]*
3. *Der Kaufpreis für den per 31.8.1991 entschuldeten Verlag beträgt 4 Millionen DM. [...]*
4. *Die Beschäftigung von mindestens 30 Mitarbeitern wird garantiert. [...]*
5. *Die [...] Sanierungs- und Aufbauleistung nach Übernahme [...] 11 Millionen DM [...].*

Die etwas emotional bestimmte Schärfe der Diskussion am 23. August bitte ich Sie nachträglich mit unserem besonderen Engagement für die eigenständige Erhaltung des Verlages zu

entschuldigen, da ich sicher bin, daß auch die Treuhandanstalt und Sie selbst im Rahmen Ihres Auftrags alles Mögliche für die Erhaltung und Förderung des kulturellen Lebens in der Hauptstadt tun werden.
Mit freundlichen Grüßen
Bernd F. Lunkewitz«[136]

Dr. Greuner übernahm die Schlussverhandlungen, die telefonisch geführt wurden, und übersandte per Telefax einen Kaufvertragsentwurf, den Bernd F. Lunkewitz im Vertrauen auf die Fairness der Treuhandanstalt mit nur noch leichten Änderungen akzeptierte.

Der Verlag wurde mit Verbindlichkeiten von 3 Millionen DM übernommen, weshalb der Kaufpreis um 3 Millionen reduziert und dieser Betrag als Kapitaleinlage an den Verlag gezahlt wurde. Die Vereinbarungen sahen vor, dass der Aufbau-Verlag gleichzeitig die Grundstücke Französische Straße 32/33 an die Treuhandanstalt verkauft und die benötigten Flächen im Verlagsgebäude für fünf Jahre anmietet. Bernd F. Lunkewitz gründete am Tag darauf die BFL-Beteiligungsgesellschaft mbH i. G., die als Käufer der Geschäftsanteile an den Verlagen auftrat. Diese GmbH war zunächst allein Käufer der Geschäftsanteile, aber die spätere Beteiligung weiterer Gesellschafter war nur durch eine Mehrerlösklausel beschränkt.

Durch Urkunde Nr. 227/91 des Notars D. Müller, Berlin, der sich am 18.9.1991 in die Geschäftsräume der Treuhandanstalt begeben hatte, wurden die im Eigentum des Aufbau-Verlags stehenden Grundstücke Französische Straße 32/33 in Berlin-Mitte durch die Geschäftsführer der Aufbau-Verlag GmbH i. A. an die Treuhandanstalt verkauft. Der Kaufpreis in Höhe von DM 8.265.000 wurde zur Entschuldung der

---

136 Brief Bernd F. Lunkewitz vom 30.8.1991; AVA, Nachtrag BFL

Aufbau-Verlag GmbH i. A. von Krediten in gleicher Höhe verwendet und entsprechend verrechnet.

Der Kulturbund wurde am gleichen Tag von der Treuhandanstalt in seiner Überzeugung bestärkt, er sei durch die Entragung in das HRC rechtswidrig enteignet worden. Deshalb entschied er sich statt Restitution für eine Entschädigung. Unter Vorbehalt dieser Ansprüche stimmte er dem Verkauf der Aufbau-Verlag GmbH i. A. zu.

»*Auf Ersuchen der Beteiligten*«, Dr. Albrecht Greuner, handelnd für die Treuhandanstalt, und Bernd F. Lunkewitz, handelnd für die BFL-Beteiligungsgesellschaft mbH i. G., protokollierte der Notar D. Müller anschließend den »Geschäftsanteilskauf- und Abtretungsvertrag« über die Anteile an den Verlagsgesellschaften mit den folgenden wesentlichen Regelungen:

»*1. Gegenstand*
Im Handelsregister des AG Charlottenburg ist unter der HRB Nr. 35991 die Aufbau-Verlag Gesellschaft mit beschränkter Haftung im Aufbau eingetragen – im folgenden auch »Aufbau-Verlag« bezeichnet. Diese Gesellschaft ist entstanden durch Umwandlung des ehemaligen VEB Aufbau-Verlag. Das Stammkapital des Aufbau-Verlag beträgt nach § 15 Abs. 4 Treuhandgesetz DM 50.000 und ist aus dem Vermögen des umgewandelten Betriebes gebildet. Die Neufestsetzung des Stammkapitals nach den Vorschriften des D-Markbilanzgesetzes ist noch nicht erfolgt. Der Verkäufer hält an dem Aufbau-Verlag sämtliche (50) Geschäftsanteile mit einem Nennbetrag in Höhe von jeweils DM 1.000 (§ 17 Abs. 6 Treuhandgesetz).
Im Handelsregister des AG Charlottenburg ist unter der Nr. HRB 37765 die Rütten & Loening Gesellschaft mit beschränkter Haftung im Aufbau eingetragen – im fol-

genden auch »Rütten & Loening« bezeichnet. Diese Gesellschaft ist entstanden durch Umwandlung des ehemaligen VEB Rütten & Loening. [...] Der Verkäufer hält an Rütten & Loening sämtliche (50) Geschäftsanteile mit einem Nennbetrag in Höhe von jeweils DM 1.000 (§ 17 Abs. 6 Treuhandgesetz).
2. *Verkauf*
   Der Verkäufer verkauft an den Käufer und der Käufer kauft vom Verkäufer sämtliche in Ziffer 1 genannten Geschäftsanteile an den Gesellschaften mit schuldrechtlicher Wirkung zum 31. August 1991 (Übernahmestichtag).
3. *Abtretung*
   Der Verkäufer tritt unter der aufschiebenden Bedingung der vollständigen Kaufpreiszahlung gem. Ziffer 4.2 dieses Vertrages und der Einzahlung von DM 800.000 auf ein nach Ziffer 7.3 b) dieses Vertrages zu errichtendes Konto alle in Ziffer 2 verkauften Geschäftsanteile hiermit mit allen Rechten und Pflichten an den Käufer ab. [...]
   Der Käufer nimmt die Abtretung an. [...]
4. *Kaufpreis*
   Der Kaufpreis für die in Ziffer 2 verkauften Geschäftsanteile beträgt DM 1.000.000. Davon entfallen DM 900.000 auf den Geschäftsanteil an dem Aufbau-Verlag und DM 100.000 auf den Geschäftsanteil an Rütten & Loening. [...] Der Aufbau-Verlag hat einen von dem Verkäufer verbürgten Liquiditätskredit in Höhe eines Betrages von DM 8.265.000 in Anspruch genommen. In Höhe dieses Betrages von DM 8.265.000 wurde im Rahmen des Verkaufs der Grundstücke Französische Straße 32/33 eine Schuldübernahme durch den dortigen Käufer (die Treuhandanstalt) an Erfüllung statt für die Kaufpreiszahlung vereinbart.
5. *Autoren-/Verlags-Verträge*
   Der Verkäufer erklärt, daß der Aufbau-Verlag die Ver-

lags-Rechte an den in der Verlagsbibliographie (Stand 31. Dezember 1990) aufgeführten Werken, soweit nicht zwischenzeitlich durch Zeitablauf erloschen, sowie die Verlags-Rechte aus den in der Anlage 1 aufgeführten Verträgen über Werke, die noch nicht verlegt wurden, innehat.
Der Verkäufer erklärt, daß Rütten & Loening die Verlags-Rechte an den in der Verlagsbibliographie (Stand 31. Dezember 1990) aufgeführten Werken, soweit nicht zwischenzeitlich durch Zeitablauf erloschen, sowie die Verlags-Rechte aus den in der Anlage 1 aufgeführten Verträgen über Werke, die noch nicht verlegt wurden, innehat.
Die Anlagen sind Vertragsbestandteil.
6. *Gewährleistung, Ansprüche des Käufers*
[...] Der Verkäufer haftet lediglich dafür, daß der Verkäufer Inhaber des verkauften Geschäftsanteils ist und an diesem mit Ausnahme etwaiger aufgrund gesetzlicher Regelungen bestehender vermögensrechtlicher Ansprüche aus früherem Eigentum oder sonstigem Recht (»Rückübertragungsansprüche«) keinerlei Rechte Dritter bestehen. [...]
7. *Besondere Verpflichtungen des Käufers*
Der Käufer verpflichtet sich gegenüber dem Verkäufer zu bewirken, daß die Gesellschaften mindestens auf die Dauer von zwei Jahren ab dem Wirksamwerden der Abtretung gem. Ziffer 3 ständig mindestens 30 Vollzeit-Arbeitnehmer beschäftigen. [...]
8. *Vermögensrechtliche Ansprüche*
[...] Die Abtretung steht unter der aufschiebenden Bedingung, daß der Kulturbund e. V. die Zustimmung zur Veräußerung erteilt. [...]
Darüber hinaus sind den Parteien keine Anmeldungen auf Rückübertragung von Vermögenswerten, die sich im Eigentum der Gesellschaften befinden, ausgenommen die heute an die Treuhandanstalt veräußerten Grundbesitze,

gelegen in 0-1080 Berlin, Französische Straße 32/33 des Unternehmens der Gesellschaft bekannt. [...]
9. *Verschiedenes*
Mündliche Nebenabreden zu dieser Vereinbarung bestehen nicht. Die Parteien sehen die in dieser Vertragsurkunde niedergelegten Geschäftsanteilsverkäufe als ein einheitliches Rechtsgeschäft an. Sollte auch nur einer der Geschäftsanteilsverkäufe nichtig oder unwirksam sein oder werden oder aus irgendeinem Grunde zurück abgewickelt werden müssen, so soll auch der andere rückabgewickelt werden. [...]
12. *Genehmigungserfordernis*
Dieser Vertrag wird als Ganzes erst wirksam, wenn der Vorstand des Verkäufers dem Vertrag zugestimmt hat. [...] Diese Urkunde ist den Beteiligten vom Notar vorgelesen, von den Erschienenen genehmigt und eigenhändig unterschrieben worden, die jedoch auf eine Verlesung der Anlagen 1 bis 4 verzichtet haben.«
(Unterschriften: Dr. Greuner, Lunkewitz, Notar)[137]

(Den Vertragsparteien war nicht bewusst, dass der Verzicht auf die Verlesung der Anlagen zur Nichtigkeit des Vertrages führte.)

Der Kulturbund, im Glauben durch die Entragung im HRC rechtswidrig enteignet worden zu sein, entschied sich für eine Entschädigung statt der Restitution und stimmte am 30.9.1991 schriftlich dem Verkauf der Aufbau-Verlag GmbH i. A. zu.

Die Tinte auf der notariellen Urkunde war noch nicht getrocknet, da gab es plötzlich bei diesem Verkauf ein ernsthaftes Problem:

---

137 Urkundenrolle Nr. 226/1991 des Notars D. Müller, Berlin

Am Montag, dem 23.9.1991, drei Werktage nach Unterzeichnung des Kaufvertrages vom 18.9.1991, rief Klemens Molinari, der Abteilungsleiter im Referat Printmedien des Direktorats Dienstleistungen der Treuhandanstalt, bei Bernd F. Lunkewitz an. In Vertretung des abwesenden Dr. Greuner teilte er ihm mit, dass der Vorstand der Treuhandanstalt die erforderliche Genehmigung des Kaufvertrags verweigert habe. Diese überraschende Entscheidung hätte das Controlling der Treuhandanstalt mit seiner mangelnden Branchenerfahrung begründet. Bernd F. Lunkewitz informierte umgehend die als Mitgesellschafter vorgesehenen Dr. Wechsler, Dr. Kossack und Thomas Grundmann und bot am nächsten Tag ihre sofortige Beteiligung am Kaufvertrag an. Klemens Molinari versprach, sich für diesen Vorschlag einzusetzen.

Dr. Greuner war nicht in Berlin, schrieb aber am 25.9.1991 per Fax eine

»MITTEILUNG an Herrn Molinari – DRINGEND
Die Gerüchteküche brodelt! Bis Stuttgart haben mich die wildesten Vermutungen verfolgt.

Ich hätte größte Bedenken, die Privatisierung des Aufbau-Verlages jetzt noch anzuhalten. Es gibt keinen sachlichen Grund, sondern allenfalls Gründe, die in den beteiligten Personen Faber und Lunkewitz liegen.

Herr Lunkewitz ist kein Verleger. Das war uns bekannt. Ich verweise auf den beiliegenden Brief Wechsler vom 11.07.1991, insbesondere Ziffer 3. Die dort genannten Persönlichkeiten sind in der Branche bekannt. Sie bürgen für verlegerische Integrität.

Die Präsidenten der Treuhandanstalt haben sich für den Erhalt des Aufbau-Verlages ausgesprochen. Dr. Rohwedder aus kulturellen und vielleicht auch ideologischen Gründen. Frau Breuel verfolgt die Privatisierung mit Aufmerksamkeit.

[...] Der Aufbau-Verlag ist tatsächlich eine kulturelle Institution. [...]

Mit Herrn Lunkewitz haben Sie gestern telefoniert. Er hat Ihren Hinweis auf die Beanstandung des Controllings zwar zur Kenntnis genommen, glaubt jedoch, daß der wahre Grund ein anderer sei.

Mögliche Lösung:
1. *Die Kritik an der Person Lunkewitz läßt sich neutralisieren durch den Hinweis auf die Minderheitsgesellschafter aus der Branche.*
2. *Etwaige Kritik an der Person Faber läßt sich unterlaufen, in dem Faber als Geschäftsführer abberufen wird. Die Treuhandanstalt ist dazu ohne Angabe von Gründen berechtigt. Wir müssen allerdings davon ausgehen, daß Faber nach Übergang der Anteile sofort wieder berufen wird. Ich halte diesen Umweg für unnötig, zumal sich die THA damit nur lächerlich machen würde. [...]*

Mich stört an der Situation am allermeisten, daß diese Argumente (die ich im Einzelnen nicht kenne) erst jetzt vorgebracht wurden. Wir haben zu der Privatisierung Lunkewitz keine Alternative. Aus verlegerischer Sicht ist es vernünftig; wenn übergeordnete Gesichtspunkte eine Rolle spielen sollten, muß der Betreffende den Mut haben sich auch offen zu bekennen.

Nach meinem Gefühl steht die Glaubwürdigkeit unseres Referats auf dem Spiel. Ich möchte mich jedenfalls nicht mit einer sachlich nicht nachvollziehbaren Entscheidung identifizieren müssen. Lieber nehme ich meinen Hut.
Dr. Greuner« [138]

---

138 VG Berlin, Beiakte zu III. 167 VG 26 A 191.95

Inzwischen war Bernd F. Lunkewitz von Dr. Kossack informiert worden, dass die Treuhandanstalt mit sofortiger Wirkung Elmar Faber beurlaubt und entlassen hatte. Das war für ihn völlig unverständlich. Der Kaufvertrag war nicht genehmigt worden, angeblich, weil der Käufer keine Branchenerfahrung hat, während gleichzeitig der kompetente Geschäftsführer fristlos entlassen wird?

Er rief sofort die Treuhandanstalt an. Klemens Molinari bestätigte die Entlassung, aber weigerte sich, die Gründe dafür zu nennen. Die Treuhandanstalt sei aber zum Abschluss eines Beitritts- und Änderungsvertrags zum Geschäftsanteilskauf- und Abtretungsvertrag vom 18.9.1991 mit der erweiterten Käufergemeinschaft einverstanden. Da er und die anderen Käufer aus Termingründen nicht nach Berlin kommen konnten, bot er an, den Vertrag am Freitag, dem 27.9.1991, in Frankfurt am Main bei dem Notar Dr. Paul protokollieren zu lassen. Er werde einen entsprechenden Vertragsentwurf per Telefax übermitteln.

Am 27.9.1991 wurde dieser Beitritts- und Änderungsvertrag zum Geschäftsanteilskauf- und Abtretungsvertrag vom 18.9.1991 protokolliert.[139]

Dr. Greuner verfasste an diesem Tag nach einem Telefongespräch mit Klemens Molinari eine Aktennotiz:

»Anruf Molinari, 27/9.91
Aufbau-Verlag
Verhandlung in Ffm bis 15.00:
Verbale Kraftakte von Dr. Kossack/Dr. Wechsler
Ergebnis: 2 Verträge
1. *Lunkewitz hat als vollmachtsloser Vertreter von Grundmann 2% für diesen übernommen. So gering, damit G.*

---

139 Urkundenrolle 366/1991 des Notars Dr. Günter Paul, Frankfurt

nicht wegen zu hohem Kaufpreis aussteigt. Dr. Wechsler hat 20 % gezeichnet, mit Zusage, einige % an Grundmann abzugeben. Dr. Kossack demnach 3 %.
Faber als Beteiligter am Verlag gestrichen.
Kosten der Änderung zwischen Käufer und THA geteilt.
Culpa in contrahendo.
Widerrufsvorbehalt Kossack/Wechsler bis 30.9.91 16 Uhr.
Molinari als vollmachtsloser Vertreter. Zustimmung THA muß bis 4/10.91 erteilt sein.
2. *Berufung Faber zum Geschf. vor dem 1.1.94 bedarf der Zustimmung THA.*
Außerhalb der Verträge:
Noch keinen neuen Geschf. bestellen.
Evtl. Dr. Erler zu Rütten & Loening
(was soll das für Sinn geben?)
Dr. Marquardt zum 30.9.91:
Nur grundsätzliche Bereitschaft abklären.

Dr. Metz nicht mehr erreicht.
Montag 30.9.91 16:00 ist E. Faber bei Dr. Metz.

Bei Tel. zwischen Wechsler und Faber schien F. am Ende zu sein, brechende Stimme, etc.«[140]

Die völlig überraschende und nicht begründete Kündigung Elmar Fabers durch die Treuhandanstalt war das wichtigste Thema in den Vertragsverhandlungen. Auf die Frage, ob Elmar Faber möglicherweise Verbindungen zur Stasi vorgeworfen würden, erklärte Klemens Molinari, dass er dazu nichts sagen dürfe. Diese Aussage machte er allerdings in einem Ton, der den Vorwurf scheinbar bestätigte.

---

140 VG Berlin zu 26 A 191/94. THA 14890 / 14891

Elmar Faber war für den folgenden Montag, dem 30.9. 1991, von Dr. Metz, dem Personalchef für Beteiligungsfirmen der Treuhandanstalt, einbestellt, um einen Auflösungsvertrag abzuschließen. Diese, den Käufern unverständliche Maßnahme, war aus deren Sicht für den Verlag extrem nachteilig und wurde von ihnen wegen der nicht bewiesenen Stasi-Vorwürfe als »sittenwidrig« stark kritisiert, was Klemens Molinari gegenüber Dr. Greuner als »verbale Kraftakte von Dr. Kossack/Dr. Wechsler« bezeichnete.

Die Käufer wiesen den Vorwurf gegen Elmar Faber als ehrabschneidend zurück und erklärten, dass er von ihnen nach der Übernahme der Verlage wieder eingestellt werde, da seine verlegerische Integrität feststehe und die Autoren des Verlages seiner Führung vertrauen.

Daraufhin bestand Klemens Molinari auf dem Abschluss einer gesonderten notariellen Vereinbarung mit folgendem Wortlaut:

»Die Erschienenen baten um Beurkundung der folgenden Vereinbarung: Die Berufung von Herrn Elmar Faber zum Geschäftsführer der Aufbau-Verlag Gesellschaft mit beschränkter Haftung im Aufbau und der Rütten & Loening, Berlin, Gesellschaft mit beschränkter Haftung im Aufbau, vor dem 01. Januar 1993 bedarf der Zustimmung der Treuhandanstalt.«[141]

Im Beitritts- und Änderungsvertrag wurde auf die als wesentlicher Vertragsbestandteil des Kaufvertrages vom 18.9. 1991 beigefügten Urkunden nur verwiesen und erklärt, dass die vertretenen Käufer in diesen Vertrag eintreten.

Der Verkäufer erklärte sodann die »*Abtretung der Geschäftsanteile an die vertretenen Käufer in Miteigentum*

---

141 Urkundenrolle 367/1991 des Notars Dr. Günter Paul, Frankfurt

gem. den genannten ideellen Bruchteilen«. Die vertretenen Käufer nahmen die Abtretung an. Es folgten Regelungen zur Haftung und Zwangsvollstreckung, die Zustimmung zur Abtretung weiterer Anteile an die beigetretenen Käufer und die Erklärung, dass sämtliche übrigen Bestimmungen und Regelungen der Urkunde vom 18.9.1991 in Kraft bleiben und damit für alle Vertragsparteien gelten. Weiter wurde vereinbart:

»Dieser Beitritts- und Änderungsvertrag wird als Ganzes erst wirksam, wenn der Vorstand des Verkäufers dem Vertrag zugestimmt hat. Sollte die Zustimmung und die Vollmacht für den Erschienenen zu 1) nicht bis zum 04. Oktober 1991 erteilt sein, können die Käufer vom Vertrag zurücktreten. [...]

Die Beteiligten zu 3) und 4) behalten sich ein Rücktrittsrecht, ausübbar bis spätestens Montag, den 30.9.1991, 18.00 Uhr, eingehend beim amtierenden Notar, vor. Das Rücktrittsrecht erlischt, wenn es nicht fristgemäß ausgeübt wird.«

Gegen 15 Uhr war die Verhandlung beendet, und die beiden Verträge waren von den Beteiligten und dem Notar unterzeichnet. Die Anlagen zum Vertrag vom 18.9.1991 wurden nicht verlesen.

Am 29.9.1991 schrieb Dr. Kossack einen Brief, durch den klar ersichtlich wird, dass die Käufer über den wahren Grund der Entlassung Elmar Fabers nicht informiert wurden:

»Übernahme Aufbauverlag
Sehr geehrter Herr Lunkewitz,
ich möchte gern bestätigen, was wir nach dem turbulenten 27.9.91 noch spät abends telefoniert haben:
1. Nach einem Gespräch mit Herrn Grundmann haben Sie die begründete Erwartung, daß dieser sich in dem bespro-

chenen Rahmen mit 2 % beteiligt und insoweit auch den entsprechenden Vollzug durch nachträgliche Vollmacht rechtzeitig erklärt.

2. *Wir stimmen beide darin überein, daß die Übernahme ein untragbares Risiko wäre, wenn wir nicht der unbedingten Unterstützung durch Herrn Faber sicher sind. Dieses kann in zweierlei Weise geschehen.*
a) *Herr Dr. Wechsler versucht am Montag auf der Grundlage einer vorbereiteten Erklärung von Herrn Faber die Treuhandanstalt dazu zu bewegen, daß sie Herrn Faber als Geschäftsführer beläßt und darüber hinaus auf den Side Letter verzichtet.*
b) *Sollte a) nicht oder nicht vollständig erreichbar sein, müßten wir mit voller Unterstützung durch Herrn Faber eine zulässige Umgehungskonstruktion wählen. Die überzeugendste Regelung wäre, daß Sie Herrn Faber bei Ihrer Beteiligungsgesellschaft zum Geschäftsführer bestellen, damit er aus der Position des Hauptgesellschafters heraus handeln kann; möglich wäre ergänzend: »Generalbevollmächtigter der Gesellschafter«, »Verleger des Aufbauverlages« u. ä.*
3. *Wenn wir Fabers Zustimmung und unbedingte Unterstützung nicht bekommen, müssen wir verzichten. Das Risiko ist dann viele Millionen groß. Ich werde jedenfalls in diesem Fall am Montag zurücktreten.*
4. *Wenn wir Herrn Faber nur auf Umwegen als Verleger halten können, muß das in geeigneter Form an die Öffentlichkeit gebracht werden, wahrscheinlich auf der Buchmesse. [...]*
5. *Ich habe Ihnen eindringlich vorgestellt, daß ich unbeschadet der sittenwidrigen Handlungsweise der Treuhandanstalt bzgl. Faber juristische Aktionen zur Durchsetzung des Side Letters nicht ausschließen kann, wobei der Ausgang durchaus sachlich und zeitlich ungewiß ist. [...]*

6. Wir waren uns auch über folgende Punkte einig:
a) Für den Fall, daß die Übernahme gelingt, sollten Auseinandersetzungen mit der Treuhandanstalt die Programmarbeit des Aufbauverlages nicht beeinträchtigen oder gar prägen. [...]
b) Wenn umgekehrt die Übernahme nicht klappen sollte, muß der Vorgang an die Öffentlichkeit gebracht werden, und zwar sauber dokumentiert, Art und Zeitpunkt der Veröffentlichung sind noch abzusprechen. In der Hoffnung, daß Sie aus Dallas (!) gesund wiederkommen und angesichts einer bevorstehenden gemeinsamen Schlacht

mit besten Grüßen
Ihr Kossack
Kopie per Fax an Dr. Wechsler.«[142]

Bernd F. Lunkewitz kam am 3.10.1991 von einer kurzen Geschäftsreise in die USA zurück nach Berlin. Am Abend traf er sich auf Bitten von Klemens Molinari mit ihm im Grandhotel in der Friedrichstraße. Der überbrachte ihm dort persönlich die gute Nachricht, dass der Vorstand der Treuhandanstalt am 1.10.1991 die Genehmigung des Vertrags beschlossen und unterzeichnet hatte.

Zur Entlassung von Elmar Faber verweigerte Klemens Molinari jede Aussage. Er bestätigte das Datum für die verabredete Übergabe des Verlages für den 7.10.1991, einen Tag vor Eröffnung der Buchmesse in Frankfurt, auf der die Privatisierung der Verlage öffentlich gemacht werden sollte. Zu diesem Zeitpunkt werde die Genehmigung des Vorstands auch schriftlich vorliegen.

---

142 Fax Dr. Kossack vom 27.9.1991, AVA, Nachtrag BFL

Klemens Molinari erwähnte, dass er »auf dem kleinen Dienstweg« noch andere Probleme lösen müsse. Nähere Angaben dazu machte er nicht. (Später erfuhr Bernd F. Lunkewitz, dass ein solches Problem die fehlende Zustimmung zum Kaufvertrag durch das Direktorat Sondervermögen und die UKPV war). Mit dem Hinweis, dass die Führung und Sanierung des Aufbau-Verlags keine leichte Aufgabe sei, verabschiedete sich Klemens Molinari.

An diesem Montag, dem 7.10.1991, betraten am späten Vormittag zwanzig Ermittler der Kriminalpolizei in Begleitung einer im Durchsuchungsbericht[143] der Polizei vermerkten »*Frau Rieger, tel. 3154–7990, als Vertreterin der Treuhand (Gesellschafter)*« die Geschäftsräume des Verlages in der Französischen Straße 32. Im Rahmen eines Ermittlungsverfahrens gegen »*Verantwortliche des Aufbau-Verlages*« präsentierten sie den dort anwesenden Elmar Faber, Peter Dempewolf und Dr. Erler den vom Amtsgericht *Tiergarten am 4.10.1991 ausgestellten Durchsuchungsbefehl wegen* »*Verdacht[s] des Betruges in Tateinheit mit Vergehen nach dem Urheberrechtsgesetz (Par. 106, 106a, 109) im Fortsetzungszusammenhang*«. Sie beschlagnahmten zahlreiche Akten und Dokumente.

---

143 Az. 1 BT Js 330/90; Belvedere, und 24 Js 25/95, Plusauflagen. Die Akten dazu befinden sich im Landesarchiv Berlin.

Die Raubdrucke

Am 22.11.1990 stellte Rechtsanwalt Udo Feser im Auftrag der Geschäftsführung der Belvedere Hotel GmbH, Berlin, eine Strafanzeige gegen »*Unbekannt*« wegen des Verdachts, dass »*die PDS über die von ihr abhängige alte Geschäftsführung der Belvedere GmbH die zu gründende Tochtergesellschaft Belvedere Hotelbetriebs- und Management GmbH als »Geldwaschanlage« benutzen wollte.*« Etwa 3,5 Millionen DM waren verschwunden. Die Staatsanwaltschaft beim Landgericht Berlin leitete daraufhin unter dem Aktenzeichen 1 BT Js 330/90 ein Ermittlungsverfahren[144] ein. Das Direktorat Sondervermögen der THA und das Sekretariat der UKPV wurden informiert und erste Ermittlungen durchgeführt.

Am 15.04.1991 vermerkte der Kriminalkommissar Widczisk in der Akte des Verfahrens: »*Ich habe heute fernmündlich mit dem Sekretariat des Leiters der Abteilung Sondervermögen der THA einen Gesprächstermin vereinbart, damit die zwischenzeitlichen Sachstandsänderungen, die sich bei der THA ergeben haben, in den Zwischenbericht einfließen können, und um weitere, dort vorhandene Unterlagen zu sichten.*[145]«

---

144 Ebd.
145 Ebd.

Der Leiter des Sekretariats der UKPV, Dr. von Hammerstein, erbat für den Referenten Lothar Naumann, am 17.5.1991 unter Hinweis auf die Bestimmungen des PartG-DDR das Recht zur Akteneinsicht, auch bezogen »*auf sichergestellte Geschäftsunterlagen und ähnliche Beweismittel*«[146].

Am 14.6.91 erließ das Amtsgericht Tiergarten Durchsuchungsbeschlüsse gegen zahlreiche Beschuldigte. Darunter auch für »die Geschäftsräume der PDS in Berlin, Kleine Alexanderstraße« und gegen Dr. Gerd Pelikan, den Leiter der nach der Wende von der Parteileitung ernannten »Arbeitsgruppe zur Sicherung des Parteivermögens« der SED/PDS, bezüglich »*a) seiner Wohnung und b) Diensträume in der PDS*«[147].

Am 23.7.1991 verfasste Staatsanwalt Dr. Erbe einen Vermerk für StA Dorsch, in dem er »*im Hinblick auf die künftige Durchsuchung der PDS-Zentrale in Berlin [...] darauf hinwies, dass der Vorsitzende der PDS, MDB Dr. Gysi, im Falle neuerlicher Durchsuchungen der PDS angedroht habe,* »*eine Menschenkette bilden, zur gegenseitigen Information Telefonketten aufbauen oder aber die Treuhandanstalt bzw. Unabhängige Kommission interessierenden Unterlagen zur Erschwerung des Zugriffs hierauf in sein Büro verbringen zu lassen. [...] Telefonische Rücksprache mit der Kripo [...] ergab, daß angesichts der Personallage der Dir VB B I die vorliegenden Durchsuchungsbeschlüsse nicht vor Mitte August 1991 vollstreckt werden können. Ich [...] bat um möglichst frühzeitige Koordinierung bei der Terminplanung.*«

Die Durchsuchungsbeschlüsse wurden am 20.8.1991 gleichzeitig bei allen Beschuldigten vollstreckt. Die Kripo durch-

---

146 Ebd.
147 Az. 349 GS 1729/91

suchte die Wohnung Dr. Pelikans und die Büros der Finanzverwaltung in der Zentrale der PDS in Berlin, Kleine Alexanderstraße. Dr. Pelikan war an diesem Tag nicht im Büro. Sein Zimmer 326 und das Zimmer 325 seines Mitarbeiters Arno Lange wurden im Beisein von Dr. Dietmar Bartsch, dem Schatzmeister der PDS, geöffnet und von der Kripo durchsucht. Kriminaloberkommissarin Seidel berichtet in ihrem Protokoll, dass »*keine beweiserheblichen Unterlagen*« gefunden wurden. Drei dort vorhandene Stahlschränke waren verschlossen. »*Nach Auskunft von Dr. Holluba ist nur Herr Dr. Pelikan und evtl. der Mitarbeiter, Herr Lange, im Besitz eines Schlüssels.*«[148]

Auch die weiteren Zimmer 331 bis 339 und das Zimmer 310 wurden durchsucht[149] und beweiserhebliche Dokumente sichergestellt. Laut Protokoll Teil B vom 20.8.91 wurden im Büro Dr. Bartsch zwei Positionen gefunden:
»*Pos. 1 aus Zimmer 331 – Dr. Bartsch – 1 Umschlag mit div. Schriftstücken bez. Belvedere, Fundament pp*« ...
Pos. 12: 1 Umschlag mit persönlichen Schreiben Dr. Gysi an Dr. Bartsch.«

Auf Seite 1 des Protokolls Teil A bestätigten Dr. Bartsch und Dr. Holluba, *(»Mitarbeiter in der Finanzverwaltung«)* die freiwillige Gestattung der Durchsuchung und den Verzicht auf Hinzuziehung von Zeugen. Auf Seite 2 wird vermerkt:
Die »*Durchsuchungsprotokolle Teil A und B wurden nach Abschluß der Maßnahmen im Beisein des StA Dorsch und Dr. Bartsch gefertigt. Herr Dr. Bartsch erklärte sich mit der Durchsicht der Unterlagen lfd. Nr. 1–11 durch die Polizei einverstanden. Bezüglich der lfd. 12 ist er damit nicht einver-*

---

148 Durchsuchungsbericht Räume 325 + 326
149 Durchsuchungsbericht Räume 331 bis 339 und 310

standen«,[150] weil dieser Umschlag angeblich persönliche Schreiben enthalte, die Dr. Gysi an ihn gerichtet habe. Daraufhin wurde der Umschlag von der Polizei versiegelt und der Staatsanwaltschaft übergeben.

Der Staatsanwalt Dorsch vermerkte umgehend:
»*Hinsichtlich der bei der Durchsuchung der PDS (lfd. Nr. 3) sichergestellten Schreiben (vg. Protokoll Position 12) hat Entsiegelung gemäß § 110 Abs. 3 StPO zu erfolgen.*«

Am 22.8.1991 erschien die Kripo erneut in der Parteizentrale der PDS. Die »*im Büro Dr. Pelikan versiegelten Behältnisse*« wurden von ihm geöffnet und von der Polizei durchsucht. Einige Dokumente wurden beschlagnahmt. Dr. Pelikan »*legte gegen die Sicherstellung keinen Widerspruch ein und ist mit der Durchsicht der Papiere einverstanden*« vermerkte die Kriminalkommissarin von der Haar im Durchsuchungsprotokoll.

Am 28.8.1991 schrieb der Leiter des Sekretariats der UKPV, Dr. von Hammerstein, an Staatsanwalt Dorsch:
»*Sehr geehrter Herr Dorsch,*
gemäß § 20 a PartG-DDR vom 21. Februar 1990 in Verbindung mit Kapitel II Sachgebiet A Abschnitt III der Anlage II zum Einigungsvertrag vom 3. August 1990 erstellt die Unabhängige Kommission einen Bericht über die Vermögenswerte der SED/PDS und der mir ihr verbundenen Organisationen, juristischen Personen und Massenorganisationen der DDR im In- und Ausland.
Mit der Aufnahme des Parteivermögens der SED/PDS ist die Wirtschaftsprüfungsgesellschaft Arthur Anderson & Co.

---

150 Dir VB B I 4 / 901212/26008 vom 20.8.1991, Landesarchiv Berlin

GmbH beauftragt. Wir bitten, deren Mitarbeitern <u>Einsichtnahme in Akten</u> und Unterlagen zum Verfahren 1 BTJS 330/90 zu gewähren und sie gegebenenfalls Ablichtungen davon fertigen zu lassen.«

StA Dorsch vermerkte am 11.9.1991 auf diesem Schreiben handschriftlich:

»Herr Naumann von der UK wurde davon in Kenntnis gesetzt, daß der beantragten AE entsprochen wird. Die zust. Sachbearbeiterin [...] erhielt ebenfalls Kenntnis. Akteneinsicht jedoch ausschließlich in den Räumen der Kripo, da zeitgleiche Auswertung sichergestellt sein muß.«[151]

Am 12.9.1991 schrieb StA Dorsch an die PDS:
»Sehr geehrter Herr Dr. Bartsch,
im Anschluß an die Durchsuchungsmaßnahmen vom 20. August 1991 habe ich als Termin zur Entsiegelung und Durchsicht der bei Ihnen sichergestellten Gegenstände den 20. September 1991, 09.00 Uhr, Zimmer C 315, bestimmt.

Sie erhalten hiermit Gelegenheit, an der Entsiegelung teilzunehmen.«

Am 20.9.1991 verfasste StA Dorsch einen weiteren Vermerk:
»Die bei der Durchsuchung der PDS sichergestellten Schreiben [...] wurden heute entsiegelt. [...] Eine Durchsicht der genannten Schreiben ergab, daß sie im vorliegenden Verfahren als Beweismittel in Betracht kommen können. Es ist insoweit die richterliche Beschlagnahme zu beantragen. Eine Teilnahme der PDS am Entsiegelungstermin hat nicht stattgefunden.«

---

151 Ablichtung im Anhang

Das Amtsgericht Tiergarten bestätigte am 30.9.1991 die am 20.8.1991 »*durch d. Polizei vorgenommene Beschlagnahme*« des Umschlags »*mit persönlichen Schreiben Dr. Gysi an Dr. Bartsch*«.[152]

Eines der beiden in dem versiegelten Umschlag aufgefundenen Dokumente war aber kein persönliches Schreiben von Dr. Gysi an Dr. Bartsch, sondern ein Brief, den der im Ministerium für Kultur für die Verwaltung des Aufbau-Verlages zuständige Hauptabteilungsleiter Dieter Lange am 28.11. 1989 an Klaus Höpcke gerichtet hatte. Der war als stellvertretender Minister für Kultur und Leiter der HV Verlage und Buchhandel sein bisheriger Vorgesetzter gewesen, aber seit dem 1.11.1989 der Leiter der Kulturkommission beim Politbüro des ZK der SED und wurde danach in das Präsidium des Vorstands der SED/PDS gewählt und dort für Kulturfragen verantwortlich. Er hat später auch den Beschluss der PDS zur vermeintlichen Übertragung des angeblich im Eigentum der SED stehenden Aufbau-Verlages in Volkseigentum herbeigeführt und dem Verlag die Zuweisung von 9,6 Millionen Mark aus den an den Staatshaushalt abgeführten Finanzmitteln der SED verschafft. Die ihm aus der langjährigen Tätigkeit als Leiter der HV Verlage bekannten Eigentumsverhältnisse des Aufbau-Verlages und dessen Behandlung nach der Wende hat er ausführlich in seiner eidesstattlichen Versicherung vom 15.10.2018 dokumentiert.[153]

Auf dem Schreiben an Klaus Höpcke ist handschriftlich der Name Arno Lange vermerkt. Der war viele Jahre in der Abteilung Kultur beim ZK der SED für die vom Ministerium für Kultur verwalteten partei- und organisationseigenen Ver-

---
152 Beschluss Amtsgericht Tiergarten 349 Gs 3181n/91
153 Urkunde-Nr.102/2018 des Notars Günther Hädinger, Berlin, siehe Fn 126

lage zuständig gewesen. Er war Mitglied der am 21.12.1989 berufenen »*Arbeitsgruppe zur Sicherung des Parteivermögens*[154]« und zum Zeitpunkt der Durchsuchung ein Mitarbeiter von Dr. Pelikan. Das Schreiben enthielt für ihn kaum Neuigkeiten:

»*Information für Genossen Klaus Höpcke und Arno Lange*

Zwischen der Abteilung Finanzverwaltung und Parteibetriebe des ZK, der Kulturabteilung ZK und der Leitung der HV Verlage wurde Mitte der sechziger Jahre vereinbart, daß die Verlage Volk und Welt und der Aufbau-Verlag (beide Verlage sind Eigentum der SED) über die staatliche Vorgabe »Valutaausgaben für Lizenzen« hinaus Auflagenerhöhungen vornehmen dürfen, die nicht Gegenstand der Lizenzverträge mit den Partnern im NSW waren. Das wurde getan, um bei den begrenzten Valutamitteln ein für die Bevölkerung höheres Literaturangebot bereitstellen zu können. Im internationalen Sprachgebrauch: Raubdrucke! Die daraus entstehenden zusätzlichen Gewinne (nicht gezahlte Lizenzgebühren) für die Partei wurden seit dieser Zeit als Sonderabführungen überwiesen. Im Zeitraum 1986–1989 waren das durchschnittlich rd. 1 Mio. jährlich. Anders ausgedrückt: für rund 1 Mio. M wurden den ausländischen Verlagen und Urhebern – vorrangig aus der BRD – Lizenzeinnahmen entzogen.

Diese Verfahrensweise darf ab dem 1.1.1990 nicht mehr weitergeführt werden.

Es gibt zwei mögliche Varianten, die beide die Gefahr in sich bergen, daß auch die bisherige Verfahrensweise aufgedeckt wird.

Der erste Weg, der eine »größere« Sicherheit bietet, wäre der, daß die Abteilung Finanzverwaltung des ZK für die Jahre

---

154 ADS, Bestand: PDS-PV-146, 000184

1990 und 1991 je rd. 500.000 Valutamark bereitstellt. In einem Stufenprogramm bis 1992 könnten die genannten Verlage ihren Themenplan auf die planmäßig bereitgestellte Valutasumme zurückführen. Damit würden die Abstriche am Programm der letzten Jahre nicht mehr so dramatisch im Buchangebot sichtbar werden und zu erwartende Fragen gemildert werden. Das ist besonders für den Verlag Volk und Welt bedeutungsvoll, da ein genereller Schnitt im Jahre 1990 den Editionsplan dieses Verlages total und deutlich sichtbar verändern würde.

Ist dieser Weg nicht gangbar, muß 1990 ein Eingriff großen Ausmaßes erfolgen, der die Gefahr des Aufdeckens dieser international unrechtmäßigen Verfahrensweise potenziert.
Dieter Lange, 28.11.89«[155]

Diesen Brief hat Dieter Lange wahrscheinlich auf die Initiative von Elmar Faber und Jürgen Gruner (Volk & Welt) an Klaus Höpcke gerichtet, um von der neu gewählten Parteiführung die Zuweisung dringend benötigter Devisen für die Verlage zu erreichen und, nach einem klärenden »*Gespräch über die Eigentumsfrage*«[156] (»*vorgesehen für den 17.11.89)«*, im Vorstand der Partei die vermeintliche Übertragung in Volkseigentum vorzubereiten.

Die erstmalig in den historischen Akten feststellbare falsche Behauptung (*beide Verlage sind Eigentum der SED*) richtete sich offensichtlich nicht an Klaus Höpcke oder Arno Lange, die beide die Eigentumsverhältnisse besser kannten, sondern an Mitglieder der neuen Parteiführung, die von ihnen »überzeugt« wurden, die Übergabe des Aufbau-Verlages

---

155 StA LGB 1B+JS 330/90 Beweismittel Dr. Gerd Pelikan (PDS-Büro) vom 20/21.08.91. Ablichtung im Anhang
156 AVA 2878-0007

in Volkseigentum zu beschließen und ihn mit 9,6 Millionen Mark Kapital auszustatten. Möglicherweise gelangte dieses Schreiben an Gregor Gysi, der es danach »persönlich« an Dietmar Bartsch weitergab.

Elmar Faber erzählt in seiner Biografie auf Seite 223 das Märchen vom einem zwischen 1984 und 1986 geführten »Disput« über die Plusauflagen mit dem Kulturminister Hans-Joachim Hoffmann und der »*Ausarbeitung eines Papiers*«, das nach seiner »*Erinnerung Anfang 1988 von Jürgen Gruner und mir nach vielen Recherchen vorgelegt wurde. Es blieb in der DDR-Zeit ohne Resonanz. Nach der Wende, 1991, wurde es aber zum Auslöser einer Polizeiaktion gegen den Aufbau-Verlag und den Verlag Volk und Welt in Berlin, weil es irgendwo in den Parteiarchiven gefunden worden war. Verstand man so etwas als Tücke des Objekts oder als Selbstanklage?*«[157].

Aus heutiger Sicht ist das eine »tückische Selbstanklage«. Die angeblich »*vielen Recherchen*« gab es nicht. Das »*Papier*« auch nicht. Der Assistent Fabers, Dr. Klaus Hoeft, fragte 1984 in einer Vorlage zur Leitungssitzung: »*Sollen Plusauflagen in der internen Bibliographie genannt werden? Können wir die Vertraulichkeit des Materials hinreichend sichern?*«[158] und bestätigte damit, dass von der Verlagsleitung bis zur Ebene der Abteilungsleiter die Plusauflagen allgemein bekannt und auch akzeptiert waren und dass die betroffenen Autoren und Lizenzgeber vorsätzlich betrogen wurden. Das war kein literarischer »Mundraub« um »*ein für die Bevölkerung höheres Literaturangebot bereitstellen zu können*«, der mit dem Hunger nach westlicher Literatur entschuldigt werden könnte, sondern systematische Urheberrechtsverletzung um Gewin-

---

157 Faber, »Verloren im Paradies«, S. 223
158 AVA E0001-0081

ne zu sichern, denn die Verlage waren bekanntlich »*Geldspender für Parteien und gesellschaftliche Organisationen*«.

Es wäre sogar leicht gewesen, auch ohne Raubdrucke mehr Bücher zu verbreiten. Nur der Ladenpreis der Bücher müsste entsprechend gesenkt werden. Die Honorare der Rechteinhaber blieben gleich, der Verlag hätte höhere Herstellungs- und Vertriebskosten, aber weniger oder keinen Gewinn erzielt.

Es ging also um Geld, nicht um Bücher.

Der brisante Inhalt dieses Briefes löste nach der am 20.9.1991 pünktlich um 9 Uhr morgens in den Räumen der Kripo durchgeführten Entsiegelung und Durchsicht der sichergestellten Beweismittel und der gleichzeitigen Akteneinsicht für die Mitarbeiter von Arthur Anderson, die sowohl für die UKPV als auch für die Treuhandanstalt tätig waren, sofort hektische Aktivitäten der Treuhandanstalt aus.

Am Montag, dem 23.9.91. verfasste der StA Dorsch zu 1B+JS 330/90 einen handschriftlichen Vermerk:

»*Die unabhängige Kommission, Herr Naumann, bat um Einsicht u. Ablichtung der bei der PDS unter Pos. 12 sichergestellten Schriftstücke.*« Mit dem Stempel und Eintrag:
»*Ablichtung/Durchschrift aus StA LGB 1 B+Js 330/90*«
Beweismittel Dr. Gerd Pelikan (PDS)-Büro vom 20/21.08. 91«[159] wurde eine Kopie des Briefes der UKPV übergeben.

Erst im Jahre 1997, durch die vom Verwaltungsgericht Berlin angeordnete Vorlage der Akten der UKPV im Verfahren wegen der verweigerten Zustimmung zu dem 1995 abgeschlossenen Kaufvertrag Kulturbund/Lunkewitz, wurde den Käufern dieses Schreiben bekannt.

---

159 Ablichtung im Anhang

Der Kaufvertrag vom 18.9.1991 bedurfte der Genehmigung durch den Vorstand der Treuhandanstalt, der seit der Entsiegelung am 20.9.1991 über die Verwicklung des Aufbau-Verlages in die jahrzehntelangen Urheberrechtsverletzungen informiert war.

Die verantwortlichen Vertreter der Treuhandanstalt erkannten sofort, dass die Plusauflagen, wegen des Schadens in Millionenhöhe (»*durchschnittlich 1 Mio. jährlich*«) und dem drohenden drastischen Ansehensverlust des Verlages, dem bereits unterzeichneten Kaufvertrag die Geschäftsgrundlage entzogen hatten.

Die weiteren Ermittlungen der Polizei, deren Zusammenarbeit mit der Treuhandanstalt und die geplanten Durchsuchungen des Aufbau-Verlages und der Wohnungen verdächtiger Mitarbeiter, durften den Käufern verständlicherweise nicht verraten werden, denn es gäbe »*vage Anhaltspunkte dafür, daß diese Personen nur für Dr. Elmar Faber stehen*«[160].

Deshalb also rief Klemens Molinari, Abteilungsleiter im Referat Printmedien, Bernd F. Lunkewitz am 23.9.1991 an und behauptete, dass der Vorstand den Kaufvertrag vom 18.9.1991 nicht genehmige, weil er keine hinreichende »Branchenerfahrung« habe.

Bernd F. Lunkewitz hielt (zutreffend) dieses Argument für einen Vorwand und vermutete irgendwelche Intrigen von Konkurrenten oder Politikern dahinter. Deshalb bot er sofort an, die renommierten Branchenkenner Dr. Wechsler, Dr. Kossack und Thomas Grundmann direkt am Kaufvertrag zu beteiligen. Klemens Molinari war interessiert. Vielleicht wegen des Verdachts, dass die Käufer »*nur für Dr. Faber*« auftreten und er hoffte, dass die Ermittlungen alle »inflagranti« überführen würden, oder, weil das besondere Engagement

---

160 Siehe Fn 173

dieses Gesellschafterkreises und dessen mäzenatische Bereitschaft, den Aufbau-Verlag unbedingt zu erhalten, für den skrupellosen Verkäufer doch zu verlockend waren, da bereits ohne das Problem der Plusauflagen, wie er an die Unabhängige Kommission schrieb: »*das nächstbeste Gebot vier Millionen schlechter ist*« und »*monatlich weitere Verluste von über 500.000 DM auflaufen*«.[161]

Die Verweigerung des Verkaufs an diesen Gesellschafterkreis hätte auf der kommenden Buchmesse wilde Spekulationen ausgelöst und nach Bekanntwerden der staatsanwaltlichen Ermittlungen wegen der Plusauflagen wäre das Unternehmen praktisch unverkäuflich geworden. Klemens Molinari wollte den Verlag dringend loswerden.

Am 27.9.1991 wurde vor dem Notar Dr. Paul in Frankfurt am Main der Änderungs- und Beitrittsvertrag und die Vereinbarung über die Genehmigungspflicht für die Berufung Elmar Fabers als Geschäftsführer protokolliert, ohne die Käufer über die Raubdrucke und die laufenden Ermittlungen der Polizei aufzuklären. Stattdessen sugerierte Klemens Molinari den Käufern, dass Elmar Faber für die Stasi tätig gewesen sei. Den wichtigsten Autoren des Verlages wurde diese infame Behauptung sogar unverblümt mitgeteilt:

Christoph Hein erzählte in einem Interview des Deutschlandfunks am 16.7.2019, dass er im Herbst 1991 an einem Sonntagnachmittag angerufen wurde, weil die wichtigsten Autoren des Aufbau-Verlags sich sofort treffen müssten. »*Es gehe um etwas Ungeheuerliches: den Fortbestand des Aufbau-Verlages.*«

Bei Christa Wolf zu Hause traf er drei Kollegen an und zwei namentlich nicht genannte Vertreter der Treuhandan-

---

161 Siehe Fn 166

stalt. Die teilten mit, dass Elmar Faber Mitarbeiter der Staatssicherheit gewesen sei. Die Autoren müssten sofort die Ablösung des Verlegers unterschreiben oder befürworten, damit der Aufbau-Verlag wegen dieses Skandals nicht untergehe. (In dem Buch »Ich habe einen Anschlag auf Sie vor«[162] veröffentlichte Hein einen Brief vom 5.3.2014 an Elmar Faber, in dem er diese Geschichte ähnlich erzählt. Dort schreibt er nur von einem »*Chef der Treuhand*«, der für Aufbau zuständig war.)

Um den Verlag zu retten, seien die Kollegen bereit gewesen, Faber fallen zu lassen. Hein aber hätte sich geweigert. »*Dann wurde mir gesagt, wenn ich nicht sofort unterschreibe, riskiere ich das Weiterbestehen des Aufbau-Verlages. Ich sagte, ich bin morgen früh um sechs in der Treuhand, Sie zeigen mir die Papiere, dann sage ich ja oder nein, das möchte ich aber erst sehen, ich glaube es nicht.*«

Am nächsten Tag sei ihm von einer Sekretärin mitgeteilt worden, er müsse nicht zur Treuhandanstalt kommen, die Sache habe sich erledigt. Genauere Auskünfte bekam er nicht, vermutete aber hinter den Verleumdungen das Motiv, »*den störrischen Verleger Faber, der sich nicht nach den Wünschen der Treuhand verhalten hatte, mit dieser Denunziation aus dem Amt zu bringen*«, wie auch Faber auf Seite 354 seiner Autobiografie[163] geschildert habe.

Christoph Hein unterschätzt hier ganz erheblich die Macht der Treuhandanstalt. Um den Geschäftsführer einer ihrer GmbHs i. A. abzuberufen oder zu entlassen bedurfte es keiner besonderen Begründung oder gar einer »Verleumdung«. Die angebliche Aufbau-Verlag GmbH i. A. machte zu dieser Zeit monatlich 500.000 DM Verlust. Aus solchen

---

162 Faber & Faber, Leipzig, 2019
163 »Verloren im Paradies«, Aufbau-Verlag, Berlin 2014

Gründen schloss die Treuhandanstalt damals bekanntlich jeden Tag Unternehmen und entließ zahlreiche Mitarbeiter. Als vermeintliche Gesellschafterin konnte sie ihre Geschäftsführer jederzeit ohne Begründung abberufen.

Elmar Faber war am 24.9.1991 sofort beurlaubt, ohne Begründung gekündigt und für Montag, dem 30.9.1991, zum Personalchef der Treuhandanstalt, Dr. Metz, bestellt worden.[164] Dort unterzeichnete er eine Aufhebungsvereinbarung, ohne dass ihm Gründe genannt wurden. Am 4.10.91, dem Werktag vor Übergabe des Verlages, wurde er im Handelsregister als Geschäftsführer abberufen. Wenn Elmar Faber tatsächlich Mitarbeiter der Stasi gewesen wäre – dieser Vorwurf war frei erfunden – hätte das zwar seine Abberufung gerechtfertigt, aber der tatsächliche Grund für die Behandlung Elmar Fabers durch die Treuhandanstalt: die Durchführung der »Plusauflagen« – »*im internationalen Sprachgebrauch: Raubdrucke!*« – gefährdete nicht nur seinen Posten als Verlagsleiter, sondern die Existenz des Verlages überhaupt und insbesondere den am 27.9.1991 mit der BFL-Beteiligungsgesellschaft und den weiteren Käufern abgeschlossenen und für die Treuhandanstalt sehr vorteilhaften Kaufvertrag über vermeintliche Geschäftsanteile an einer Aufbau-Verlag GmbH i. A. und einer Rütten & Loening GmbH i. A.

Klemens Molinari informierte Bernd F. Lunkewitz am 3.10.1991, dass der Vorstand am 1.10.1991[165] dem Kaufvertrag zugestimmt hatte und bestätigte die Übergabe des Verlages zum 7.10.1991. Die Behörden führten die Ermittlungen verdeckt weiter und koordinierten die Durchsuchungen durch die Kripo ebenfalls für den 7.10.1991. Intern bezwei-

---

164 Siehe Fn 140
165 BFL/BvS, K053

felten die Behörden weiter die Wirksamkeit des Kaufvertrages. Die Treuhandanstalt verschwieg den Käufern auch die vom Direktorat Sondervermögen und der UKPV mitgeteilten Bedenken, dass wegen des nachträglich geforderten Kaufpreises von fast 17 Millionen Mark das einseitig von der PDS geänderte Übergabe-/Übernahmeprotokoll unwirksam und daher die Verlage weiterhin organisationseigene Betriebe der PDS seien, die dem Sondervermögen zugeordnet sind.

Das Direktorat Sondervermögen und die UKPV prüften bereits seit Juli 1991, ob nicht der Kulturbund Eigentümer ist, da er den Aufbau-Verlag gegründet und dessen Gewinne erhalten hatte[166].

Als am 7.10.1991 die Durchsuchung des Aufbau-Verlages Schlagzeilen machte, akzeptierte Klemens Molinari, dass der Verkauf dem Zustimmungsvorbehalt der UKPV unterliegt und übergab ihr die bei der Treuhandanstalt vorhandenen Akten zu den Eigentumsverhältnissen der Verlage.[167] Damit gestand er ein, dass die Verlage nicht Eigentum der Treuhandanstalt, sondern organisationseigene Betriebe waren.

Am 9.10.1991 schickte er an die UKPV, Hans-Helmut von Laer, ein »*Zustimmungsersuchen*« zur Privatisierung des Aufbau-Verlages:

»*Sehr geehrter Herr von Laer,*
unter Bezugnahme auf die mit Ihnen und Herrn Hingst gestern und heute geführten Gespräche, bitten wir Sie um Ihre Zustimmung zu den Ihnen vorliegenden notariellen Verträgen zur Privatisierung des Aufbau-Verlages.

Da das nächstbeste Gebot um 4 Millionen schlechter als das Ihnen vorliegende ist, monatlich weitere Verluste von

---
166 Klage BFL/BvS, Anlage K 058
167 Klage BFL/BvS, Anlage K 063. Ablichtung im Anhang

über 500.000 DM auflaufen und sich die Situation aufgrund der zur Zeit laufenden Frankfurter Buchmesse sowie der kurz zuvor durchgeführten gerichtlichen Hausdurchsuchungen bei mehreren Verlagen zugespitzt hat, möchten wir nachdrücklich auf die Eilbedürftigkeit der Angelegenheit aufmerksam machen.«[168]

Referent Hingst verfasste nach Überprüfung der vorgelegten Akten dazu am 10.10.1991 die schon zitierte »*Aktennotiz über Rückfrage bei AA*[169]*/Frau Schröder:*
- *Die Annahme, Aufbau-Verlag sei Parteieigentum gewesen, beruht allein auf der Existenz des Überführungsprotokolls und – wohl – entsprechenden mündlichen Äußerungen Würzbergers und Pelikans.*
- *Fr. Schröder will diesen Äußerungen nochmal nachgehen bzw. bei beiden Herren gezielt nachfragen.*«[170]

Die Treuhandanstalt hatte also, außer den Behauptungen Elmar Fabers, keinen weiteren Nachweis für das Eigentum der SED am Aufbau-Verlag als das – auch aus Sicht der Behörden – unwirksame Überführungsprotokoll und die mündliche Auskunft zweier SED-Funktionäre, von denen einer, nämlich Dr. Pelikan, zu dieser Zeit der Untreue und des Betruges beschuldigt wurde. Die Wirtschaftsprüfer bei Arthur Andersen (»AA«) ermittelten wenig später, dass der Aufbau-Verlag tatsächlich Eigentum des Kulturbunds ist und schon deshalb die Übergabe in Volkseigentum durch die SED/PDS unwirksam war. Die Zustimmung der UKPV zum Verkauf des Aufbau-Verlages wurde nie erteilt.

---

168 Klage BFL/BvS, Anlage K 065
169 Wirtschaftsprüfungsgesellschaft Arthur Anderson & Co. GmbH
170 Ebd.

Diese Zustimmung hätte an der Nichtigkeit der Verträge vom 18.9. / 27.9.1991 nichts geändert. Nach Ablauf des im Treuhandgesetz bestimmten Umwandlungsstichtags, 1.7.1990, war die gesetzliche Umwandlung volkseigener Betriebe in die Rechtsform der GmbH i. A. nicht mehr möglich. »Volkseigentum« gab es nicht mehr.

Der organisationseigene Aufbau-Verlag des Kulturbunds hätte nur nach den Bestimmungen der §§ 20a und 20b Parteiengesetz DDR behandelt werden können. Nur nach einem – rechtskräftigen – Bescheid der Treuhandanstalt über die Entziehung dieses Vermögens, oder mit Zustimmung des Kulturbunds, hätte das Direktorat Sondervermögen den Verlag wirksam übertragen können, allerdings nicht in Form von Anteilen an einer GmbH i. A., da solche Geschäftsanteile nicht existierten und nicht (mehr) entstehen konnten.

Die Genehmigung der Verträge vom 18. / 27.9.1991 durch den Vorstand der Treuhandanstalt ohne Offenlegung der drastischen Mängel der Kaufsache und dessen weitere Durchführung, sind ein wirksamer Anfechtungsgrund wegen arglistiger Täuschung. Unter normalen Umständen wäre dieses Verhalten als strafrechtlich relevanter »Eingehungsbetrug« zu werten. Die Mitarbeiter der Treuhandanstalt waren damals von jeder zivilrechtlichen Haftung freigestellt und hielten sich für über dem Gesetz stehend. Ihr Motto war: »*Erst kommt das Leben und dann die Paragraphen*«[171] und die Justiz bestätigte das.

Die Staatsanwaltschaft eröffnete nach dem 20.9.1991 gegen Arno Lange, Dieter Lange, Elmar Faber u. a. wegen »*Verdacht des Betruges in TE mit Vergehen nach dem Ur-*

---

171 Seipel, »Die Treuhandanstalt – eine Studie über Hyperstabilität. Transformation der politisch-administrativen Strukturen in Ostdeutschland«. VS Verlag für Sozialwissenschaften, 1997. S. 176

heberrechtsgesetz« ein Ermittlungsverfahren[172], das vom Kriminaloberrat Uwe Schmidt geführt wurde. Er bat die für solche Fälle zuständige »Stabsstelle für besondere Aufgaben« im Direktorat Recht der Treuhandanstalt um Auskunft zu den Beschuldigten und den betroffenen Unternehmen.

Der Leiter der Stabsstelle, Dr. Hans Richter, ein erfahrener Staatsanwalt aus Stuttgart, war der zentrale Kontakt für die Strafverfolgungsbehörden bei Ermittlungen gegen Mitarbeiter der Treuhandanstalt oder ihrer Unternehmen. Er unterstützte einerseits die Strafverfolgungsbehörden bei ihren Ermittlungen durch die Erteilung von Auskünften oder Einsichtnahme in interne Akten der Behörde, andererseits war es seine Aufgabe, deren Leitungsgremien, insbesondere den Vorstand der Treuhandanstalt, zeitnah über solche Verdachtsfälle und relevante Ermittlungsergebnisse umfassend zu informieren, um drohende Schäden möglichst zu verhindern oder einzugrenzen und um öffentliche Erklärungen zu solchen Fällen vorzubereiten.

KOR Uwe Schmidt unterzeichnete am 2.10.1991 den Vermerk zu dem als Beweismittel gefundenen Brief von Dieter Lange an Klaus Höpcke. In dem als Nachtrag verfassten Schlussabsatz des Vermerks notierte er die von der Treuhandanstalt inzwischen mitgeteilten weiteren Umstände zum Verkauf des Aufbau-Verlags:

»Von der Treuhandanstalt, Direktorat Recht, PR BA, Herrn Dr. Hans Richter, wurde mitgeteilt, daß der Aufbau-Verlag unmittelbar vor dem Verkauf stünde. Es droht Beweismittelverlust, da eine Übergabe bereits in der Woche ab dem 6.10.1991 vorgesehen sei.

---

172 Az. 24 Js 25/95

Als Käufer treten ein Immobilienmakler aus dem Raum Frankfurt/M. und ein ehemaliger Mitarbeiter aus dem Bertelsmann-Konzern auf. Es gibt aber vage Anhaltspunkte dafür, daß diese Personen nur für Dr. Elmar Faber stehen.«[173]

Aus diesem Vermerk ist ersichtlich, dass die Stabsstelle von der Kripo und/oder Arthur Anderson spätestens am 23.9.1991[174] über die Plusauflagen unterrichtet wurde. Die erbetenen Informationen konnte Dr. Richter nicht sofort präsent gehabt haben. Er musste über das Direktorat Recht den Vorstand und wahrscheinlich auch das Direktorat Dienstleistungen informieren und selbst dort erst nachfragen. Am 24.9.1991 hatte Bernd F. Lunkewitz im Telefongespräch mit Klemens Molinari den im Vermerk als *»ehemaligen Mitarbeiter des Bertelsmann Konzerns«* bezeichneten Dr. Wechsler als weiteren Käufer benannt, und am 27.9.1991 wurde der im Vermerk erwähnte *»unmittelbar bevorstehende Verkauf«* protokolliert. Daraus ergibt sich, dass im Vermerk vom 2.10.1991 der Wissensstand Dr. Richters vom spätestens 24. bis höchstens 26. 9.1991 festgehalten ist.

Am 4.10.1991 stellte die Polizei auf der Grundlage dieses Vermerks eine Strafanzeige von Amts wegen. Die Schadenshöhe wurde mit »2 Mio« angegeben. Die Staatsanwaltschaft beantragte die Durchsuchungsbeschlüsse u. a. für die Geschäftsräume des Verlages aber auch der Büros der PDS Finanzverwaltung in der Parteizentrale. Staatsanwalt Dorsch schrieb in dem Vermerk *»sowohl die Treuhandanstalt, Dr. Richter, als auch die Kripo, KOR Schmidt, wiesen auf die besondere Eilbedürftigkeit hin.«*[175]

---

173 BFL/BvS, K 059
174 Siehe Fn 159
175 BFL/BvS, K 60

Das Amtsgericht Tiergarten entsprach dem Antrag.

Die koordinierten Durchsuchungen mehrerer Einsatzorte erfolgten am Montag, dem 7.10.1991, und überraschten die bis dahin ahnungslosen Beschuldigten und die arglosen Käufer, die in der Überzeugung, dessen Eigentümer zu sein, erst an diesem Tag den Geschäftsbetrieb des Aufbau-Verlages übernommen hatten.

Erst im Sommer 2019 sah Bernd F. Lunkewitz die im Landesarchiv Berlin aufbewahrten Ermittlungsakten zu diesen Strafverfahren. Bei der Einsicht in diese Akten wurde ihm erstmalig bekannt, dass die Kripo am 7.10.1991 nicht nur die Büros der betroffenen Verlage und die Wohnungen ihrer Geschäftsführer, sondern ein weiteres Mal auch die Büros in der Zentrale der PDS durchsucht hatte. Aber erst bei der redaktionellen Überarbeitung dieses Buches im Frühjahr 2021 erkannte er bei der nochmaligen Prüfung der Akten, dass er bisher ein wichtiges Detail übersehen hatte.

In dem nach der Durchsuchung der PDS-Zentrale am 07.10.1991 erstellten Protokoll der Kripo vermerkt Kriminalhauptkommissar Geigulat:

»Zunächst wurde mit dem stellv. Parteivorsitzenden André Brie Kontakt aufgenommen und ihm der Grund unseres Erscheinens erläutert. An dem weiteren Gespräch nahm dann auch der Schatzmeister der PDS, Herr Dr. Bartsch, teil. Beide wurden von der StAin Franke und mir über das im Büro Dr. Pelikan am 20.8.91 gefundene Schreiben informiert.«

Hier machte der KHK Geigulat den entscheidenden Fehler, den Bernd F. Lunkewitz beim ersten Lesen der Akten übersehen hatte:

Bei der Durchsuchung am 20.8.1991 war Dr. Pelikan wegen einer Auslandsreise nicht im Büro. Wie aus dem Protokoll der Kriminaloberkommissarin Seidel[176] vom 20.8.91 ersichtlich, hatte die Kripo an diesem Tag in seinem Büro keine beweiserheblichen Unterlagen gefunden, aber drei dort stehende Stahlschränke versiegelt. Erst nach seiner Rückkehr am 22.8.91 öffnete Dr. Pelikan diese Stahlschränke und erlaubte die sofortige Durchsicht dort gefundener »beweiserheblicher« Dokumente, aber der Brief von Dieter Lange an Klaus Höpcke war offensichtlich nicht dabei.

Das Schreiben über die illegalen Plusauflagen wurde aber tatsächlich am 20.8.91 gefunden, nur nicht im Büro Dr. Pelikan, sondern im Büro Dr. Bartsch, vermerkt als Pos. 12 im Protokoll von KHK Geigulat. Das Schreiben wurde aber an diesem Tag der Polizei noch nicht bekannt. Weil Dr. Bartsch der sofortigen Durchsicht des aufgefundenen Umschlages mit angeblich von Dr. Gysi an ihn persönlich gerichteten Briefen widersprochen hatte, wurde der Umschlag versiegelt, der Staatsanwaltschaft übergeben und, wie beschrieben, erst am 20.9.91 entsiegelt. Das darin enthaltene Schreiben von Dieter Lange an Klaus Höpcke über die Plusauflagen wurde deshalb den Behörden erst am 20.9.1991 bekannt, zwei Tage nachdem Bernd F. Lunkewitz den Kaufvertrag vom 18.9.1991 unterzeichnet hatte.

Wegen der Anweisung des Staatsanwalts Dorsch: »*Akteneinsicht jedoch ausschließlich in den Räumen der Kripo, da zeitgleiche Auswertung sichergestellt sein muß*«, waren die THA und die UKPV gleichzeitig mit der Staatsanwaltschaft über die Plusauflagen informiert und koordinierten anschließend die weiteren Ermittlungen mit ihr und der Kripo.

Gregor Gysi und Dietmar Bartsch wussten schon länger von dem Problem der Raubdrucke, aber auch sie haben diese Umstände verschwiegen. Ein Grund dafür war vermutlich,

---

176 Dir VB B I 4 – 901212/2600-8, Landesarchiv Berlin

dass der schon betagte Vater von Gregor, Klaus Gysi, der bis 1966 Verlagsleiter des Aufbau-Verlages und dann Minister für Kultur der DDR gewesen war und somit für die Plusauflagen verantwortlich – und möglicherweise haftbar war.

Die Staatsanwaltschaft hatte nur die üblichen Verdächtigen beschuldigt (einschließlich Dr. Erler, der erst nach der Wende »Geschäftsführer« wurde), aber nicht bedacht, wer bis »Mitte der 60er Jahre« Verlagsleiter des Aufbau-Verlages und dann Minister für Kultur der DDR war.

Wenn Kriminalhauptkommissar Geigulat beachtet hätte, dass die Information über die Plusauflagen als angeblich »persönliches Schreiben von Dr. Gysi an Dr. Bartsch« in dessen Büro gefunden wurde, hätte er wahrscheinlich andere Fragen gestellt, aber auch dann keine besseren Antworten erhalten.

Laut dem Protokoll vom 7.10.1991 erklärten André Brie und Dr. Dietmar Bartsch »übereinstimmend, *daß hinsichtlich der in dem dortigen Schreiben genannten Verfahrensweise im Hause der PDS zum jetzigen Zeitpunkt keine sachkundigen Mitarbeiter mehr tätig sind, die nähere Angaben dazu machen könnten ... Der in dem Schreiben genannte Arno Lange war nach übereinstimmenden Aussagen der Gesprächspartner nur gelegentlich im PDS-Gebäude und dort auch nur im Zusammenhang mit Dr. Pelikan tätig ... Die weiteren Gespräche wurden dann mit Dr. Holluba, Mitarbeiter im Bereich Finanzen, geführt*«, der noch am 20.8.91 angegeben hatte, dass »*Herr Arno Lange als Mitarbeiter von Dr. Pelikan*« vermutlich im Besitz des Schlüssels für die Stahlschränke in dessen Büro sei. Sechs Wochen später schien er sich kaum noch an ihn erinnern zu können.

Dr. Karl Holluba, der Nachfolger von Dr. Bartsch als Bundesschatzmeister der Linkspartei, war damals »Bereichsleiter Finanzen« der PDS. Aus seiner früheren Tätigkeit in der Abteilung Finanzverwaltung und Parteibetriebe des ZK der SED war er bis Ende 1989 bestens über die Plusauflagen informiert, was allerdings der KHK Geigulat nicht wusste.

Ein anderer Mitarbeiter gab an, dass er *»Arno Lange als Verantwortlichen in der Kulturabt. des ZK für Buchverlage kennengelernt habe. Ein Dieter Lange sei ihm unbekannt, jedoch wüßte er vom Hören, daß in der Hauptverwaltung Verlage des Ministeriums für Kultur ein gewisser Herr Lange tätig sei. Leiter der Hauptverwaltung dort sei Herr Klaus Köpcke gewesen.«*[177]

Im Ergebnis der Ermittlungen konnte die Kripo der Führungsspitze der PDS keine Tatbeteiligung an den Plusauflagen nachweisen. Die in dem Brief von Dieter Lange genannten *»zusätzlichen Gewinne (nicht gezahlte Lizenzgebühren) für die Partei«* gab es seit der Wende nicht mehr, weil der Verlag seither keine Raubdrucke produziert hatte, was auch die Ermittlungen bestätigten. Daraufhin ließ das Interesse der Staatsanwaltschaft an diesem Verfahren schlagartig nach, besonders als der Vorstand der Treuhandanstalt den Kaufvertrag über den Aufbau-Verlag genehmigte und die Behörde gleichzeitig gegenüber den Käufern die vorvertragliche Kenntnis der Ermittlungen bestritt. Das Strafverfahren, bei dem möglicherweise der Ablauf der Ermittlungen detailliert hätte dargestellt werden müssen, verlief im Sande und wurde im Jahre 1998 auf Betreiben der Behörden eingestellt.

Als die Verantwortlichen in der Treuhandanstalt, die weder die tatsächlichen Eigentumsverhältnisse des Verlages noch die Plusauflagen offenbart hatten, bemerkten, dass die arglosen Käufer die Kulturinstitution Aufbau-Verlag unbedingt erhalten wollten und Umfang und Höhe des Schadens

---

177 Dir VB B I 5, Durchsuchungsbericht vom 7.10.1991; 1334, Geigulat, KHK

nicht kannten, besannen sie sich wieder auf die finanziellen Interessen der Behörde an dem Kaufvertrag vom 18./27.9.1991.

Nach der turbulenten Frankfurter Buchmesse rief Bernd F. Lunkewitz bei Klemens Molinari an. Der beteuerte, von den Plusauflagen erst durch die polizeiliche Durchsuchung des Verlages erfahren zu haben. Er sei erschüttert über die rechtswidrigen Handlungen der Verlage der DDR, insbesondere des Aufbau-Verlages. Die Treuhandanstalt hätte vor dem inzwischen vollzogenen Verkauf keinerlei Kenntnis von solchen Vorgängen gehabt und müsse deshalb auch aufgrund des vertraglich vereinbarten umfangreichen Haftungsausschlusses leider jede Haftung für die Handlungen der verkauften Unternehmen ablehnen.

Die Durchsuchung des Aufbau-Verlages erfolgte nach Übergabe der Verlage zum 7.10.1991. Auch deshalb hatten die vermeintlichen neuen Gesellschafter der vermeintlichen Aufbau-Verlag GmbH i. A. die aus den Raubdrucken entstandenen Probleme allein zu bewältigen. Die arglosen Käufer konnten nicht wissen, welche Lizenzgeber und Urheberrechte von dem Lizenzbetrug betroffen sind und um welche Beträge es sich handeln könnte. Die Kripo und die Staatsanwaltschaft gaben keinerlei Auskünfte, und Klemens Molinari bestritt jede Kenntnis dieses Vorgangs. Bernd F. Lunkewitz traf am späten Nachmittag im Konferenzraum des Verlages die Mitglieder des Autorenrats. Sie verurteilten das martialische Auftreten der Polizei, aber zu den Vorwürfen des Lizenzbetruges waren sie ratlos.

Die meisten Lizenzakten und Unterlagen waren beschlagnahmt worden und konnten erst Wochen später und nur in den Räumen der Polizei eingesehen werden, was die Aufklärung der Raubdrucke sehr behinderte. Von den Käufern befragt, verwies Elmar Faber zunächst auf die Verantwortung der HV Verlage und Buchhandel, auf deren Anweisung die Raubdrucke gegen seinen Willen hergestellt worden seien, und berichtete von einem Betrag von einigen 10.000 DM. Er behauptete, dass die Verlage nur auf Anweisung der HV Verlage und Buchhandel gehandelt haben und alle erwirtschafteten Lizenzgebühren und Gewinne, auch die für Plusauflagen, direkt an das Ministerium für Kultur, Hauptverwaltung Verlage und Buchhandel, abgeführt wurden.

Bernd F. Lunkewitz hatte sonst keine Informationen über die Raubdrucke und erst recht keine Beweise für eine vorvertragliche Kenntnis der Treuhandanstalt und zahlte im Vertrauen auf die Rechtswirksamkeit des Kaufvertrages und die Integrität der Behörde den vereinbarten Kaufpreis in Höhe von insgesamt 4 Millionen DM.

Er dankte am 14.10.1991 der Treuhandanstalt und bat sie um Hilfe bei der Verfolgung der Ansprüche gegen die SED, die als damaliger Eigentümer des Verlages für die Raubdrucke verantwortlich sei:

»Was evtl. materielle Schadensersatzanforderungen gegen die Verlagsgruppe angeht, sind wir jedoch der Meinung, daß diese den Altgesellschafter, bzw. Verursacher treffen. Wir gehen davon aus, daß uns die Treuhandanstalt bei der evtl. Regelung möglicher Schadensersatzforderungen beisteht.«

Der Öffentlichkeit versprach er die baldige Aufklärung über die Ursachen und Folgen der Raubdrucke. Intern wurde in Abstimmung mit den Wirtschaftsprüfern wegen der Regressansprüche gegen das Altvermögen der SED/PDS eine Rückstellung in Höhe von nur 100.000 DM gebildet und die Geschäftsleitung beauftragt, in den Akten und Archiven eine möglichst genaue Aufstellung der Raubdrucke und der geschädigten Vertragspartner zu ermitteln.

Die Treuhandanstalt nutzte den ihr bekannten Umstand, dass er »keine Branchenerfahrung« hatte und vom Umfang und den Folgen der »Plusauflagen« nichts wissen konnte, zur arglistigen Täuschung. Durch die Zustellung der vom Vorstand der Treuhandanstalt Dr. Wolf Klintz und dem Leiter des Direktorats Dienstleistungen Dr. Eberhard Sinnecker am 1.10.1991 unterzeichneten Zustimmungserklärung an den Notar wurden die Verträge durchgeführt, ohne über die gravierenden Mängel der Kaufsache aufzuklären. Die Verantwortlichen versuchten noch, sich gegen mögliche strafrechtliche Vorwürfe abzusichern. Dr. Sinnecker und Klemens Molinari erklärten in dem Begleitschreiben vom 11.10.1991 zur Übersendung der am 17.10.1991 zugestellten Urkunde der Zustimmungserklärung an den Notar, »*daß auch alle zwischenzeitlich den Käufern des Aufbau-Verlages bis heute bekannt gewordenen bzw. bekannt gegebenen weiteren Entwicklungen bei den zu übernehmenden Verlagen als zum Zeitpunkt des Vertragsabschlusses offenbart zu betrachten sind*«.[178] »*Bekannt gegeben*« hatte die Treuhandanstalt allerdings nichts, außer, dass sie auch für die »*bekannt gewordenen*« Plusauflagen nicht haften wollte. Mit dieser Erklärung soll die Kenntnis des den Käufern »*zwischenzeitlich*« – also nach Abschluss des Vertrages und vor Übersendung der Genehmigung an den Notar – bekannt gewordenen Problems, dass der Aufbau-Verlag in unbekannter Höhe möglicherweise gegen Urheberrecht verstoßen hatte, in die Zeit vor Vertragsabschluss verlegt werden, woraus sich allerdings ergibt, dass diese Umstände vor Vertragsabschluss gerade nicht offenbart wurden, sondern lediglich so »*betrachtet*« werden sollen. Konsequent bestreitet die Treuhandanstalt seither vehement jegliche vorvertragliche Kenntnis der Raubdrucke und des Ermittlungsverfahrens und verweigert gleichzeitig die Vorlage der Akten.

---

[178] BFL/BvS, K 035. Die »Plusauflagen« werden nicht genannt.

Aus den Ermittlungsakten und den Durchsuchungsprotokollen der Polizei vom 20./22.8. bis 7.10.1991 ergibt sich jedoch eindeutig die vorvertragliche Kenntnis der Behörden von dem bei Dr. Bartsch gefundenen Brief über die Plusauflagen. Die Treuhandanstalt hat diese Informationen den Käufern verschwiegen und gleichzeitig mit der Kripo die Ermittlungen koordiniert. Deshalb war bei der Durchsuchung des Aufbau-Verlages eine »*Frau Rieger, Tel. 3154-7990, als Vertreterin der Treuhand (Gesellschafter)*«[179] anwesend.

Die Übernahme des Aufbau-Verlages durch die Käufer und die gleichzeitigen Durchsuchungen machten bundesweit Schlagzeilen. Auf Presseanfragen erklärte die THA, von den polizeilichen Ermittlungen überrascht worden zu sein und deshalb keine Auskünfte geben zu können.

Im Frühjahr 1992 erhielt die Gesellschafterversammlung den Bericht der Geschäftsführer zu den verharmlosend »Plusauflagen« genannten Raubdrucken. Die nicht gezahlten Lizenzgebühren betrugen mehr als 6 Millionen DM. Dazu kamen noch fast zwei Millionen DM aus unterschlagenen Honoraren für eigene Autoren aus dem »nichtsozialistischen Wirtschaftsgebiet«. Das war fast noch abscheulicher.

Der desaströse Rufschaden und Vertrauensverlust für den Aufbau-Verlag und die Schadensersatzansprüche der geschädigten Rechteinhaber aus dem Vertrag oder wegen Urheberrechtsverletzung bedrohten die Existenz des Verlages. Bernd F. Lunkewitz entschied schon während der Gesellschafterversammlung, dass die korrekte Aufarbeitung dieser Umstände und die Erfüllung berechtigter Forderungen der Geschädigten für den Fortbestand des Verlages entscheidend sind. Nur so könne das notwendige Vertrauen der Vertrags-

---

[179] Landesarchiv Berlin, 24 Js 25/95. Plusauflagen, Durchsuchungsbericht vom 7.10.91, Borchert, KOK. Az. 349 Ge 3298/91

partner, Buchhändler und Autoren wiederhergestellt werden und der Verlag weiter erfolgreich Bücher machen.

Die Steuerberater und Wirtschaftsprüfer der Verlage wurden über die Umstände informiert und wiesen sofort darauf hin, dass die Gesellschaften überschuldet seien. Wenn nicht umgehend ausreichende Deckung für diese Verbindlichkeiten besorgt werde, drohe das Gesamtvollstreckungsverfahren (Konkurs).

Bernd F. Lunkewitz schrieb daraufhin im Auftrag aller Käufer am 24.3.1992 an den Vorstand der Treuhandanstalt:

»*Sehr geehrte Damen und Herren,*
mitte März dieses Jahres sind die Gesellschafter der Aufbau-Verlag GmbH i. A. und der Rütten & Loening GmbH i. A. im Rahmen der Bilanzprüfung für das Jahr 1990 von den zuständigen Steuerberatern und Wirtschaftsprüfern erstmalig darauf aufmerksam gemacht worden, daß eine Reihe namhafter westdeutscher Verlage gegenüber dem Aufbau-Verlag und Rütten & Loening Auskunfts- und Schadensersatzansprüche im Zusammenhang mit sogenannten »*Plus*«-*Auflagen geltend gemacht haben. [...]*

Die geschilderten Vorgänge waren der Treuhandanstalt, deren Organen und Erfüllungsgehilfen bereits bei Abschluß der Geschäftsanteilskauf- und -abtretungsverträge vom 18. und 27. September 1991 bekannt. Sie wurden den Käufern der Anteile an der Aufbau-Verlag GmbH i. A. und Rütten & Loening GmbH i. A. während der Vertragsverhandlungen und bei Abschluß der oben genannten Kauf- und Abtretungsverträge wissentlich verschwiegen oder zumindest grob fahrlässig nicht offenbart. [...]

Die Regreßansprüche der westdeutschen Verlage gegenüber dem Aufbau-Verlag und Rütten & Loening lassen darüber hinaus, sofern diese durchgesetzt werden sollten, die Ge-

schäftsgrundlage der Anteilserwerbe durch die Käufer [...] entfallen.«[180]

Er rief am folgenden Tag Klemens Molinari in der Treuhandanstalt an und verlangte von ihm die Abgabe der Freistellungserklärung hinsichtlich aller Ansprüche aufgrund der Plusauflagen. Klemens Molinari wies die Forderung zurück mit der Bemerkung: »*Die Treuhandanstalt verkauft Chancen und Risiken. Sie haben ein Risiko gekauft, machen Sie den Laden zu*« und lehnte die Haftungsübernahme ab.

Bernd F. Lunkewitz drohte mit der Insolvenz der Verlage und der dann folgenden gerichtlichen und staatsanwaltlichen Untersuchung aller Fakten, die zu der Insolvenz geführt haben könnten, insbesondere die Kenntnis der Treuhandanstalt von den Ermittlungen.

Klemens Molinari bestritt weiter die vorvertragliche Kenntnis von den Plusauflagen, versprach aber, sich in der Treuhandanstalt für eine gütliche Lösung einzusetzen.

Im Widerspruch zu der Behauptung, von den Raubdrucken erst aus der Presse erfahren zu haben, diktierte Klemens Molinari nach dem Gespräch eine interne Aktennotiz, die beispielhaft die dreiste betrügerische Vorgehensweise dieses Treuhandmitarbeiters darlegt:

»*Vermerk   Ø Herr Dr. Sinnecker*
Frau Wohlfahrt
Herrn Dr. Froeb   U4 C3
Betr.: Aufbau-Verlag
hier: Schreiben von Herrn Lunkewitz vom 25.3.92

---

180 BFL/BvS, K 071

Wie ich Ihnen bereits bei der persönlichen Übergabe des Schreibens von Herrn Lunkewitz gesagt habe, trifft die Aussage von Herrn Lunkewitz, daß wir im Rahmen der Verkaufsverhandlungen Umstände zumindest grobfahrlässig verschwiegen hätten, nicht zu.

Wegen der besonderen Situation habe ich Herrn Lunkewitz ausdrücklich persönlich angesprochen und vertraulich über das Problem Plusauflagen, soweit es für uns erkennbar war, informiert.

Ich habe Herrn Lunkewitz hierauf bereits persönlich angesprochen, als er mich parallel zum Anlaufen des vorgenannten Schreibens vom 25.3. anrief.

Er bestätigte meine Aussage am Telefon und meinte, der von ihm übermittelte Wortlaut stamme aus Formulierungen von Rechtsanwälten, die er in seinem Schreiben übernommen habe.

Berlin, 26.03.1992
i. A. Pommerenke
Molinari (nach Diktat verreist)«[181]

Die einzige zutreffende Tatsache in diesem Vermerk ist die darin eingestandene vorvertragliche Kenntnis von dem «*Problem Plusauflagen, soweit es für uns erkennbar war*«. (Das »*Problem*« war in dem am 20.9.1991 entsiegelten Brief vollständig »*erkennbar*«) Die Formulierung »*für uns*« belegt, dass in der Treuhandanstalt nicht nur Klemens Molinari, sondern zumindest auch die Adressaten des Vermerks, Dr. Eberhard Sinnecker, Dr. Wolfram Froeb und Dr. Wohlfahrt, die in das Schweigekartell eingebunden waren, von den Plusauflagen wussten.

---

181 VG Berlin zu 26 A 191 / 94 THA 14890 / 14891, Ablichtung im Anhang

Die Behauptung von Klemens Molinari, er habe Bernd F. Lunkewitz »*ausdrücklich persönlich angesprochen und vertraulich über das Problem Plusauflagen informiert*«, ist ganz offensichtlich eine Lüge, die von Dr. Wolfram Froeb und Dr. Eberhard Sinnecker und den anderen Empfängern des Vermerks auch so verstanden wurde.

Eine »*persönliche und vertrauliche*« Information über die Raubdrucke kann es schon deshalb nicht gegeben haben, weil beide nach dem 20.9.1991 erst bei der Protokollierung des Kaufvertrages in Frankfurt am 27.9.1991 im Notariat Dr. Paul gemeinsam mit Dr. Wechsler und Dr. Kossack sich persönlich begegneten. Laut dem Vermerk des KOR Uwe Schmidt hatte die Treuhandanstalt »*vage Anhaltspunkte*« dafür, dass die Käufer »*nur für Dr. Faber stehen*«, dass also auch Bernd F. Lunkewitz dessen Strohmann sein könnte. Es ist in dieser Situation absolut unglaubwürdig, dass Klemens Molinari ihn oder die anderen Käufer über die laufenden staatsanwaltschaftlichen Ermittlungen zu den Plusauflagen informiert hätte und sie damit durch Verrat von Dienstgeheimnissen bzw. Strafvereitelung sabotiert. Doch selbst wenn Bernd F. Lunkewitz sich so absurd verhalten hätte, wie Klemens Molinari behauptet, und das Millionenrisiko der Raubdrucke so einfach (in einem Telefongespräch?) akzeptiert hätte, wären aber die weiteren Käufer nicht »persönlich« und »vertraulich« informiert worden. Dr. Wechsler und Dr. Kossack haben sich an den Verhandlungen überhaupt erst bei der Protokollierung des Kaufvertrages im Notariat Dr. Paul beteiligt und die von Dr. Kossack als »sittenwidrig« bezeichnete ungerechte Behandlung von Elmar Faber durch die Treuhandanstalt heftig kritisiert[182]. Mit den infamen Andeutungen, Elmar Faber sei für die Stasi tätig gewesen, wurden die Käufer erfolgreich ge-

---

182 Siehe Fn 137

täuscht. Wenn sie das Problem der Plusauflagen (»*rd. 1 Mio.* jährlich«) als den wahren Grund für die fristlose Entlassung Elmar Fabers auch nur geahnt hätten, wäre dieser Kaufvertrag nicht abgeschlossen worden. Der vierte Käufer, Thomas Grundmann, hatte mit Klemens Molinari nie persönlichen Kontakt, und auch er kann daher nicht von ihm informiert worden sein.

In den Verkaufsverhandlungen und beim Abschluss der Verträge wurden die gravierenden Mängel der Kaufsache gegenüber den arglosen Käufern vorsätzlich verschwiegen, weil die Treuhandanstalt die Folgen der Raubdrucke auf die Käufer abwälzen und sich die wirtschaftlichen Vorteile aus den Verträgen verschaffen wollte.

In den Zivilprozessen um die Eigentumszuordnung des Aufbau-Verlages legte Bernd F. Lunkewitz den in 2006 aufgefundenen Vermerk des KOR Uwe Schmidt vom 2.10.91 vor, aus dem bereits die vorvertragliche Kenntnis der Treuhandanstalt über die Plusauflagen hervorgeht. Wie aus den im Landesarchiv aufbewahrten Akten ersichtlich, erteilte die BvS deshalb am 29.5.2006 dem noch immer von der Zentrag bezahlten Arno Lange die unbeschränkte Vollmacht, die Behörde »*im Rahmen der Akteneinsicht zum Strafverfahren 22 Js 330/90 zu vertreten. Herr Lange ist auch bevollmächtigt, die Entscheidungen über die zukünftige Verwahrung der Aktenbestände zu treffen.*[183]«

Die bundesunmittelbare Anstalt BvS hat mit dieser Vollmacht den in diesem Strafverfahren als Täter verdächtigten Arno Lange, der in der Kulturabteilung des ZK der SED für die Buchverlage und ihre Plusauflagen verantwortlich war,

---

183 Vollmacht BvS für Arno Lange, Landesarchiv Berlin, Ablichtung im Anhang

mit dem Vertuschen ihrer anlässlich des Ermittlungsverfahrens zu Lasten der Käufer begangenen Täuschungshandlungen beauftragt.

Die Käufer haben trotzdem am 26.6.2007 aufgrund der ihnen bekannt gewordenen Vermerke des Kriminaloberrats Uwe Schmidt vom 2.10.1991 und der Staatsanwaltschaft Berlin vom 4.10.1991 die Anfechtung der Kaufverträge wegen arglistiger Täuschung durch die Treuhandanstalt erklärt.

Der erst 2019 aufgefundene Vermerk vom 26.3.1992 von Klemens Molinari an Dr. Wolfram Froeb und Dr. Sinnecker und die im Landesarchiv Berlin aufbewahrten Akten des Strafverfahrens bestätigen nochmals zweifelsfrei den Anfechtungsgrund »*arglistiges Verschweigen der Kenntnis von den Plusauflagen vor und bei Abschluss der Verträge vom 18.9./27.9.1991*«.

Vor dem Hintergrund der möglichen Insolvenz des Verlages kam es im Juni 1992 zu sehr streitigen Verhandlungen, in denen nie behauptet wurde, Klemens Molinari habe »*Herrn Lunkewitz ausdrücklich persönlich angesprochen und vertraulich über das Problem Plusauflagen, soweit es für uns erkennbar war, informiert*«. Stattdessen wurde von den Vertretern der Treuhandanstalt vehement die vorvertragliche Kenntnis des »Problems Plusauflagen« bestritten.

Bernd F. Lunkewitz verlangte von der Treuhandanstalt die komplette Übernahme aller Verbindlichkeiten aus den Plusauflagen, weil nach seiner Ansicht die Anspruchsteller direkt von der Treuhandanstalt Sondervermögen aus den dort verwalteten SED-Geldern entschädigt werden müssten. Der Aufbau-Verlag sollte damit nicht mehr belastet werden. Die Treuhandanstalt gewährte nur eine bedingte Freistellung, die lediglich die aktuelle Überschuldung der Verlage beseitigte und die Insolvenz verhinderte:

Am 24.6.1992 schloss in den Räumen der Treuhandanstalt der Assessor Dr. Wolfram Froeb, der von dem arglistigen Verschweigen der Plusauflagen wusste, schon weil er selbst daran beteiligt war (Molinari hatte den Vermerk vom 26.3. 1992 an ihn gerichtet.), mit Bernd F. Lunkewitz als Vertreter aller Käufer vor dem Notar Dr. Peter Raue eine bedingte Freistellungsvereinbarung über die Problematik der Plusauflagen. Der wesentliche Inhalt war:

»Die Treuhandanstalt stellt den Aufbau-Verlag und Rütten & Loening [...] von allen Schadensersatz- und sonstigen Regreßansprüchen im Zusammenhang mit den sog. Plusauflagen frei, wenn und soweit die Verlage letztinstanzlich und rechtskräftig zur Zahlung entsprechender Schadensersatz- oder sonstiger Regreßforderungen verurteilt wurden. [...]

Die Verpflichtungen der Treuhandanstalt gemäß vorstehenden Absätzen 1. bis 2. bestehen nicht, wenn der Aufbau-Verlag und Rütten & Loening sowie deren Gesellschafter sich im Rahmen der Schadensersatz- und Regreßklagen nicht ordnungsgemäß und unter Ausnutzung aller rechtlichen Möglichkeiten verteidigen. Der Aufbau-Verlag und Rütten & Loening sowie deren Gesellschafter sind verpflichtet, ihre Prozeßführung mit der Treuhandanstalt abzustimmen. [...] Die Parteien sind sich einig, über die in dieser Urkunde getroffene Vereinbarung Stillschweigen zu bewahren und den Inhalt keinem Dritten – mit Ausnahme der die Vertragsparteien beratenden Wirtschaftsprüfer, Steuerberater und/ oder Rechtsanwälte – zugänglich zu machen.

Die Kosten dieser Urkunde trägt der Aufbau-Verlag.«[184]

---

184 Urkundenrolle R 70/1992 des Notars Dr. Peter Raue, Berlin

Dr. Froeb kam bei diesen Verhandlungen nicht auf die naheliegende Idee, Bernd F. Lunkewitz die von Klemens Molinari behauptete vorvertragliche »*persönliche und vertrauliche Information*« über die Raubdrucke vorzuhalten. Er hätte nämlich eingestehen müssen, dass der Treuhandanstalt seit der Entsiegelung am 20.9.1991 und somit schon vor Abschluss des Kaufvertrages vom 27.9.1991 und erst recht vor Übersendung der Genehmigungserklärung an den Notar das »*Problem Plusauflagen*« bekannt war. Das hätte aber zur sofortigen Anfechtung des Kaufvertrages geführt.

Nach dem Abschluss dieser Freistellungsvereinbarung musste der Aufbau-Verlag die Forderungen der durch die Plusauflagen geschädigten Lizenzpartner und Urheber ablehnen und sie auf den Rechtsweg verweisen. Das beeinträchtigte die Geschäftsbeziehungen zu den geschädigten Verlagen und Autoren und führte zu erheblichen finanziellen Einbußen und drastischem Ansehensverlust des Aufbau-Verlages, insbesondere im Lizenzgeschäft und im Buchhandel. Fünf Monate später wurde diese für den Verlag sehr nachteilige Regelung durch eine neue Vereinbarung ersetzt, mit der die Treuhandanstalt ihre Arglist fortsetzte. Bernd F. Lunkewitz hatte sich da bereits entschlossen, eine Wohnung in Berlin zu nehmen, den Betrieb gründlich kennenzulernen und Elmar Faber möglichst bald als Verlagsleiter abzulösen.

Die Risiken und die Chancen

Das Verhalten der Treuhandanstalt bei der Privatisierung der Verlage und bei der Behandlung des »Problems Plusauflagen« hatte bei Bernd F. Lunkewitz das Vertrauen in diese Behörde nachhaltig zerstört. Er verdächtigte – zu Recht – die Treuhandanstalt weiterhin, die Raubdrucke beim Verkauf verschwiegen zu haben, konnte das damals aber nicht beweisen.

Die Bemerkung von Klemens Molinari, »*wir verkaufen Chancen und Risiken*«, nahm er zum Anlass, nach der Feststellung großer Risiken, auch nach den Chancen zu suchen. Bei einer Überprüfung des zwischen der Treuhandanstalt und der (vermeintlichen) Aufbau-Verlag GmbH i. A. geschlossenen Kaufvertrages über die Grundstücke des Verlages fielen ihm grobe Fehler auf. Das Grundstück war fälschlich als Volkseigentum bezeichnet, einige Grundstücksparzellen waren falsch oder nicht genannt worden, und vor allem war keine Auflassungsvormerkung im Grundbuch eingetragen.

Er wies die Geschäftsleitung an, die Grundstücke an seine Bürohaus Bau- und Verwaltungsgesellschaft mbH zu verkaufen. Statt des von der Treuhandanstalt gezahlten Kaufpreises von 8,2 Millionen DM wurde ein Kaufpreis in Höhe von 20 Millionen DM vereinbart, die Eintragung einer Grundschuld beantragt und – dringend benötigte – 1,5 Millionen DM als Anzahlung geleistet.

Die Treuhandanstalt erfuhr wenige Tage danach von diesen Vorgängen. Ein Herr aus dem Direktorat Recht beschimpfte Bernd F. Lunkewitz am Telefon als Betrüger. Dieser erwiderte höflich, dass der Aufbau-Verlag den damals vereinbarten und verrechneten Kaufpreis von 8,2 Millionen DM an die Treuhandanstalt zurückzahlen werde. Damit wäre kein Schaden eingetreten und die Sache erledigt.

Der Herr aus dem Direktorat Recht schrie: Das Grundstück ist aber sehr viel mehr wert! Bernd F. Lunkewitz wies höflich darauf hin, dass es laut GmbH-Gesetz rechtlich unzulässig sei, einer überschuldeten Kapitalgesellschaft einen Vermögensgegenstand unter dem Verkehrswert zu entziehen. Der Herr aus dem Direktorat Recht fragte nach den wirtschaftlichen Umständen des Verlages.

Nicht gut, antwortete Bernd F. Lunkewitz. Er hatte festgestellt, dass die beim Verkauf angenommenen Vermögenswerte des Verlages, darunter die Bestände und Titelrechte, extrem überbewertet und die Gesellschaften schon damals überschuldet waren. Deshalb müsse der Kaufvertrag über die Verlage deutlich nachgebessert werden, denn es sei ja verabredet gewesen, dass der Verlag bis auf 3 Millionen DM entschuldet verkauft wird.

In der Folge kam es zum juristischen Streit. Beide Seiten beantragten einstweilige Verfügungen beim Landgericht Berlin, das den Termin zur mündlichen Verhandlung zum 24.11.1992 anberaumte, in deren Ergebnis erstinstanzliche Entscheidungen zu erwarten waren.

Anfang November 1992 signalisierten die Anwälte der Treuhandanstalt, dass noch vor dem Termin beim Landgericht Berlin in der Angelegenheit Grundstück Französische Straße 32/33 ein Vergleichsgespräch über die Streitpunkte möglich wäre, und Bernd F. Lunkewitz erklärte sich dazu bereit.

Die Treuhandanstalt bereitete in einer internen Besprechung das Vergleichsgespräch gründlich vor.

»*Vertragsmanagement Berlin, 20.11.1992 U4 C3KV/5-328/sch*
G e s p r ä c h s p r o t o k o l l
Aufbau-Verlag
Protokoll einer Besprechung zur Nachverhandlung des Unternehmenskaufvertrages über den Verkauf der Geschäftsanteile an der Aufbau-Verlag GmbH und der Rütten & Loening GmbH vom 17.11.1992

Teilnehmer:
Herr Dr. Wolf R. Klinz	*Vorstand U4*
Herr J. N. Braun	*Direktor U4 C*
Herr E. Sinnecker	*Direktor DL*
Frau Herrmann	*pers. Referentin Dr. W. R. Klinz*
Frau Dr. Wohlfahrt	*U4 DL*
Herr Wortmeier	*U4 C3*
Herr Voelker	*U4 C3*

Eingangs wurde von Herrn Braun die Sach- und Rechtslage wie folgt geschildert:

Der Aufbau-Verlag und Rütten & Loening wurden im September 1991 im Wege des Geschäftsanteilsverkaufs an die BFL Beteiligungsgesellschaft mbH, deren alleiniger Gesellschafter Herr Bernd F. Lunkewitz aus Frankfurt/M. ist, verkauft.

Zum Vermögen des Aufbau-Verlages gehörte u. a. die Immobilie Französische Straße 32/33. Diese Immobilie wurde mit notariellem Grundstückskaufvertrag vom gleichen Tage an die Treuhandanstalt verkauft. Als Gegenleistung für die Immobilie übernahm die Treuhandanstalt die Entschuldung des Liquiditätskredits des Aufbau-Verlages in Höhe von

DM 8.265.000,–. Diese Entschuldung wurde von der Treuhandanstalt vorgenommen.

Entgegen der vertraglichen Regelung in dem Grundstückskaufvertrag fertigte der beurkundete Notar die Urkunde ohne die vorgesehene Auflassungsvormerkung aus und versäumte die Stellung eines Antrages auf Eintragung einer Auflassungsvormerkung zu Gunsten [sic] der Treuhandanstalt für diese Immobilie.

Mitte 1992 nutzte der Aufbau-Verlag die fehlenden Eintragungsanträge zu Gunsten der Treuhandanstalt beim Grundbuchamt zu weiteren Verfügungen über das Grundstück. Mit Datum vom 30.06.1992 wurden Grundschulden im Gesamtvolumen von DM 20 Mio. für das Grundstück Französische Straße 32/33 zu Gunsten des Aufbau-Verlages bzw. Herrn Lunkewitz persönlich, bestellt. Darüber hinaus veräußerte der Aufbau-Verlag mit notarieller Urkunde vom 18.07.1992 das Grundstück Französische Straße 32/33 zum Kaufpreis von DM 20 Mio. an die Bürohaus GmbH, Frankfurt/M., deren alleiniger Gesellschafter Herr Lunkewitz ist. Nach Aussage von Herrn Lunkewitz wurden diese Verfügungen über das Grundstück getroffen, weil die finanzielle Lage des Aufbau-Verlages so angespannt war, daß ihm keine andere Handhabe mehr gegeben war. Die Bürohaus GmbH zahlte daraufhin DM 1.500.000,– als Anzahlung auf den Grundstückskaufpreis an den Aufbau-Verlag. Von dem Wirtschaftsprüfer des Aufbau-Verlages wurde bestätigt, daß von Herrn Lunkewitz persönlich bzw. von seinen Firmen Darlehen und Bürgschaften in der Gesamthöhe von DM 7.500.000,– ausgereicht wurden.

Nachdem der vorgenannte Sachverhalt der Treuhandanstalt bekannt wurde, wurde durch die Abteilung U4 C3 eine einstweilige Verfügung erwirkt, mit der den Beteiligten ein weiterer Vollzug der vorgenannten Verträge untersagt wur-

de. Parallel dazu wurde von Seiten der Abteilung U4 C3 die Stellung des Antrages auf Eintragung einer Auflassungsvormerkung zu Gunsten der Treuhandanstalt für die Immobilie Französische Straße 32/33 durch den Notar veranlasst. Die Eintragung der Auflassungsvormerkung zu Gunsten der Treuhandanstalt ist zum gegenwärtigen Zeitpunkt allerdings noch nicht erreicht und es ist höchst zweifelhaft, ob diese Eintragung aufgrund der zeitlich vorrangigen Eintragungsanträge der Bürohaus GmbH erreicht werden kann. Darüber hinaus stehen der zügigen Eintragung formale Mängel des Grundstückskaufvertrages entgegen (Falsche Bezeichnung der Flurstücke).

Der Aufbau-Verlag versucht ebenfalls, im Wege der einstweiligen Verfügung die Eintragung einer Auflassungsvormerkung zu Gunsten der Treuhandanstalt zu verhindern. Ein entsprechender Antrag ist beim Landgericht gestellt aber noch nicht entschieden. Der Aufbau-Verlag beruft sich zur Begründung dieses Antrages auf die Kapitalerhaltungsvorschriften des GmbH-Gesetzes und macht geltend, daß derzeit eine Unterbilanz vorliege, die eine Verfügung über das Grundstück verbiete. Über diesen Antrag wird vor dem Landgericht am 24.11.1992 verhandelt. Im gleichen Termin wird das Landgericht auch über den durch den Aufbau-Verlag erhobenen Widerspruch gegen die einstweilige Verfügung zu Gunsten der Treuhandanstalt entscheiden.

Vor diesem Hintergrund forderte Herr Lunkewitz im Namen aller Erwerber des Aufbau-Verlages von der Treuhandanstalt die Zahlung eines Betrages in Höhe von DM 12 Mio. Nur gegen Zahlung eines solchen Betrages ist Herr Lunkewitz bereit, seine Grundbuchpositionen aufzugeben.

Die Forderung in Höhe von DM 12 Mio. wird von Herrn Lunkewitz damit begründet, daß zum einen der im Aufbau-Verlag vorhandene Bestand an Titel- und Verlagsrechten nicht im entferntesten dem entspreche, wovon die Parteien bei Abschluß des Unternehmenskaufvertrages ausgegangen seien. Zum anderen sei die Ertragslage des Unternehmens wesentlich schlechter, als bei den Verkaufsverhandlungen angenommen wurde. Insbesondere seien die bedeutendsten Lizenzrechte des Verlages (Heinrich Mann, Anna Seghers u. a.) nicht vollständig vorhanden, was die Vermarktung dieser Bücher praktisch unmöglich mache. Der Verlag sei damit beschäftigt, die fehlenden Verlags- und Lizenzrechte von West-Verlagen bzw. den Erben der Autoren zusammenzukaufen, um den Rechtsbestand zu erlangen, von dem man bei Vertragsabschluß ausging. Im übrigen seien die Vorräte (Buchbestände) zum damaligen Zeitpunkt völlig überbewertet worden. Die meisten lieferbaren Titel ließen sich nicht vermarkten. Die von Herrn Lunkewitz persönlich und seinen Firmen gewährten Darlehen und Bürgschaften seien ausschließlich zur Begleichung von Verbindlichkeiten aus Lieferungen und Leistungen sowie zur Zahlung von Gehältern verwendet worden, da diesen Verbindlichkeiten entsprechende Einnahmen nicht gegenüberstanden. Derzeit habe der Aufbau-Verlag fällige Verbindlichkeiten in Höhe von ca. DM 1,8 Mio.

Für die Geschäftsjahre 1993 und 1994 sei mit weiteren Verlusten in Höhe von DM 3,5 Mio. zu rechnen. Erst im Jahre 1995 könne mit einem ausgeglichenen Betriebsergebnis gerechnet werden. Bis dahin habe ihn der Verlag also ca. DM 15 Mio. gekostet.

U4 C3 hat in den bisher geführten Verhandlungen die Position vertreten, daß etwaige Nachbesserungen des Unternehmenskaufvertrages nur unter der Vorbedingung in Betracht kämen, daß Herr Lunkewitz bzw. die anderen beteiligten Gesellschaften die vertragswidrigen Grundbuchpositionen aufgeben. Herr Lunkewitz akzeptierte diese Vorbedingung nicht. Er machte insbesondere geltend, daß sich die gegenwärtig fälligen Verbindlichkeiten des Verlages auf ca. DM 1,8 Mio. beliefen und er nicht bereit sei, dem Verlag weitere finanzielle Mittel zur Verfügung zu stellen. Von dem Geschäftsführer des Aufbau-Verlages wurde gegenüber der Abteilung U4 C3 ausdrücklich erklärt, daß eine Zahlungsunfähigkeit im Sinne des GmbH-Gesetzes vorliege und er sich gezwungen sehe, bis zum 27.11.1992 Antrag auf Gesamtvollstreckung zu stellen.

Herr Voelker wies in diesem Zusammenhang darauf hin, daß der Unternehmenskaufvertrag vom 18.9.1991, mit dem die Geschäftsanteile am Aufbau-Verlag von der Treuhandanstalt veräußert wurden sowie die hierzu geschlossene Nachtragsurkunde aus formellen Gründen nichtig ist. Dieser formelle Mangel läßt sich durch Zeitablauf nicht heilen und hat zur Folge, daß die Treuhandanstalt aus juristischer Sicht nach wie vor Inhaber der Geschäftsanteile ist. Sofern dieser Umstand im Rahmen der gerichtlichen Auseinandersetzungen oder eines etwaigen Gesamtvollstreckungsverfahrens zu Tage tritt, steht die Treuhandanstalt als Gesellschafter des überschuldeten Verlages da.

Herr Voelker teilte mit, daß Herr Lunkewitz darüber hinaus angekündigt habe, er werde den Unternehmerkaufvertrag wegen Wegfalls der Geschäftsgrundlage bzw. Sittenwidrigkeit anfechten, was im Falle der gerichtlichen Auseinandersetzung um diesen Punkt ebenfalls die Nichtigkeit des Unternehmerkaufvertrages mit der vorab aufgezeigten Folge zu Tage fördern könnte. Zudem läßt sich der Grundstückskaufvertrag zwischen dem Aufbau-Verlag und der Treuhandanstalt im Falle der Durchführung eines Gesamtvollstreckungsverfahrens nicht mehr vollziehen.

Vor diesem Hintergrund wurden von den Beteiligten die finanziellen Risiken der Treuhandanstalt diskutiert. Es be-

stand Einvernehmen darüber, daß die Nichtigkeit des Unternehmenskaufvertrages früher oder später im Laufe der Gerichtsverfahren zu Tage treten würde. Darüber hinaus bestand Einigkeit darüber – soweit nicht eine vergleichsweise Regelung gefunden wird – daß die Einleitung des Gesamtvollstreckungsverfahrens wegen Zahlungsunfähigkeit des Aufbau-Verlages mit Sicherheit zu erwarten ist. Der Wert des Grundstücks Französische Straße 32/33 ist mit ungefähr DM 30 Mio. zu veranschlagen. Es ist zu berücksichtigen, daß die Immobilie restitutionsbelastet ist. Allerdings ist die Begründetheit dieser Restitutionsansprüche zumindest zweifelhaft.

Im Falle der Gesamtvollstreckung ist daher damit zu rechnen, daß die Immobilie durch den Gesamtvollstrecker zum Zwecke der Ablösung der Verbindlichkeiten des Verlages verwertet wird. Aus diesem Verwertungserlös würden u.a. die Verbindlichkeiten des Verlages gegenüber Herrn Lunkewitz bzw. seinen Firmen befriedigt. Letztlich würden damit sämtliche Verluste, die der Aufbau-Verlag erwirtschaftet hat, aus dessen Substanz (einschließlich Immobilie) finanziert.

Die Beteiligten kamen übereinstimmend zu dem Ergebnis, daß – unter Aufrechterhaltung des Aufbau-Verlages – der Abschluß eines Vergleiches, mit dem sich die Treuhandanstalt nur zu einer anteiligen Übernahme der aufgelaufenen Verluste bzw. zu einer Korrektur des Kaufpreises für die Geschäftsanteile verpflichtet, die wirtschaftlich sinnvollste Lösung darstellt. Damit kann sowohl die Übertragung des Grundstückes an die Treuhandanstalt sowie die anteilige Übernahme der aufgelaufenen Verluste des Verlages durch die Erwerber sichergestellt werden. Des weiteren bietet eine vergleichsweise Regelung die Möglichkeit, im Wege des Abschlusses einer notariellen Vereinbarung die Nichtigkeit des Unternehmenskaufvertrages sowie die sonstigen formellen und materiellen Mängel des Grundstückskaufvertrages zu beseitigen.

Auf Basis des von Herrn Lunkewitz geforderten Betrages in Höhe von DM 12 Mio. und der vorab aufgezeigten Erwägungen wurde sodann diskutiert, bis zu welchem Betrag die Treuhandanstalt bereit sein könnte, eine Verminderung des Kaufpreises für die Geschäftsanteile bzw. eine Beteiligung an den aufgelaufenen Verlusten des Verlages zu akzeptieren. Letztlich wurde ein Betrag von DM 7.500.000,– als vertretbar angesehen.

Zur Frage, in welcher Form ein solcher Betrag gegebenenfalls zu leisten sei, bestand Einvernehmen darüber, daß dieser Betrag im Wege der Erhöhung des Kaufpreises für das Grundstück an den Aufbau-Verlag zu leisten ist. Damit wird zum einen dem Aufbau-Verlag das Argument des Leistungsverweigerungsrechtes aufgrund der Kapitalerhaltungsvorschriften des GmbH-Gesetzes genommen und zum anderen sichergestellt, daß die von der Treuhandanstalt zur Verfügung gestellten Mittel direkt in das Vermögen des Verlages fließen.

Karsten Voelker«[185]

Die Treuhandanstalt hatte bei der Vorbereitung der Verhandlung festgestellt, dass die bisher abgeschlossenen Verträge nichtig waren, weil der Notar bei der Protokollierung der Abtretung der vermeintlichen Geschäftsanteile formelle Fehler gemacht hatte. Im Vertrag selbst war handschriftlich sogar festgehalten, dass die Parteien auf die gesetzlich vorgeschriebene »*Verlesung der Anlagen 1 bis 4 verzichtet haben*«[186]. Deren Verlesung war jedoch gesetzlich zwingend vorgeschrieben. Damit waren der Unternehmenskaufvertrag vom

---

185 BFL/BvS, K 075
186 BFL/BvS, 001, letzte Seite

18.9.1991 sowie der Änderungs- und Beitrittsvertrag vom 27.9.1991 nicht nur deswegen nichtig, weil wegen des fortbestehenden Eigentums des Kulturbunds am Aufbau-Verlag das Treuhandgesetz gar nicht galt und die vermeintliche Aufbau-Verlag GmbH i. A. deshalb nicht entstehen und übertragen werden konnte, sondern unabhängig davon auch wegen Formnichtigkeit des Vertrages. Auch aufgrund dieses Mangels hatten die Käufer das Eigentum an den Verlagen nicht erworben. Die Auswirkung des Fehlers sei hier nochmals genannt:

»Dieser formelle Mangel läßt sich durch Zeitablauf nicht heilen und hat zur Folge, daß die Treuhandanstalt aus juristischer Sicht nach wie vor Inhaber der Geschäftsanteile ist.«

Die Verlage waren nach der eigenen Feststellung der THA wegen nicht heilbarer Formfehler *»aus juristischer Sicht«* – d.h. tatsächlich – nicht Eigentum der Käufer geworden. Alle bisherigen Aufwendungen, der Kaufpreis und die Investitionen der Käufer in Millionenhöhe in die ihnen nicht gehörenden vermeintlichen GmbH i. A. waren ohne Rechtsgrund getätigt worden und müssten von der Treuhandanstalt erstattet werden, da erst vom Zeitpunkt des Eigentumswechsels an den entschuldeten Unternehmen die Käufer für deren Finanzierung einzustehen hatten. Beide Parteien des Vertrages hatten inzwischen aber erkannt, dass die Unternehmen wirtschaftlich wesentlich schlechter positioniert und ausgestattet waren als bei Vertragsabschluss von den Käufern angenommen und die Raubdrucke das Ansehen der Verlage in der Branche und der Öffentlichkeit extrem geschädigt hatten. Deshalb verheimlichten die Verantwortlichen der Treuhandanstalt die nur von ihnen erkannte Nichtigkeit der Verträge, weil sie befürchteten, dass die Käufer *»sich darauf berufen«* und die erneute Abtretung der Geschäftsanteile entweder ablehnen oder sie nur dann annehmen würden, wenn »*sämtliche Verluste, die der Aufbau-Verlag erwirtschaftet hat, aus dessen Substanz (einschließlich Immobilie) finanziert*« werden.

Die Mitarbeiter der Treuhandanstalt hatten aber vor, die arglosen Käufer zu täuschen, um »*die anteilige Übernahme der aufgelaufenen Verluste des Verlages durch die Erwerber*« zu erreichen, und erfand einen Vorwand, mit dem sie die bisherige nichtige Abtretung der Geschäftsanteile von den Käufern unbemerkt »*heilen*« könnte.

In der Nacht vor dem Termin beim Landgericht Berlin am 24.11.1992 wurde vor dem Notar Christian M. Klein von Karsten Voelker für die Treuhandanstalt und Bernd F. Lunkewitz für alle Käufer ein Vergleichsvertrag geschlossen, durch den »*die Erschienenen beabsichtigen, sich hinsichtlich sämtlicher Fragen gütlich zu einigen und hierbei sowohl die Geschäftsanteilskaufverträge als auch den Grundstückskaufvertrag zugunsten der Treuhandanstalt aufrecht zu erhalten und durchzuführen. […]*

Mit der gütlichen Einigung in dieser Urkunde sollen alle gegenseitigen Ansprüche der Beteiligten untereinander ausgeglichen werden. […]

Die Parteien sind sich einig, daß der Beteiligte zu 7. Rechtsnachfolger des eingetragenen Grundstückseigentümers ist. […]

Die Treuhandanstalt verpflichtet sich unter ausdrücklicher Aufrechterhaltung ihrer Position zum Verkehrswert des Grundstückes, sowie in Anbetracht einer möglicherweise nicht in der vorgestellten Form gegebenen Werthaltigkeit der Geschäftsanteile des Aufbau-Verlages sowie zur Vermeidung einer weiteren gerichtlichen Auseinandersetzung zwischen den Beteiligten und im Interesse der Fortführung des Aufbau-Verlages und des Verlages Rütten & Loening auch im Interesse der dort beschäftigten Arbeitnehmer, einen weiteren Kaufpreisanteil für das Grundstück Französische Str. 32/33 in Höhe von

9.000.000,– DM
(in Worten neun Millionen Deutsche Mark)

zu zahlen. [...]
Der Aufbau-Verlag sowie die Käufer haben sich gegenüber der Treuhandanstalt darauf berufen, daß der Erfüllung des Grundstückskaufvertrages über das Grundstück Französische Str. 32/33 gemäß den Regelungen der §§ 30, 31 GmbHG die von ihnen behauptete Tatsache entgegenstehe, daß der Aufbau-Verlag sowohl zum Zeitpunkt des Grundstückskaufvertrages als auch nach der erwarteten Geschäftsentwicklung für die Zukunft in dem zukünftigen Zeitpunkt der Eigentumsumschreibung auf die Treuhandanstalt ein negatives Eigenkapital aufweise.
Die vorstehend geregelte Verpflichtung der Treuhandanstalt zur Zahlung eines weiteren Kaufpreisanteils für das Grundstück Französische Str. 32/33 ist auch zur Beseitigung dieser von den Käufern behaupteten Unterkapitalisierung des Aufbau-Verlages eingegangen worden.
Die Parteien sind sich darüber einig, daß auch im Hinblick auf die in den Geschäftsanteilskaufverträgen übernommene Verpflichtung der Käufer zur Fortführung des Aufbau-Verlages und des Verlages Rütten & Loening die darüber hinausgehende Verantwortung für die Vermeidung der Unterkapitalisierung die Käufer trifft.
Die Käufer und der Erschienene zu 2. persönlich verpflichten sich im Hinblick hierauf hiermit als Gesamtschuldner, dem Aufbau-Verlag zur Beseitigung einer der Eigentumsumschreibung des Grundstücks Französische Str. 32/33 auf die Treuhandanstalt entgegenstehenden Unterbilanz die

erforderlichen Beträge auf erstes Anfordern der Treuhandanstalt als Eigenkapital zuzuführen.

Der Erschienene zu 2. persönlich unterwirft sich zugunsten der Treuhandanstalt wegen der vorstehenden Verpflichtung der sofortigen Zwangsvollstreckung aus dieser Urkunde in sein gesamtes Vermögen bis zu einem Betrag in Höhe von 10 Millionen DM. [...]

Die Parteien sind sich ferner darüber einig, daß die beiderseitigen Verpflichtungen aus dem Geschäftsanteilskaufvertrag nach Maßgabe der Regelungen dieses Vertrages beiderseitig erfüllt sind. [...]

In Ziff. 7.2 des vorbezeichneten Geschäftsanteilskaufvertrages hat sich die BFL verpflichtet, Sanierungsmaßnahmen durchzuführen. Die Beteiligten konkretisieren diese Verpflichtungen dahingehend, daß die Käufer verpflichtet sind, zumindest bis zum Ablauf des Jahres 1995 dem Aufbau-Verlag und Rütten & Loening die Mittel zur Verfügung zu stellen, die zur Fortführung des Geschäftsbetriebes erforderlich sind oder werden. [...]

Auch im Hinblick auf diesen Vertrag erklären nunmehr die Parteien übereinstimmend, daß die aufschiebenden Bedingungen eingetreten sind und daß im Hinblick hierauf die Verkäuferin die Geschäftsanteile an die dies annehmenden Käufer in dem in der Präambel dieser Urkunde aufgeführten Verhältnis abtritt.«[187]

Die Treuhandanstalt hat nach Abschluss dieses Vertrages zwar 9 Millionen DM mehr, insgesamt also 17,2 Millionen DM, für das Grundstück des Aufbau-Verlages gezahlt, aber das Grundstück war tatsächlich mehr als 30 Millionen DM

---

187 Urkundenrolle 665/1992 des Notars Christian M. Klein, Berlin. BFL/BvS K 003

wert, und der Kaufpreis für die Geschäftsanteile betrug immerhin 1 Million DM plus 3 Millionen DM Schuldenübernahme.

Vor allem aber hatten die Vertreter der Treuhandanstalt die von Karsten Voelker in der Besprechung zur Nachverhandlung der nichtigen Unternehmenskaufverträge am 20.11.1992 vorgeschlagene und mit Zustimmung des Vorstands Dr. Klintz, des Direktors Dr. Sinnecker u. a. gemeinsam beschlossene zentrale Täuschungsabsicht verwirklicht. Die Käufer – ohne Kenntnis von der Nichtigkeit der vorherigen Verträge – akzeptierten die unter einem Vorwand verlangte erneute Abtretung der Geschäftsanteile und übernahmen damit *»anteilig die aufgelaufenen Verluste«* und die weitere verlustreiche Finanzierung der Verlage. Bernd F. Lunkewitz unterwarf sich in Höhe von bis zu 10 Millionen DM sogar der sofortigen Zwangsvollstreckung in sein persönliches Vermögen.

Das alles war nur möglich, weil die ahnungslosen Käufer über den angeblichen Grund für die erneute Abtretung der vermeintlichen Geschäftsanteile getäuscht wurden und die Verantwortlichen der Treuhandanstalt die von ihnen erkannte Nichtigkeit der bisher geschlossenen Verträge verschwiegen. Die Behauptung, dass »*von Teilen der Käufer*« die Auffassung vertreten worden sei, die bisherigen Verträge seien wegen Sittenwidrigkeit nichtig, und deshalb sei eine erneute Abtretung erforderlich, ließ sich während der Verhandlungen in der Nacht zum 24.11.1992 nicht überprüfen, weil die anderen Käufer, von denen angeblich diese Bemerkungen stammten, nicht anwesend waren. Dadurch gelang es den Verantwortlichen der Treuhandanstalt, die Käufer arglistig zur Annahme dieser erneuten Abtretung zu bewegen.

Die betrügerischen Absichten der Treuhandanstalt gehen klar aus der Sachstandsdarstellung hervor, die nach der unter

Vorspiegelung falscher Angaben zustande gekommenen Anteilsabtretung verfasst wurde:

»*Kaufmännisches Direktorat*   *Berlin, 20.1.1993*
U4 C3 Vertragsmanagement   *WF / 1 05/ sch*

»*Aufbau-Verlag«, Berlin*
Sachstandsdarstellung

1. *Verkauf des Aufbau-Verlages und des Verlages Rütten & Loening am 18.09.1991 an BFL Beteiligungs- GmbH, Gesellschafter Lunkewitz, (Geschäftsanteilskauf- und Abtretungsvertrag) zum Preis von 1 Mio. DM.*
   Die zum Verlag gehörende Immobilie Französische Straße 32/33 wird am gleichen Tage zu einem Kaufpreis von ca. 8 Mio. DM an die THA durch notariellen Vertrag herausverkauft. Die Eintragung einer Auflassungsvormerkung wurde von dem Notar nicht beantragt.
   Durch einen Formfehler des Notars waren die Verträge nichtig, was aber zunächst den Beteiligten nicht klar war.
2. *1992 forderte Herr Lunkewitz eine Freistellung von Ansprüchen aus Plus-Auflagen. Hierbei handelt es sich um Auflagen, die von DDR-Verlagen auf ministerielle Anweisung unter Bruch der Lizenzverträge gedruckt wurden und für die die Lizenzgebühren an das Ministerium abgeführt wurden.*
   Aufgrund der klaren Rechtslage gab die THA die verlangte Freistellung. Herr Lunkewitz gab die erwartete Höhe der Haftung mit 8 Mio. DM an, lehnte aber eine Deckelung ab.
3. *In der Folgezeit beschwerte sich Herr Lunkewitz über die schlechte wirtschaftliche Lage des Verlages, die er zum Teil auf Umstände zurückführte, die bei Vertragsabschluß nicht erkannt wurden (unvollständige Rechtebestände,*

unverkäufliche Buchbestände mit entsprechenden Lagerkosten sowie unvorhergesehene Verluste).
Er behauptete, mehr als 11 Mio. DM in den Verlag nachgeschossen zu haben und berichtete von weiterem unvorhergesehenen Finanzbedarf.
4. *Die THA erfuhr, daß Herr Lunkewitz die Immobilie an eine eigene Gesellschaft zum Verkehrswert von 20 Mio. DM verkauft hat. Er weigerte sich zunächst, diesen Verkauf rückgängig zu machen und das Grundstück vertragsgemäß auf die THA zurück zu übertragen, da ihm der Differenzbetrag von 12 Mio. DM wegen der unter 3. geschilderten Situation ›zustehen würde‹.*
5. *Die THA ließ durch einstweilige Verfügung Herrn Lunkewitz untersagen, den Verkauf des Grundstückes an seine Gesellschaft durchzuführen, und zwang ihn damit, in Verhandlungen mit der THA einzutreten.*
6. *In den nachfolgenden Verhandlungen war die THA in einer schlechten Verhandlungsposition, da sie inzwischen die Nichtigkeit der Verträge erkannt hatte und befürchtete, Lunkewitz würde sich auf diese Nichtigkeit berufen.*
Nach schwierigen und langwierigen Verhandlungen wurde folgendes Ergebnis erreicht:
a) *Das Grundstück wird auf die THA zurückübertragen ohne Berücksichtigung der Wertsteigerung des Grundstückes.*
b) *Die Forderungen wegen der nicht erkannten wirtschaftlichen Vertragsmängel (unvollständiger Rechtsbestand, unverkäufliche Buchbestände usw.) werden in einer Teilhöhe von 7 Mio. DM anerkannt. Die Berechtigung der Forderungen wurde von der THA nach WP-Richtlinien systematisch geprüft und bestätigt.*
c) *Die Haftung der THA aus den Plus-Auflagen wird nach Zahlung von 2 Mio. DM auf 5,2 Mio. DM gedeckelt; Er-*

sparnisse werden zwischen der THA und Lunkewitz 50:50 geteilt.
d) *Der hiernach zu zahlende Gesamtbetrag beläuft sich auf insgesamt 9 Mio. DM, was von der Presse als Entgelt für die Wertsteigerung der Immobilie interpretiert wurde. Eine Richtigstellung in der Öffentlichkeit war der THA nicht möglich, da wegen der Plus-Auflagen Verschwiegenheit vertraglich vereinbart worden war.*
7. *Der unter 6. skizzierte Vergleich wurde von den zuständigen Gremien der THA genehmigt und notariell beurkundet, wodurch auch die Nichtigkeit der vorherigen Verträge geheilt wurde.«*[188]

Die hier unter 1. Abs. 3 dargelegte Nichtigkeit der Verträge war allerdings nur einer Seite der »*Beteiligten nicht klar*«, nämlich den Käufern. Wenn sie die Nichtigkeit der Verträge erkannt hätten, wären die Verhandlungen in offener Verständigung und auf gleichberechtigter Grundlage geführt worden und zu einem fairen Ergebnis gekommen, oder der Kauf wäre endgültig gescheitert und die Treuhandanstalt hätte den Schaden der Käufer ausgleichen müssen. Dadurch, dass die Treuhandanstalt den Käufern verschwiegen hat, dass die Verträge auch wegen nicht heilbarer Formmängel nichtig waren, hat sie diese erneut arglistig getäuscht. Die Berechtigung dieses Vorwurfs wird durch eine einfache Überlegung bestätigt: Hätten die Vertreter der Treuhandanstalt die Verträge auch dann heimlich durch erneute Abtretung »geheilt«, wenn sich inzwischen herausgestellt hätte, dass der Kaufpreis viel zu niedrig war, weil der Aufbau-Verlag eine sehr wertvolle »*Goldgrube*« ist?

---

188 BFL/BvS, K 074

Im Übrigen hat bei der notariellen Beurkundung des Vergleichsvertrages der Notar die in Bezug genommenen Anlagen ebenfalls nicht verlesen, was für sich allein bereits dazu führt, dass auch dieser Vertrag nichtig ist.

Auch durch die in dem Vergleichsvertrag am 24.11.1992 zum dritten Mal versuchten Abtretung konnten die Käufer die verkauften Geschäftsanteile an den vermeintlichen GmbHs i. A. nicht erwerben, was sie aber damals nicht wussten.

Die an der arglistigen Täuschung der Käufer beteiligten Mitarbeiter der Treuhandanstalt und der anderen Behörden hielten die »Heilung« der nichtigen Verträge und die damit erreichte Abwälzung der Verluste und der drastischen Nachteile aus den Plusauflagen des Aufbau-Verlages auf die Käufer für gelungen.

Nachdem Bernd F. Lunkewitz seit dem Herbst 1994 die tatsächlichen Eigentumsverhältnisse am Aufbau-Verlag und das Wissen der Behörden über die Plusauflagen immer genauer ermittelte, verschanzte sich die Treuhandanstalt hinter der Justiz, die jedes Mittel nutzte, um die staatlichen – tatsächlich aber fiskalischen – Interessen zu verteidigen.

Der Streit über die Privatisierung des Aufbau-Verlages wurde in der Zeit nach der Insolvenz der Aufbau-Verlagsgruppe GmbH im Jahre 2008 endgültig von dem Skandal der kriminellen Vereinigung einiger Mitarbeiter in der Treuhandanstalt zu einem viel größeren Justizskandal. Die Gerichte erklärten in den Prozessen um die Feststellung der Schadensersatzpflicht der Treuhandanstalt das staatliche Unrecht im Interesse des Fiskus für rechtens. In den von der insolventen Aufbau-Verlagsgruppe GmbH in Berlin und den von Bernd F. Lunkewitz im eigenen Interesse und als Rechtsnachfolger des Kulturbunds in Frankfurt geführten Prozessen wurden die kriminellen Betrugsmanöver der Treuhandanstalt von den Gerichten als »*Wahrnehmung berechtigter Interessen*«

akzeptiert und die Klagen mit unhaltbaren Begründungen zurückgewiesen.

Friedrich Nietzsche schrieb im Zarathustra: »Staat heißt das kälteste aller kalten Ungeheuer. Kalt lügt es auch; und diese Lüge kriecht aus seinem Munde: ›Ich, der Staat, bin das Volk.‹«

Die Rechtsnachfolge

Die Witwe des Friedensnobelpreisträgers Carl von Ossietzky hatte Anfang der 1960er-Jahre die weltweiten Urheberverwertungsrechte an dessen Werken bis zum Ende der Schutzfrist dem Aufbau-Verlag übertragen. In der DDR betrug diese Schutzfrist 50 Jahre post mortem auctoris. Da Carl von Ossietzky 1938 gestorben war, liefen diese Rechte für die DDR am Jahresende 1988 aus. In der Bundesrepublik Deutschland galt aber wie in vielen anderen Mitgliedsstaaten des Berner Urheberrechtsabkommens eine Schutzfrist von 70 Jahren. Die war nach Ansicht von Bernd F. Lunkewitz auch für den Vertrag über die Rechte am Werk Carl von Ossietzkys verbindlich, weil seit dem 3. Oktober 1990 das Urheberrecht einheitlich in ganz Deutschland galt.

Inzwischen hatte der Rowohlt Verlag in Zusammenarbeit mit der Carl-von-Ossietzky-Universität Oldenburg und mittels erheblicher Fördergelder eine Gesamtausgabe der Werke Ossietzkys begonnen und dafür mit dessen Tochter einen Vertrag über die Rechte am Gesamtwerk geschlossen. Als der Aufbau-Verlag unter Berufung auf den noch immer gültigen Vertrag über die Weltrechte des Autors sein »Ossietzky-Lesebuch«[189] herausbrachte, klagte der Rowohlt Ver-

---

189 Carl von Ossietzky, »Ein Lesebuch für unsere Zeit«. Aufbau-Verlag (AtV), Berlin 1993

lag auf Unterlassung. Die Aufbau-Verlag GmbH erhob daraufhin Widerklage gegen den Rowohlt Verlag vor dem Landgericht Hamburg und wurde dort aufgefordert, ihre Stellung als Rechtsnachfolger des Aufbau-Verlags des Kulturbunds darzulegen. Die Übergabe des Aufbau-Verlages von der SED/PDS in Volkseigentum sei unwirksam, und da nach einer Entscheidung des Kammergerichts das Treuhandgesetz auf organisationseigene Betriebe nicht anwendbar ist, sei dessen formwechselnde Umwandlung in die Aufbau-Verlag GmbH nicht erfolgt.

Am 29.12.1993 schrieb deshalb die Geschäftsleitung des Verlages an die Treuhandanstalt Direktorat Sondervermögen:

»Der Verlag befindet sich derzeit in einer rechtlichen Auseinandersetzung mit der Rowohlt GmbH Reinbek bei Hamburg um die Inhaberschaft an den Rechten am Werk Carl von Ossietzkys. [...]

Der Verlag hat im übrigen beim Landgericht Berlin Klage gegen die Erben des Schriftstellers Heinrich Mann eingereicht. [...] Auch im dortigen Verfahren sind entsprechende Einwände der Erben Heinrich Manns gegen die Parteifähigkeit Aufbaus zu erwarten. [...]

Diese Rechtsunsicherheit kann keinesfalls zu Lasten des Verlages gehen. Wir bitten Sie deswegen darum, vor dem Hintergrund der Umstände – vorbehaltlich der abschließenden rechtlichen Klärung der hier angesprochenen Fragen – höchst vorsorglich etwa von der Treuhandanstalt treuhänderisch zu verwaltende Rechte, soweit sie die konkret in Frage stehenden Verfahren betreffen, an den Verlag abzutreten.«[190]

Mit diesem Schreiben an die Treuhandanstalt hatte die Aufbau-Verlag GmbH ihre ersten Zweifel an den Eigen-

---

190 BFL/BvS, K 083

tumsverhältnissen des Verlages und an der Wirksamkeit des Kaufvertrages mitgeteilt.

Anstatt im Wege einer offenen Verständigung gemeinsam mit dem Verlag und den Käufern die Rechtslage zu klären und eventuell entstandene Probleme zu heilen, entschlossen sich die Treuhandanstalt und das Sekretariat der Unabhängigen Kommission zum vorsätzlichen Rechtsbruch durch die Vertuschung ihrer bereits seit längerer Zeit bestehenden Kenntnis vom fortbestehenden Eigentum des Kulturbunds am Aufbau-Verlag und damit der Nichtigkeit der mit den Käufern geschlossenen Verträge.

Am 9.2.1994 kam es zu einer internen Konferenz zwischen der Treuhandanstalt Privatisierung, dem Direktorat Sondervermögen und der UKPV.

Das Protokoll dieser Besprechung entlarvt die vorsätzlich rechtswidrige Behandlung des Aufbau-Verlages, der Käufer und des Kulturbunds durch diese beteiligten Behörden:

»*Sekretariat UK PV* *Berlin, den 11. Februar 1994*
PV 1 – 500 – 5/37
Ref.: MinR Bennewitz
Ref.: RR Berger
Betr.: Aufbau Verlag Berlin und Weimar
Hier: Besprechung am Mittwoch, dem 9. Februar 1994
1. V e r m e r k
An der Besprechung am 9. Februar 1994 nahmen teil:
Herr Dr. Fischer u. Herr Gütschow – THA, Direktorat Vertragsmanagement (VM3 22)
Herr Schmidt – THA, Direktorat Sondervermögen (U2 SV5 B) und der Unterzeichner.

Anlaß für die Besprechung war ein Schreiben der Geschäftsführer der Aufbau Verlag GmbH mit der Bitte um Abtretung etwaiger treuhänderisch verwalteter Vermögensgegenstände des OEB Aufbau Verlag.

Den Vertretern des Direktorats Vertragsmanagement der Treuhandanstalt wurden die rechtlichen Rahmenbedingungen erläutert, nach denen Vermögensgegenstände des Sondervermögens verwertet werden können. Es wurde dargelegt, daß der Aufbau Verlag ein organisationseigener Betrieb im Eigentum des Kulturbundes gewesen sei und nicht im Eigentum der SED. Soweit daher durch die Veräußerung des Aufbau Verlages ein positiver Kaufpreis eingenommen wurde, müsse dieser in das Sondervermögen überführt werden. Ich habe klargestellt, daß die Wirksamkeit der Veräußerung des Aufbau-Verlages nicht in Frage gestellt werden solle, sondern nur intern zwischen der Unabhängigen Kommission und der Treuhandanstalt entschieden werden müsse, ob aus der Veräußerung des Aufbau Verlages ein positiver Kaufpreis erzielt werden konnte, welcher dann dem Sondervermögen abgeführt werden müsse. Hierbei wurde auch besprochen, welche Auswirkungen es für die Wirksamkeit der Veräußerung des Aufbau-Verlages hat, daß sich dieser als organisationseigener Betrieb nicht im Eigentum der SED, sondern im Eigentum des Kulturbundes befand. Es bestand Einigkeit darüber, daß dies zur Folge hat, daß die Aufbau Verlag GmbH, deren Geschäftsanteile veräußert wurden, eine vermögenslose Hülle darstellt, da sie nicht gemäß § 11 Abs. 2 TreuhG bzw. gem. § 7 Umwandlungs-VO Rechtsnachfolgerin in das Vermögen des OEB Aufbau Verlag werden konnte. Es wurde besprochen, welches Vorgehen in diesem Fall angeraten wäre. Ich habe erklärt, daß ich eine hilfsweise Abtretung bzw. Übertragung aller Vermögensgegenstände des OEB Aufbau-Verlag an die Aufbau Verlag GmbH befürworte, daß jedoch die Entscheidungsprärogative insoweit bei der Treuhandanstalt und dort beim Direktorat Vertragsmanagement liege. Es wur-

de Einigung darüber erzielt, daß das Direktorat Vertragsmanagement der Treuhandanstalt die Frage eventuell notwendiger Heilungsmaßnahmen prüfen wird.
Berger«[191]

Die beteiligten Behörden stellten also übereinstimmend fest:
1. Der Aufbau-Verlag war nie Eigentum der SED, sondern Eigentum des Kulturbunds. Mangels Eigentums konnte die SED den Verlag nicht in Volkseigentum übertragen. Das Übergabe-/Übernahmeprotokoll vom 14.3./ 2.4.1990 ist deshalb unwirksam.
Da nach dem Treuhandgesetz nur volkseigene Betriebe umgewandelt werden konnten, war eine der Treuhandanstalt gehörende Aufbau-Verlag GmbH i. A. nie entstanden. Die gleichwohl verkauften vermeintlichen Geschäftsanteile existierten nicht und konnten auch nachträglich nicht mehr entstehen. Ihre Übertragung war daher von Anfang an objektiv unmöglich. Die Verträge vom 18.9./ 27.9.1991 und vom 24.11.1992 waren deshalb nichtig. Die Käufer hatten nichts erworben. Die von ihnen mit Millionenbeträgen finanzierte Aufbau-Verlag GmbH war nicht Eigentümerin des Verlags, sondern eine vermögenslose, leere Hülle. Der Kulturbund e. V. war noch immer Eigentümer des Aufbau-Verlages.
2. Die Wirksamkeit der Kaufverträge sollte trotzdem nicht infrage gestellt werden und die gezahlten Kaufpreise einbehalten bleiben. Nur unter sich wollten die Behörden ausmachen, an welche von ihnen der Erlös aus dem – nichtigen – Verkauf abzuführen sei.
3. Die Prüfung etwaiger Heilungsmaßnahmen blieb der Treuhandanstalt überlassen.

---
191 BFL/BvS, K 083. Siehe Fn 7

Die Vertreter der Treuhandanstalt entschieden sich dazu, keine Heilungsmaßnahmen einzuleiten, sondern stattdessen den Käufern die zwischen den Behörden übereinstimmend festgestellen Tatsachen zu verschweigen und der Aufbau-Verlag GmbH und den Käufern falsche amtliche Auskünfte zu erteilen.

Zur Täuschung der Geschäftsleitung des Aufbau-Verlags entwarfen sie ein Schreiben, dessen Inhalt mit den Teilnehmern der Besprechung vom 9.2.1994 abgestimmt wurde. Obwohl zwischen den verantwortlichen Mitarbeitern der Behörden – Treuhandanstalt, Direktorat Sondervermögen und Sekretariat der UKPV – über das Scheitern der Privatisierung des Aufbau-Verlages und die mangelnde Rechtsnachfolge der Aufbau-Verlag GmbH Einigkeit erzielt worden war, widersprach diese Auskunft diametral den eigenen Erkenntnissen der Behörden.

Eingestanden wurde nur die Tatsache, dass die SED/PDS nie Eigentümerin des Aufbau-Verlages gewesen war und sich lediglich als solche »*geriert*« hatte.

Die amtliche Antwort der Treuhandanstalt, Direktorat Sondervermögen, vom 11. Februar 1994 auf das Auskunftsersuchen des Aufbau-Verlages lautet:

»*Aufbau-Verlag, Geschäftsführung   U2 SV5 B/Sche*
Französische Straße 32   Herr Schmidt
10117 Berlin   Berlin, 11. Februar 1994
Abtretung von Rechten

Sehr geehrte Damen und Herren,
mit Schreiben vom 29. Dezember 1993 haben Sie die Treuhandanstalt gebeten, etwaige treuhänderisch verwaltete Rechte der Parteien und Massenorganisationen an den Werken Carl von Ossietzkys und Heinrich Manns an Sie abzutreten.

Nach den Feststellungen der Unabhängigen Kommission stand der Aufbau-Verlag nicht im Eigentum der SED. Es existiert zwar ein von der PDS und dem Ministerium für Kultur unterschriebenes ›Übergabe-/Übernahmeprotokoll‹ vom 14. März/02. April 1990, wonach der Aufbau-Verlag ›aus dem Eigentum der PDS in Volkseigentum überführt‹ wurde, und zwar ›mit Wirkung vom 01. Januar 1990‹.

Tatsächlich ist jedoch der Aufbau-Verlag bereits vor dieser ›Überführung‹ unter der Nr. 110-15-538 im Register der volkseigenen Wirtschaft des Vertragsgerichts der Hauptstadt Berlin eingetragen gewesen, und zwar mit dem ›Ministerrat der DDR, Ministerium für Kultur, Hauptverwaltung Verlage und Buchhandel‹, als übergeordnetem Organ.

Die Tatsache, daß sich die PDS entgegen den tatsächlichen Rechtsverhältnissen als Eigentümerin des Aufbau-Verlages gerierte, ändert nichts daran, daß es sich bereits im März 1990 nicht um Partei-, sondern offensichtlich um Volkseigentum handelte.

Nach Ansicht der Treuhandanstalt kann daher die Anwendung der von Ihnen zitierten Rechtsprechung des Kammergerichts auf den Aufbau-Verlag nicht in Betracht kommen. Im Übrigen ist die Treuhandanstalt nach dem derzeitigen Kenntnisstand ihren Verpflichtungen aus den Verträgen vom 18. September und 27. September 1991 nachgekommen und hält daher eine Abgabe weiterer Abtretungserklärungen nicht für erforderlich.

Mit freundlichen Grüßen
Dr. Dierdorf
(dieser Entwurf wurde heute wörtlich mit H. Berger, UK und H. Dr. Fischer, VM Z1, abgestimmt. 14./2.)«[192]

---

192 BFL/BvS K 084. Ablichtung im Anhang

Die Treuhandanstalt bestätigte mit dieser amtlichen Auskunft, dass die SED nie Eigentümerin des Aufbau-Verlages und deshalb die Übergabe durch die Partei in Volkseigentum unwirksam war.

Sie behauptete jedoch, dass der Aufbau-Verlag wegen seiner Eintragung im Register der volkseigenen Wirtschaft *»offensichtlich«* bereits volkseigen war und sie deshalb die Kaufverträge erfüllt habe.

Die Geschäftsführer des Aufbau-Verlages verfolgten nach dem Erhalt dieses Schreibens im guten Glauben an die Wahrhaftigkeit amtlicher Auskünfte und die Bindung deutscher Behörden an Gesetz und Recht die beiden Gerichtsverfahren weiter und berücksichtigten deren Inhalt auch bei anderen Verfahren um die Plusauflagen.

Nachdem der Treuhandanstalt die Täuschung der Käufer und der Aufbau-Verlag GmbH zunächst gelungen war, schickte sie das Schreiben vom 11.2.1994 auch an die Zentrag (»Dr. Strack z.K.«), die in der DDR als zentrale Holding fast 50 Prozent des Vermögens der SED, darunter auch die parteieigenen Verlage, gehalten hatte. Die Zentrag unterlag seit dem 1.6.1990 ebenso wie die SED und der Kulturbund und andere gesellschaftliche Organisationen der DDR der treuhänderischen Verwaltung durch die Treuhandanstalt Direktorat Sondervermögen im Einvernehmen mit der UKPV. Offensichtlich sollte die Zentrag über die »Sprachregelung« informiert werden, dass ab sofort die Treuhandanstalt behauptet, der Aufbau-Verlag sei in der DDR nicht Eigentum der SED, sondern bereits vor der Wende Volkseigentum gewesen.

Der Brief wurde dort Arno Lange vorgelegt, den die Treuhandanstalt als Leiter des Archivs der Zentrag angestellt hatte, weil er bestens mit den Eigentumsverhältnissen der von der HV Verlage verwalteten partei- und organisationseigenen Verlage vertraut war.

Als Leiter des Sektors Verlage und Buchhandel der Abteilung Kultur beim ZK der SED hatte er von jeder Änderung am »Eigentumsstatus« der dort betreuten Verlage erfahren. Wegen seiner genauen Kenntnis dieser Eigentumsverhältnisse war er am 21.12.1989 vom Präsidium des Parteivorstands in die »*Arbeitsgruppe zur Sicherung des Vermögens der SED/ PDS*« berufen worden.[193] Er war deshalb persönlich an den Vorgängen um die vermeintliche Übergabe/Übernahme des Aufbau-Verlages und des Verlages Rütten & Loening in Volkseigentum durch die SED im Frühjahr 1990 beteiligt gewesen und hatte an den dafür entscheidenden Beratungen teilgenommen.

Im Jahre 1992 hatte Arno Lange den Dienstherren und seine Loyalität gewechselt. Den zuständigen Behörden hat er umgehend mitgeteilt, dass der Aufbau-Verlag in der DDR nicht parteieigen, sondern ein organisationseigener Betrieb im Eigentum des Kulturbunds war. Der im Sekretariat der UKPV tätige und für die Überprüfung des Vermögens der SED zuständige Referent Hingst hatte am 29.12.1992 einen Vermerk über die Aussagen der langjährigen Prokuristin und Buchhalterin der Zentrag, Frau Smalla, verfasst, nachdem er sie am 15.12.1992 zu den Eigentumsverhältnissen der Verlage befragt hatte.[194]

Sie bestätigte die Aussage von Arno Lange, dass der Aufbau-Verlag kein Parteibetrieb der SED gewesen ist. Aus diesem Grunde habe die Zentrag, die für alle im Eigentum der SED stehenden Verlage zuständig war, den Aufbau-Verlag nicht geführt oder verwaltet. »*Auch die typischerweise in Betracht kommenden Umstände für eine Parteizugehörigkeit:*

---

193 ADS, Bestand: PDS-PV-146, 000184
194 BFL/BvS, K 079

- *Bilanzierung bei der Zentrag*
- *Gewinnabführung über die Zentrag an die Partei*
- *Einbeziehung der Verlagsbeschäftigten in die ›Freiwillige zusätzliche Altersversorgung der Partei‹ für Mitglieder der SED, ihrer Einrichtungen und Betriebe, hätten nicht vorgelegen.«*[195]

Referent Hingst notierte: »*Lange hat auch eine nachvollziehbare Erklärung dafür, daß sich die Partei gleichwohl mit dem Protokoll der Übergabe des Verlages in Volkseigentum als Eigentümerin geriert hat*«[196] und kündigte an, er werde Arno Lange um eine schriftliche Darstellung bitten. In den bisher zugänglichen Akten ist das Schriftstück jedoch nicht enthalten.

Als Ergebnis eines weiteren Gesprächs – nachdem Arno Lange im Archiv die Unterlagen gesichtet hatte – notierte Referent Hingst am 12.1.1993 auf dem Vermerk handschriftlich: »*Herr Lange legt dar, daß es sich beim Aufbau-Verlag um einen OEB des Kulturbundes gehandelt habe. Er nimmt dafür auf die beiliegende Vereinbarung Bezug.*«[197]

Diese Vereinbarung ist ebenfalls nicht in den bisher zugänglichen Akten enthalten.

Arno Lange erhielt das am 11.2.1994 verfasste Schreiben der Treuhandanstalt an den Aufbau-Verlag als Kopie am 29.3.1994. Er erkannte nicht, dass die Auskünfte vom 11. Februar 1994 nicht irrtümlich, sondern in Täuschungsabsicht erteilt worden waren.

In einem Vermerk für Dr. Jens-Peter Strack, den von der Treuhandanstalt eingesetzten Geschäftsführer der Zentrag,

---

195 Ebd.
196 Ebd.
197 Ebd.

zu deren Beteiligungen auch die umstrittene Novum GmbH mit ein paar hundert Millionen DM Auslandsvermögen der SED gehörte, widersprach er den Behauptungen der Treuhandanstalt, dass es sich beim Aufbau-Verlag »bereits im März 1990 nicht um Partei-, sondern offensichtlich um Volkseigentum handelte«, und wies auf das fortdauernde Eigentum des Kulturbunds hin:

»Vermerk für Herrn Dr. Strack, Berlin, d. 30.03.94   la-ber
Aufbau Verlag, Berlin
Zum Brief der Treuhandanstalt vom 11. Februar 1994 (Posteingang bei der Zentrag am 29.03.94) an die Geschäftsführung des Verlages ist, insbesondere zur Charakterisierung der Eigentumsverhältnisse, folgendes zu bemerken:
1. Der 1945 gegründete Aufbau Verlag GmbH, Berlin, (Verlag des Kulturbundes) wurde 1952 der wirtschaftlichen Aufsicht der neu gegründeten Druckerei- und Verlagskontor GmbH, Berlin, unterstellt. Die Gesellschafter des DVK fungierten als Treuhänder der SED.
2. Im Zusammenhang mit der Reorganisation des Verlagswesens in der DDR 1962–1963 wurde auf Grundlage des Politbürobeschlusses 34/62 – 385 vom 31.07.62 u. a. das DVK stillgelegt und die bis dahin dort wahrgenommene wirtschaftliche Anleitung von 10 Buchverlagen (Belletristik und Jugendliteratur), darunter der Aufbau Verlag, in die Verwaltung des Ministeriums für Kultur, HV Verlage und Buchhandel, übertragen.
Im Ministerium für Kultur wurde damit die einheitliche kulturelle und wirtschaftliche Anleitung dieses Verlagskomplexes verwirklicht, so wie es bereits für volkseigene Verlage gehandhabt wurde.
3. Ausgehend von diesem Beschluß wurden in einer Vereinbarung zwischen der Abteilung Finanzverwaltung und

Parteibetriebe beim ZK und dem Ministerium für Kultur, HV Verlage, vom 13.12.63, die Modalitäten über die Leitung, Planung, Verwaltung und Kontrolle der parteieigenen Verlage geregelt.

Wichtigster Punkt: Der Eigentumsstatus dieser Verlage wurde nicht geändert. Sie blieben weiterhin in Partei- bzw. Organisationseigentum.

Die Eintragung im Register der Volkseigenen Wirtschaft ist nur ein scheinbarer Widerspruch. Grundlage dafür war die seinerzeitige Einführung der wirtschaftlichen Rechnungsführung und die Behandlung steuerlicher Fragen.

4. *Die Planung und Abrechnung dieser in Verwaltung übertragenen Verlage erfolgte durch das Ministerium für Kultur, HV Verlage.*

    Die HV Verlage war wiederum im Hinblick auf die wirtschaftlichen Ergebnisse dieser Verlage gegenüber der Abt. Finanzverwaltung und Parteibetriebe rechenschaftspflichtig. Die Gewinne der Verlage wurden über die HV Verlage zentralisiert und an die Hauptkasse des ZK abgeführt bzw. nach den Festlegungen der Abt. Finanzverwaltung und Parteibetriebe verwendet. Die Jahresrechenschaftsberichte des Ministeriums für Kultur für diese Verlage wurden jeweils von der Revisionskommission des ZK kontrolliert.

5. *Das Gefüge des Aufbau Verlages wurde erweitert durch die Hinzuführung des Programms vom früheren Thüringer Volksverlag (Kulturelles Erbe), Gründung der Außenstelle in Weimar sowie der Hinzunahme des belletristischen Programms vom Verlag Rütten & Loening.*

    Der Direktor des Aufbau Verlages war zugleich Mitglied des Präsidialrates des Kulturbundes. Damit erfolgte die unmittelbare Koordinierung kultureller Strategien und auch eine gewisse Rechenschaftslegung.

6. *Mit der Wende 1989–90 stellte das Ministerium für Kultur die Verwaltung der parteieigenen Buchverlage ein.*
Aufgrund entsprechender Forderungen der Belegschaften wurden 5 Buchverlage (darunter der Aufbau-Verlag) in Volkseigentum überführt.
Die Überführung erfolgte auf Grundlage von Übergabe-/ Übernahme-Protokollen zu den Bilanzwerten vom 31.12. 89, mit Wirkung vom 01.01.1990.
Zur Übergabe gehörten neben den Umlaufmitteln, Beständen, Betriebsgrundstücken, vor allem die Verlagsrechte als ideeller Wert.
Die Vereinbarung für den Aufbau Verlag sowie Verlag Rütten & Loening, Berlin, datiert vom 14.03.90, wurde vom Parteivorstand der PDS als Übergebender und dem Ministerium für Kultur sowie der Verlagsdirektion als Übernehmender unterzeichnet.
Weitere 5 Buchverlage wurden unter Beteiligung von Mitarbeitern und Autoren seinerzeit direkt als GmbH (wie Management-Buy-Out) konstituiert.
Aus dieser Entwicklungsgeschichte ist ersichtlich, daß sich der Eigentumsstatus des Aufbau Verlages mit der Überführung in Volkseigentum erst 1990 änderte.

A. Lange«[198]

Arno Lange bestätigt in diesem Vermerk den »*wichtigste[n] Punkt*«: »*Der Eigentumsstatus dieser Verlage wurde nicht geändert.*«

---

198 BArch. Bestand Zentrag. (Die »Profilierung« zum 1.1.1964 betraf außer 10 Verlagen der SED auch 3 Verlage der Massenorganisationen, darunter den Aufbau-Verlag des Kulturbunds. Siehe Fn 53, 54, 55)

Folglich blieb der Aufbau-Verlag in der DDR als organisationseigener Betrieb, unabhängig von seiner Eintragung im Register der volkseigenen Wirtschaft, und auch nach der Profilierung der Verlage zum 1.1.1964 und bis zur Wende und darüber hinaus unverändert Eigentum des Kulturbunds.

Die vorsätzlich falsche Auskunft der Treuhandanstalt, dass es sich beim Aufbau-Verlag »*bereits im März 1990 nicht um Partei-, sondern offensichtlich um Volkseigentum handelte*« ist ebenso unvereinbar mit der gültigen Rechtslage wie die juristisch unzutreffende Behauptung von Arno Lange, dass »*aufgrund entsprechender Forderungen der Belegschaften*« »*sich (!) der Eigentumsstatus des Aufbau Verlages mit der Überführung in Volkseigentum erst 1990 änderte*[199]«. Die Unterzeichner des Übernahme-/Übergabeprotokolls vom 14.3.1990 hatten keinerlei Verfügungsbefugnis über den Aufbau-Verlag. Der Kulturbund war dessen alleiniger Eigentümer und hatte von der vermeintlichen Übergabe weder Kenntnis, noch war er daran beteiligt.

Die Treuhandanstalt hatte am 11.2.1994 in dem Schreiben an die Aufbau-Verlag GmbH selbst »*die Tatsache*« eingestanden, »*daß sich die PDS entgegen der tatsächlichen Rechtsverhältnisse als Eigentümerin des Aufbau-Verlages gerierte*«, also – wie auch von Arno Lange und der PDS[200] selbst bestätigt – nie dessen Eigentümerin war, weshalb sie über den Aufbau-Verlag nicht verfügen konnte und schon deshalb das Übernahme-/Übergabeprotokoll unwirksam war.

Weil der Aufbau-Verlag am gesetzlichen Stichtag 1.7.1990 kein VEB war, konnte er nicht in eine GmbH i. A. umgewandelt werden. Die verkaufte vermeintliche Aufbau-Verlag GmbH i. A. war nicht entstanden und konnte auch später nicht

---

199 Ebd.
200 Schreiben Dr. Dietmar Bartsch, PDS, vom 10.4.1995, BFL/BvS, K 174

mehr entstehen und folglich auch nicht übertragen werden. Die Kaufverträge zwischen der Treuhandanstalt und den Käufern waren von Anfang an aus diesen Rechtsgründen wegen der objektiven Unmöglichkeit ihrer Erfüllung nichtig. Der Kulturbund blieb weiterhin Eigentümer des Aufbau-Verlages.

Die beteiligten Behörden übergingen trotz ihrer Kenntnis dieser Umstände bewusst die Eigentumsrechte des Kulturbunds, um ihre jeweils eigenen Interessen zu verfolgen.

Die Treuhandanstalt blieb offensichtlich wegen der absehbar unabsehbaren Folgen bei ihrem Beschluss, insbesondere den Käufern und dem Kulturbund diese Umstände zu verschweigen und weigerte sich auch gegenüber dem Sekretariat der Unabhängigen Kommission, die Heilung der Veräußerungsverträge vorzunehmen.

Am 23.3.1994 verfasste Regierungsrat Berger, der im Sekretariat der UKPV für die Überprüfung des Vermögens des Kulturbunds zuständig war, einen weiteren Vermerk zum Aufbau-Verlag:

»Ref.: RR Berger
Betr.: Aufbau-Verlag
hier: Kaufpreiserlös und Plusauflagen
1. Vermerk
Am 9. März 1994 führte ich ein Telefongespräch mit Herrn Dr. Fischer, Referatsleiter Abt. VM 3 Z 1 (Operatives Vertragsmanagement der Treuhandanstalt.) Ich habe Herrn Dr. Fischer gefragt, ob wegen des Vermerks des Landgerichts Hamburg zur fehlenden Rechtsnachfolge der Aufbauverlag GmbH i. A. in das Vermögen des OEB Aufbauverlag nunmehr eine Heilung der Veräußerungsverträge vorgenommen werden solle.

Herr Fischer entgegnete, daß Gesprächsbedarf von seiner Seite bezüglich eventueller Heilungsmaßnahmen nur beste-

he, wenn von seiten der UK das Einvernehmen erteilt werde, Forderungen wegen sogenannter Plusauflagenhonorare aus dem Sondervermögen zu bestreiten.

Ich habe dies abgelehnt mit dem Hinweis, daß die Rechtsnachfolge der Aufbauverlag GmbH i. A. in das Vermögen des OEB Aufbauverlag vom Sachverhalt der sogenannten Plusauflagenhonorare zu trennen sei und für mich keine Anspruchsgrundlage sichtbar sei, die eine Haftung der SED/PDS wegen dieser sogenannten Plusauflagenhonorare begründet.

Herr Fischer wiederholt, daß ein Gesprächsbedarf seinerseits nur dann bestehe, soweit die UK ihr Einvernehmen dahingehend erteile, daß Forderungen wegen Plusauflagenhonoraren aus Sondervermögen bestritten werden.
Berger«[201]

In diesem Vermerk wird nochmals bestätigt, dass beide Behörden das Scheitern der Privatisierung zwar erkannt hatten, sich aber lediglich darüber stritten, ob der Erlös aus dem rechtswidrigen und nichtigen Verkauf in die rechte (Treuhandanstalt: Bundeshaushalt) oder linke (Treuhand Sondervermögen: neue Bundesländer) Tasche des Staates fließen würde und aus welcher Tasche die Kosten der Plusauflagen – insgesamt etwas mehr als zehn Millionen DM – bezahlt werden. Beide Behörden verletzten damit vorsätzlich die Vermögensinteressen des Kulturbunds und der Käufer. Den vielen Juristen in der Treuhandanstalt war bestens bekannt, dass Urheberrechte nicht gutgläubig erworben werden können, dass also die mit dem Aufbau-Verlag der DDR nicht identische vermögenslose Neugründung Aufbau-Verlag GmbH laufend dessen Rechte und die Rechte der Autoren verletzte, durch

---

201 VG Berlin zu 26 A 191 / 94. Beiakte UK, Band I

unwirksame Lizenzverträge dieses Problem in zahlreichen Fällen potenzierte und es auch durch Zeitablauf nicht verschwindet.

In einem Telefonat mit Dr. Josef Dierdorf am 14.4.1994 wiederholte Sven Berger seinen Vorschlag vom 9.2.1994, nur den »positiven Kaufpreis« an das Sondervermögen abzuführen und gestand noch weitergehend sogar zu, auch die Kosten für die Plusauflagen zu berücksichtigen.

Er schrieb an die *»Treuhandanstalt, U2 SV, Herrn Dr. Dierdorf*

[...]

Betr.: Aufbau-Verlag
hier: Erlösauskehr und Plusauflagenhonorare
Bezug: Unser Telefonat vom 14.4.1994

Sehr geehrter Herr Dr. Dierdorf,
nach Abstimmung mit Herrn Bennewitz und Herrn v. Hammerstein werde ich in der Angelegenheit Erlösauskehr für die Veräußerung des Aufbau-Verlages nicht tätig werden, bevor die sogenannte Plusauflagenproblematik endgültig beigelegt ist.

Nach Beilegung des Streits um die sogenannten Plusauflagen werde ich feststellen, ob die Treuhandanstalt aus der Veräußerung des Aufbau-Verlages einen positiven Kaufpreis erzielen konnte. Für die Berechnung des wirtschaftlichen Ergebnisses der Veräußerung des Aufbau-Verlages werden auch Leistungen der Treuhandanstalt im Rahmen der sogenannten Freistellungszusage zugunsten des Aufbau-Verlages wegen Plusauflagenhonoraren Berücksichtigung finden.

Nur wenn nach Berücksichtigung dieser Position noch ein positiver Kaufpreiserlös der Treuhandanstalt feststellbar ist, müßte dieser ins Sondervermögen übernommen werden.

Bitte lassen Sie mich wissen, wenn Sie Kenntnis von der endgültigen Beilegung der Plusauflagenproblematik erlangt haben.

Mit freundlichen Grüßen
Im Auftrag
Berger«[202]

Die Treuhandanstalt (Haushalt des Bundes) wollte aber sowohl den Kaufpreis behalten als auch das Altvermögen der SED (Haushalt neue Bundesländer) mit den Forderungen wegen der Plusauflagen belasten und ihre Zahlungen an die vermögenslose Aufbau-Verlag GmbH aus dem Vermögen des Kulturbunds bestreiten. Der interne Streit der Behörden gelangte bis in die oberste Führungsebene.

Der Vorstand der Treuhandanstalt beschloss die Bildung einer Arbeitsgruppe, der auch der Leiter des Direktorats Sondervermögen, Dr. Josef Dierdorf, angehörte. Ab dem 7.4.1994 beriet sie die weitere Vorgehensweise und formulierte eine Tischvorlage, die am 19.7.1994 vom Gesamtvorstand beschlossen wurde. Danach sollten die Zahlungen an die geschädigten westdeutschen Verlage zu 100 Prozent erfüllt, mit 4 Prozent ab dem 1.1.1992 verzinst und aus dem Parteivermögen geleistet werden.[203]

Die Treuhandanstalt beantragte bei der Unabhängigen Kommission Parteivermögen deren Einvernehmen, das aber nicht erteilt wurde. Auf ihrer 52. Sitzung fasste die UKPV am 12.9.1994 zu BU 576 einstimmig folgenden Beschluss:

»Die Unabhängige Kommission erklärt nicht ihr Einvernehmen zu dem Beschluss des Vorstands der Treuhandanstalt, die zur Abwicklung eines von der Treuhandanstalt beschlos-

---

202 VG Berlin zu 26 A 191 / 94. Beiakte UK Band I
203 Ebd.

senen Vergleichs in Sachen Plusauflagen und weiterer Ansprüche aus Plusauflagen erforderlichen Zahlungen aus dem Parteivermögen vornehmen zu lassen.«[204]

Diese Verweigerung des Einvernehmens wird damit begründet, dass »*nach der Maßgaberegelung des Einigungsvertrages zum PartG-DDR das Alt-Vermögen der Partei, soweit es nicht zu restituieren oder der Partei wieder zur Verfügung zu stellen ist, weil sie es nachweislich nach materiell-rechtsstaatlichen Grundsätzen im Sinne des Grundgesetzes erworben hat, zugunsten gemeinnütziger Zwecke im Beitrittsgebiet zu verwenden*« sei.

Diese Rechtslage traf allerdings auch auf den Kulturbund zu, der den Aufbau-Verlag durch den Erwerb aller Anteile an der Aufbau-Verlag GmbH im Jahre 1946 zweifellos nach materiell-rechtsstaatlichen Grundsätzen im Sinne des Grundgesetzes erworben und das Eigentum daran nie verloren hatte. Deshalb hätte der Aufbau-Verlag dem Direktorat Sondervermögen zugeordnet und im Einvernehmen mit der UKPV dem Kulturbund wieder zur Verfügung gestellt werden müssen.

In der Begründung des Beschlusses sind die Eigentumsverhältnisse an den betroffenen Verlagen genannt:

»*Betroffen sind u. a. der Aufbau-Verlag, der Verlag Volk und Welt und der Gustav Kiepenheuer Verlag. Per 7.10.1989 handelte es sich bei den Verlagen Gustav Kiepenheuer sowie Volk und Welt um parteieigene Betriebe der SED, während der Aufbau-Verlag nach den der Unabhängigen Kommission vorliegenden Erkenntnissen als organisationseigener Betrieb des Kulturbunds der DDR geführt wurde. Die Verlage wurden von der Hauptverwaltung Verlage und Buchhandel im Ministerium für Kultur verwaltet. Sie sind mit Wirkung zum 1.1.1990 – jedenfalls in tatsächlicher Hinsicht (1) und im Er-*

---

204 BArch. B 441 / 1129

gebnis unentgeltlich (2) – mit ihrem gesamten Vermögen in Volkseigentum überführt worden und daher nach Maßgabe des Treuhandgesetzes an die (allgemeine) Treuhandanstalt gefallen, die inzwischen alle drei Verlage privatisiert hat.«[205]

In den zwei Fußnoten wird dazu erläutert:
»(1) nach Auffassung des Sekretariats der Unabhängigen Kommission bestehen Zweifel an der Wirksamkeit der schuldrechtlichen Überführungsverträge wegen des Entgeltvorbehalts (s. dazu Fa. 2) und bezüglich des Aufbau-Verlags wegen der fehlenden Verfügungsbefugnis der PDS.

(2) allerdings hat die Partei ihre unentgeltliche Überführungserklärung jeweils durch eine bedingte Entgeltklausel des Inhalts ergänzt, daß ein näher bezifferter Zeitwert des Betriebs fällig wird, wenn ein Verkauf an Dritte erfolgt bzw. die in- oder ausländische Beteiligung 49 % übersteigt.«[206]

Angesichts dieser Begründung ist das Verhalten der Unabhängigen Kommission gegenüber dem Kulturbund klar rechtswidrig. Die genannten Zweifel an der *»Wirksamkeit der schuldrechtlichen Überführungsverträge«* und vor allem die von der UKPV im Beschluss offiziell festgestellte *»fehlende Verfügungsbefugnis der PDS«* über den *»als organisationseigener Betrieb des Kulturbunds der DDR«* – *»von der Hauptverwaltung Verlage und Buchhandel verwaltet(en) Aufbau-Verlag«* hätte die UKPV nicht ignorieren dürfen. Die Unabhängige Kommission hätte nach der eigenen amtlichen Feststellung (*»Nach den Feststellungen der Unabhängi-*

---
205 Ebd.
206 Ebd.

gen Kommission stand der Aufbau-Verlag nicht im Eigentum der SED«)[207] dem Kulturbund das Eigentum am Aufbau-Verlag durch Bescheid bestätigen und es vor der rechtswidrigen Verwendung durch die Treuhandanstalt schützen müssen. Für jeden offensichtlich, konnte der Aufbau-Verlag nicht durch einen unwirksamen Vertrag zwischen Dritten ohne gesetzliche Grundlage und in bloß *»tatsächlicher Hinsicht«* (aber nicht in »rechtlicher Hinsicht«) und auch noch *»unentgeltlich«*, wie eine Diebesbeute, in Volkseigentum geraten sein.

Auch die Käufer der nie entstandenen Aufbau-Verlag GmbH i. A., die den Aufbau-Verlag rechtswidrig mit der inzwischen im Handelsregister eingetragenen vermögenslosen Neugründung Aufbau-Verlag GmbH führten, hätten von der UKPV über diese Umstände informiert und aufgefordert werden müssen, den Verlag an die Treuhandanstalt Direktorat Sondervermögen zur treuhänderischen Verwaltung für den Kulturbund herauszugeben. Die Treuhandanstalt hätte die gescheiterte Privatisierung des Verlages eingestehen und danach versuchen können, die nichtigen Verträge durch den Abschluss wirksamer Verträge im Einvernehmen mit der UKPV und dem Kulturbund zu »heilen«.

Sie hatte aber an der Heilung der nichtigen Verträge schon deshalb kein Interesse, weil sie mit unabsehbaren Risiken belastet war. Die Folgen der von der Treuhandanstalt veranlassten jahrelangen unberechtigten Nutzung der Verlags- und Urheberrechte des Verlages durch Dritte waren nicht absehbar. Die Treuhandanstalt hatte zum 1.7.1990 »in tatsächlicher Hinsicht«, d. h. gesetzeswidrig und daher rechtlich unwirksam, den Geschäftsbetrieb des Aufbau-Verlags übernommen,

---

[207] Schreiben vom 11.2.1994, Siehe Fn 7; Ablichtung im Anhang. Siehe auch Fn 191

obwohl der Verlag mit seinem gesamten Vermögen – einschließlich des Grundstücks – materiell rechtsstaatlich erworbenes gemeinsames Eigentum aller Mitglieder des Kulturbunds war. Sie hatte der vermeintlichen Aufbau-Verlag GmbH i. A., die eine nichtige Scheingesellschaft war, mehr als 8 Millionen DM Kredit gegeben und zusätzlich 9 Millionen DM an die vermögenslose Neugründung Aufbau-Verlag GmbH gezahlt, das Grundstück des Verlages unwirksam gekauft und ebenso unwirksam weiterverkauft und entsprechend die Vermögensinteressen des Kulturbunds geschädigt. Nach Recht und Gesetz hätte der Verlag mit seinem gesamten Vermögen dem Direktorat Sondervermögen zur treuhänderischen Verwaltung übergeben und von dort im Einvernehmen mit der Unabhängigen Kommission dem Kulturbund wieder zur Verfügung gestellt werden müssen. Den Käufern, die schon drei Jahre den Verlag unberechtigt geführt und Millionenbeträge investiert hatten, hätte die Treuhandanstalt den Kaufpreis von 4.000.000 DM und alle weiteren Aufwendungen ersetzen müssen.

Dass aber die Behörden so oder so aus politischen Gründen dem unter ihrer treuhänderischen Verwaltung stehenden Kulturbund das gemeinsame Eigentum seiner 260.000 Mitglieder und damit die Existenzgrundlage entziehen wollten, ergibt sich wie oben dargestellt schon daraus, dass die UKPV sich bereit erklärt hatte, nur den »positiven« Kaufpreis (= Vermögen minus Aufwendungen der Treuhandanstalt) für das Sondervermögen zu reklamieren, also die rechtsgrundlosen Zahlungen der Treuhandanstalt an Dritte mit dem Vermögen des Kulturbunds zu saldieren.

Das politisch nicht ganz so »unabhängige« Sekretariat der Unabhängigen Kommission hat nicht gewagt oder nicht gewollt, gegen die Entscheidung der Treuhandanstalt, das Scheitern der Privatisierung weiter zu verheimlichen, einen

Feststellungsbescheid der UKPV zum Eigentum des Kulturbunds am Aufbau-Verlag herbeizuführen, obwohl die Überprüfung und Feststellung des Vermögens der Parteien und Massenorganisationen der DDR deren gesetzliche Aufgabe war und die von Hans-Jürgen Papier, dem späteren Präsidenten des Bundesverfassungsgerichts, geleitete Kommission selbst in der Begründung des Beschlusses BU 576 vom 12.11.1994 festgestellt hatte, dass »*der Aufbau-Verlag nach den der Unabhängigen Kommission vorliegenden Erkenntnissen als organisationseigener Betrieb des Kulturbunds der DDR geführt wurde*«.

An den Sitzungen der Unabhängigen Kommission nahmen Vertreter der Treuhandanstalt/BvS und des Bundesministeriums des Inneren teil[208]. Alle beteiligten Behörden waren daher über die tatsächlichen Eigentumsverhältnisse am Aufbau-Verlag informiert.

Als Bernd F. Lunkewitz einige Monate später die Treuhandanstalt verklagte und dann den Aufbau-Verlag vom Kulturbund kaufte, erließ Hans-Jürgen Papier[209], der zukünftige oberste Richter der Bundesrepublik Deutschland, nach einem Telefonanruf von Sven Berger, der ihn »über den Hintergrund Klage Lunkewitz/BvS wegen Aufbau unterrichtet«[210] hatte, innerhalb weniger Stunden auf Verlagen der Treuhandanstalt und wider besseres Wissen eine »Eilentscheidung« der UKPV, die dem Kulturbund den Schutz seiner verfassungsrechtlich garantierten Eigentumsrechte verweigerte.

---

208 Gemäß § 5 Abs. 3 Satz 1 PVKV
209 Hans-Jürgen Papier ist zurzeit Vorsitzender der Limbach-Kommission. Sie berät Behörden und Opfer des Raubs von Kulturgütern durch NS-Täter.
210 BFL/BvS, K 113

Die Eigentumsfrage

Im Herbst 1994 war das leidige Problem der Plusauflagen noch immer nicht erledigt. Am einfachsten wäre es aus der Sicht des Verlages, wenn das Direktorat Sondervermögen der Treuhandanstalt die berechtigten Honorarforderungen der geschädigten Lizenzgeber/Urheber aus den beschlagnahmten Geldern der SED zurückzahlt. Dorthin waren zu DDR-Zeiten die Honorare für die Plusauflagen geflossen, von dort hätten sie an den Aufbau-Verlag zurückgegeben und von ihm an die Berechtigten gezahlt werden können.

Am 28.9.1994 rief Bernd F. Lunkewitz das Sekretariat der Unabhängigen Kommission (UKPV) an und fragte sich durch nach dem für mögliche Ansprüche des Aufbau-Verlages zuständigen Sachbearbeiter. Er wurde mit dem für den Kulturbund verantwortlichen Regierungsrat Sven Berger verbunden. Sven Berger hatte an der Besprechung am 9.2.1994 in der Treuhandanstalt zum Auskunftsersuchen des Aufbau-Verlages teilgenommen und das Protokoll verfasst, in dem dargelegt ist, dass die Privatisierung des Verlages gescheitert ist, weil der Aufbau Verlag nie Eigentum der SED, sondern ein organisationseigener Betrieb im Eigentum des Kulturbunds war. Er hatte außerdem den Vermerk vom 23.3.1994 über das Telefonat vom 9.3.1994 niedergeschrieben. In diesem machte Dr. Helmut Fischer die Heilung der Privatisierung durch die Treuhandanstalt abhängig von der

Übernahme der Kosten für die Plusauflagen durch das Sondervermögen.

Als Bernd F. Lunkewitz ebenfalls mit der Forderung, die Kosten der Plusauflagen sollten aus dem Altvermögen der SED gezahlt werden, Sven Berger konfrontierte, erklärte der zur völligen Verblüffung des Verlegers, dass die Unabhängige Kommission diesem Vorschlag schon deshalb nicht zustimmen könne, weil die von ihm vertretene Aufbau-Verlag GmbH mit dem Aufbau-Verlag der DDR nicht identisch und lediglich eine vermögenslose Hülle sei.

Über dieses Telefongespräch verfasste Sven Berger eine

»Gesprächs-Notiz: telefonisch
Mit Herr[n] Lunkewitz
In Ffm
Datum 28.9.94
Betrifft: Aufbau Verlag/Plusauflagen
Herr Lunkewitz bittet um Begründung für die Weigerung der UK, Forderungen aus »Plusauflagen« aus dem SED-Sondervermögen zu erstatten. Er stellt in dieser Frage die Klageerhebung in Aussicht. Ich erkläre, daß spez. im Falle Aufbau Anhaltspunkte dafür bestehen, daß Aufbau nicht OEB SED, sondern OEB Kulturbund war und er daher eine vermögenslose Hülle erworben habe. Herr Lunkewitz erklärt (äußerst erregt) die Frage und die rechtl. Konsequenzen prüfen zu lassen. Berger«[211]

Bernd F. Lunkewitz informierte sofort die Mitgesellschafter und die Geschäftsführer des Aufbau-Verlages. Er bat den Rechtsanwalt Bernd Schrader um eine Stellungnahme zu den von Sven Berger mitgeteilten Umständen und den sich da-

---
211 BFL/BvS, K 086

raus ergebenden rechtlichen und wirtschaftlichen Konsequenzen für die Aufbau-Verlag GmbH und deren Gesellschafter. Am 5.10.1994 richtete er an die Treuhandanstalt folgendes Schreiben:

»Aufbau-Verlag GmbH – Privatisierung 1991
Sehr geehrte Damen und Herren,
sehr geehrter Herr Beimesche,
ich nehme in dieser Angelegenheit Bezug auf meine telefonischen Besprechungen mit Herrn Berger von der Abteilung Sondervermögen vom 28.09.1994 und mit Herrn Beimesche vom 04.10.1994.

Ich nehme zur Kenntnis, daß auf Ihrer Seite offenkundig davon ausgegangen wird, die im Jahre 1991 von den Investoren erworbene Aufbau-Verlag GmbH (HRB 35991 AG Charlottenburg) sei nicht identisch mit dem ehemaligen Aufbau-Verlag Berlin und Weimar.

Wenn das zutrifft, hat die Treuhandanstalt den Investoren den Vertragsgegenstand aus den Vereinbarungen vom 18.09.1991 nie verschafft. Bei der Gesellschaft, deren Geschäftsanteile veräußert worden wären, würde es sich um eine nichtige Gesellschaft handeln oder aber um eine substanzlose Gesellschaft, der die von ihr in Anspruch genommenen Vermögenswerte nicht gehörten.

Die Folgen einer etwa gescheiterten Veräußerung sind derzeit noch überhaupt nicht absehbar. Es steht aber bereits fest, daß den Investoren dann ein außerordentlicher Schaden entstanden ist, und zwar auf materiellem wie auch auf immateriellem Gebiet. Für diesen Schaden hat die Verkäuferin auch uneingeschränkt einzustehen. Der lapidare Hinweis Herrn Bergers auf die vertraglichen Gewährleistungsausschlüsse geht fehl. Ich brauche an dieser Stelle lediglich darauf hinzuweisen, daß sämtliche Gewährleistungsregeln selbstver-

ständlich erst nach Übergabe des Gegenstandes, auf den sie sich beziehen, zur Anwendung kommen können. Bis zur Übergabe bleibt es bei der Garantiehaftung des Verkäufers.

Angesichts der Umstände habe ich Sie im Namen aller Gesellschafter der Aufbau-Verlag GmbH aufzufordern, mir verbindlich zu erklären, daß Sie die Privatisierungsvereinbarungen vom September 1991 erfüllen bzw. den Investoren allen Schaden ersetzen werden, der ihnen aus der etwa fehlgeschlagenen Veräußerung entstanden ist und in der Zukunft noch entstehen wird. Die Investoren müssen, sei es im Wege der Vertragserfüllung, sei es durch die Leistung von Schadensersatz oder durch Freistellung, so gestellt werden, wie es nach dem ursprünglichen Willen der Parteien gewollt war.

Dieser Erklärung sehe ich bis zum 12.10.1994 um 18.00 Uhr entgegen.

Auf die Schadensbestimmung im einzelnen komme ich zurück.

*Mit freundlichen Grüßen
BFL Beteiligungsgesellschaft mbH
(Bernd F. Lunkewitz)«* [212]

Vom Vorstand der Treuhandanstalt, Dr. Wolf Klintz, wurde das Direktorat Vertragsmanagement, dort der Direktor Robert U. Dreher und Dr. Helmut J. Fischer, der persönlich bereits an der Besprechung vom 9.2.1994 und der verabredeten Täuschung des Aufbau-Verlages teilgenommen hatte, damit beauftragt, diese Ansprüche abzuwehren. Unterstützt wurden sie von Hansjörg Schaal, dem Leiter des Direktorats Recht, und dessen Mitarbeiter Johannes Beimesche. Allen diesen Vertretern der Treuhandanstalt war bereits seit Längerem bekannt, dass der Aufbau-Verlag noch immer Eigentum

---

212 BFL/BvS, K 087

des Kulturbunds war. Sie wussten, dass die verkauften Geschäftsanteile nie existiert hatten und auch nicht mehr entstehen konnten, behaupteten aber – ohne dafür irgendeinen Beweis anzutreten –, dass die Verträge von der Treuhandanstalt rechtswirksam erfüllt worden seien.

Der Verleger übersandte am 24.10.1994 ein Rechtsgutachten des Rechtsanwalts Schrader über das Eigentum am Aufbau-Verlag und schrieb am 15.11.1994 an Johannes Beimesche:

»*Ich weise nochmals darauf hin, daß auf Grund der mangelnden Rechtsnachfolge bzw. Identität der Aufbau-Verlag GmbH jeden Tag neue Probleme entstehen, die zu einem unübersehbaren Risiko für die Investoren und damit für die THA werden können*«[213]

und forderte die Treuhandanstalt auf, den Aufbau-Verlag bzw. dessen Vermögen vom Kulturbund zu erwerben, um die Erfüllung der Kaufverträge zu ermöglichen.

Die Treuhandanstalt bot ihm an, die entstandenen Rechtsfragen durch das Gutachten eines renommierten Rechtswissenschaftlers klären zu lassen. Da die Treuhandanstalt eine der strikten Gesetzes- und Verfassungsbindung unterliegende Körperschaft des öffentlichen Rechts sei, werde dieses Gutachten pflichtgemäß neutral und unabhängig ausfallen.

Sie beauftragte damit Professor Dr. Bernhard Schlink, den Inhaber des Lehrstuhls für Öffentliches Recht und Rechtsphilosophie an der Humboldt Universität zu Berlin. Professor Dr. Schlink übertrug die Ausarbeitung des Gutachtens an seinen auf DDR-Recht spezialisierten Mitarbeiter Dr. Bernd Hohmann.

---

213 BFL/BvS, K 089

Dr. Hohmann übersandte am 13.12.1994 einen gutachterlichen Vermerk an die Treuhandanstalt, Direktorat Recht:

»*Hiermit übersende ich Ihnen den angekündigten Vermerk. Leider kann ich Ihnen nichts Positives mitteilen. [...] Das DDR-Recht hilft jedoch nicht weiter. Ich denke, daß die THA, wenn sie weiterhin darauf beharren sollte, auf verlorenem Posten steht. Deshalb habe ich Abstand davon genommen, Herrn Prof. Schlink von mir aus einzuschalten. [...]*

Eine Enteignung des Kulturbunds hinsichtlich seines Eigentums am Aufbau-Verlag hat nicht stattgefunden. Der Aufbau-Verlag ist auch nicht aus volkseigenen Mitteln neu- oder ausgegründet worden. Ebenso wenig hat ein Verkauf oder eine Schenkung des Kulturbunds an den Staat DDR hinsichtlich des Aufbau-Verlages stattgefunden. Im Gegenteil, der Kulturbund gehörte nach 1949 zu den [...] Massenorganisationen, deren Eigentum verfassungsrechtlich besonders anerkannt und geschützt war. [...]

Zwischenergebnis:
Da der Kulturbund das Eigentum am Aufbau-Verlag seit 1946 weder durch Enteignung noch durch Verkauf oder Schenkung an den Staat DDR verloren hat, ist daran jedenfalls kein Volkseigentum entstanden. [...]

Zwischenergebnis:
Auch die Eintragung des Aufbau-Verlages im Register der volkseigenen Wirtschaft führte <u>nicht</u> dazu, daß der Verlag von diesem Zeitpunkt an im Volkseigentum stand. [...] Eine Umwandlung des Aufbau-Verlages nach § 11 Abs. 2 S. 2 TreuhG konnte nicht stattfinden, denn das Eigentum am Verlag war kein Volkseigentum, sondern gemeinsames Eigentum der Mitglieder des Kulturbunds.

Gesamtergebnis:
Der Aufbau-Verlag konnte nicht nach dem TreuhG umgewandelt und privatisiert werden, da er sich nicht im Volkseigentum befand.«[214]

Dieses Gutachten von Dr. Hohmann wurde Bernd F. Lunkewitz nicht übergeben, obwohl es für den 18.12.1994 zugesagt worden war. Der Direktor Robert U. Dreher erklärte ihm stattdessen, der Gutachter sei leider noch nicht fertig geworden. Das Gutachten werde aber am 4.1.1995 vorliegen. An diesem Tag rief Dr. Fischer an und teilte Bernd F. Lunkewitz mit, dass das Gutachten verbindlich erst Ende Januar 1995 vorliegen werde.
Bernd F. Lunkewitz antwortete:

»*Sehr geehrter Herr Dr. Fischer.*
[...] Soeben teilten Sie mir telefonisch mit, daß der beauftragte Gutachter ›nicht fertig geworden‹ sei und noch ›weitere Unterlagen und Dokumente sichten‹ müsse. Ein Termin für die Vorlage des Gutachtens sei ›verbindlich erst Ende Januar möglich‹. Ohne weiteren Kommentar zur ›Verbindlichkeit‹ der Erklärungen Ihres Hauses bitte ich Sie um eine schriftliche Begründung der Verzögerungen, da ich davon ausgehe, daß Ihnen längst ein – allerdings nicht genehmes – Gutachten vorliegt. Die jetzt von Ihnen verlangte weitere Frist von drei Wochen ist offensichtlich für die Anfertigung eines neuen, Ihre Rechtsauffassungen verteidigenden Gutachtens bestimmt. Ich sehe in der Behandlung des Falles einen weiteren schwerwiegenden Pflichtverstoß und Vertrauensbruch Ihres Hauses.«[215]

---

214 BFL/BvS, K 097
215 BFL/BvS, K 094

Direktor Robert U. Dreher wies diese Darlegungen am 4.1.1995 in einem Fax an Bernd F. Lunkewitz zurück:

»*Ihre Behauptung, daß uns ein nicht genehmes Gutachten bereits vorläge, müssen wir allerdings mit Nachdruck zurückweisen. [...]*
Wir dürfen Sie daher bitten, bei der bisherigen fairen Verhandlungsführung zu bleiben und uns keine unlauteren Motive zu unterstellen.«[216]

Tatsächlich hatte die Treuhandanstalt am 23.12.1994 Prof. Dr. Bernhard Schlink dazu überredet, gegen ein Honorar von 30.000 DM einen von ihr formulierten Text als ein von ihm auftragsgemäß neutral und unabhängig erstelltes »Gutachten« auszugeben und zur Täuschung der Käufer, des Kulturbunds, der Gerichte und des Rechtsverkehrs insgesamt zu präsentieren.

Wenige Tage später telefonierte Bernd F. Lunkewitz erneut mit Robert U. Dreher. Auf den wiederholten Vorwurf, die Treuhandanstalt lasse ein Gefälligkeitsgutachten anfertigen, antwortete Robert U. Dreher, der offensichtlich arglistige Täuschung im Auftrag und angeblichem Interesse des Staates für legitim hält:

»*Junger Mann, Sie sprechen mit einem Vertreter der Bundesrepublik Deutschland. Unterstellen Sie uns so etwas nicht.*«

Nachdem Bernd F. Lunkewitz diesem Staatsdiener ankündigte, die Treuhandanstalt zu verklagen, erwiderte er im vollen Bewusstsein der politischen und institutionellen Übermacht des Regierungs- und Verwaltungsapparats der Bundesrepublik Deutschland gegenüber dem Verleger des Aufbau-Verlages:

---

216 Ebd. K 095

»Wenn Sie uns verklagen wollen, müssen Sie einen sehr langen Atem haben.« (Recht und Gesetz erwähnte er nicht.)

Am 27.1. 1995 reichte der Verleger beim Landgericht Berlin die erste Klage gegen die Treuhandanstalt ein. Vier Wochen später, am 28.2.1995, kaufte er persönlich vom Kulturbund die 1945 gegründete Aufbau-Verlag GmbH. Der Kulturbund erklärte am 1.3.1995 die Anfechtung seiner Zustimmung zu den Verträgen vom 18.9./27.9.1991 und erhob am 28.6.1995 Klage gegen die BvS und die UKPV auf Zustimmung zum Kaufvertrag vom 28.2.1995.

Am 12.10.1995 schickte der Gruppenleiter im Vertragsmanagement der Treuhandanstalt, R. Lothert, in der Angelegenheit »Aufbau-Verlag GmbH« die Klageerwiderung der Treuhandanstalt an Herrn Dr. Bernd Hohmann, damit er die Behörde bei ihrem Prozessvortrag berät. Im Begleitschreiben erwähnte er auch das von Prof. Schlink und Dr. Hohmann unterzeichnete angeblich »unabhängige, neutrale Gutachten« über die Eigentumsverhältnisse am Aufbau-Verlag, dessen Inhalt die Treuhandanstalt den Gutachtern diktiert hatte:

»Ich möchte nochmals betonen, daß ich keinerlei Kritik an dem Gutachten, das unter unserer Mitarbeit entstanden ist, zum Ausdruck bringen wollte; im Gegenteil, nach meiner Meinung war die bisherige Zusammenarbeit sehr konstruktiv und harmonisch.«[217]

---

217 Ebd. K 090

Pyrrhussieg

Die weitere Geschichte des Aufbau-Verlages und des Verlages Rütten & Loening während der Prozesse gegen die in »BvS« umbenannte Treuhandanstalt war von dem Widerspruch zwischen der wirtschaftlichen und programmatischen Renaissance der Verlage auf der einen und der immer dringender werdenden Rechtsunsicherheit über die Eigentumsverhältnisse der Verlage auf der anderen Seite geprägt. Vor dem Hintergrund dieser Prozesse saß Bernd F. Lunkewitz in Programm- und Vertreterkonferenzen, sprach mit Autoren, beriet mit Herstellern und Druckern, traf Personalentscheidungen und genehmigte Werbebudgets. Auf den Buchmessen traf er Autoren, Leser, Kollegen, Kunden und Journalisten, denen er seine Sorgen nicht anvertraute, denn er musste für sich allein entscheiden, ob er den Verlag schließt oder trotz der Rechtsunsicherheit weiter die notwendigen Investitionen finanziert.

Er hoffte auf die baldige Rechtssicherheit für das Unternehmen durch rechtskräftige gerichtliche Entscheidungen und versuchte bis dahin, die operativen Verluste des Unternehmens so weit wie möglich zu minimieren.

Aber die Anwalts- und Gerichtskosten für die Prozesse gegen die Treuhandanstalt gingen in die Millionen, die Kosten für die Verlustabdeckung bei den Verlagen ebenso.

Um die Prozesse und den Verlagsbetrieb zu finanzieren

und Kredite zurückzuzahlen, versteigerte Bernd F. Lunkewitz bei Christies und bei Sotheby's seine Kunstsammlung, darunter 15 bedeutende Werke von Gerhard Richter, für einen Bruchteil der heutigen Preise. Nach und nach verkaufte er seine Immobilien.

In den von den Käufern bzw. der Aufbau-Verlag GmbH betriebenen Verfahren gegen die Treuhandanstalt/BvS zeigte sich bald die Befangenheit der Berliner Justiz. Der Vorsitzende Richter des 27. Senats des Kammergerichts Grüter sagte zu Bernd F. Lunkewitz am 26.10.2000 sogar ganz offen: »*Wir wissen, dass Sie Recht haben, das kriegen Sie hier aber nicht.*« Die Gerichte waren bemüht, einer konkreten Aussage über das Eigentum am Aufbau-Verlag auszuweichen, um die verklagte Treuhandanstalt/BvS nicht verurteilen zu müssen.

Nachdem die Befangenheit der Berliner Zivilgerichte zu Gunsten der Treuhandanstalt/BvS in den ab 1995 geführten Prozessen offensichtlich wurde, entschloss sich der Verleger, durch eine Gerichtsstandsvereinbarung die weiteren Verfahren in Frankfurt am Main zu führen.

Vor den Gerichten in Frankfurt am Main klagten die drei möglichen Eigentümer des Aufbau-Verlages gegeneinander: die Aufbau-Verlag GmbH 1945, die im Handelsregister unter der Nummer 35991 eingetragene Aufbau-Verlag GmbH und Bernd F. Lunkewitz als persönlicher Eigentümer in Rechtsnachfolge des Kulturbunds. Da es formal nicht um Staatshaftung ging, waren die dafür sonderzuständigen Spruchkörper damit nicht befasst. Der Treuhandanstalt/BvS wurde erst im Laufe der Prozesse der Streit verkündet, und sie nahm an zwei der Verfahren teil, deren Entscheidungen damit auch ihr gegenüber rechtskräftig sind.

Die drei Prozesse waren extrem aufwendig, aber lehrreich. Bernd F. Lunkewitz lernte, was R. U. Dreher damit gemeint hatte, dass der Verleger für eine Klage gegen den

Staat einen »*sehr langen Atem*« haben müsse. Die Treuhandanstalt/BvS bestritt rundweg alles. Auch von ihr selbst in anderen Verfahren behauptete Tatsachen. Stattdessen trug sie offensichtliche Lügen vor, verabredete falsche Erklärungen der beteiligten Behördenmitarbeiter und fälschte Dokumente. Sie bestritt den Erwerb der Geschäftsanteile am Aufbau-Verlag durch den Kulturbund im Jahre 1946, die Umwandlung der GmbH in einen organisationseigenen Betrieb des Kulturbunds im Jahre 1955, sogar die Rechtsnachfolge des Kulturbunds e. V. nach dem Kulturbund der DDR.

Zu der im Jahre 1945 gegründeten Aufbau-Verlag GmbH (alt) wurde in den jeweiligen Verfahren von beiden damit befassten Kammern des Landgerichts festgestellt, dass der Verlag im Jahre 1955 in einen organisationseigenen Betrieb des Kulturbunds umgewandelt wurde. Damit war die 1945 gegründete Aufbau-Verlag GmbH (alt) erloschen und folglich nicht (mehr) parteifähig.[218]

In dem dritten Verfahren klagte die am 29.11.1990 unter der Nr. 35991 im Handelsregister B eingetragene Aufbau-Verlag GmbH (neu), die den Aufbau-Verlag faktisch, ohne Rechtsgrundlage, betrieb, gegen Bernd F. Lunkewitz persönlich auf Feststellung ihrer Rechtsnachfolge nach der Aufbau-Verlag GmbH 1945. Die Treuhandanstalt/BvS als Streitverkündete war auf Seiten der Klägerin diesem Verfahren beigetreten. Bernd F. Lunkewitz erhob Widerklage auf Feststellung seines Eigentums am Aufbau-Verlag.

---

218 LG Frankfurt, 2 – 18 O 170/04 und LG Frankfurt 2 – 6 O 337/04

Am 18.11.2005 verkündete das Landgericht Frankfurt das

»*Urteil im Namen des Volkes:*

In dem Rechtsstreit
Aufbau-Verlag-GmbH, – Klägerin – [...]
Bundesanstalt für vereinigungsbedingte Sonderaufgaben in Abwicklung, [...]; 10117 Berlin – Streitverkündete – [...]
  gegen
Bernd F. Lunkewitz, [...] 60598 Frankfurt am Main
– Beklagter – [...]
hat die 27. Zivilkammer des Landgerichts Frankfurt am Main [...] aufgrund der mündlichen Verhandlung vom 9.9.2005 für Recht erkannt:
Die Klage wird abgewiesen.

Auf die Widerklage wird festgestellt, dass der Beklagte der Rechts- und Vermögensnachfolger des am 16.8.1945 vor dem Notar Dr. Hünnebeck in Berlin (Urkunde Nr. 1/1945) gegründeten Aufbau-Verlag GmbH, eingetragen am 20.10.1945 in HRB Nr. 86 Nz beim AG Charlottenburg, umgetragen am 3.3.1949 nach HRB Nr. 4001 beim Rat des Stadtbezirks Berlin-Mitte, umgetragen am 5.4.1955 nach HRC Nr. 538 (Register der volkseigenen Wirtschaft beim Magistrat von Groß-Berlin) gelöscht in HRB Nr. 4001 am 19.4.1955, oder eines im Wege der Rechts- und Vermögensnachfolge nach der vorgenannten Gesellschaft entstandenen organisationseigenen Betriebes (OEB) Aufbau-Verlag, eingetragen in HRC Nr. 538 im Register der volkseigenen Wirtschaft beim Magistrat von Groß-Berlin, ist.«[219]

---

219 LG Frankfurt am Main 2-27 O 238/04. BFL/BvS, K 011

Der Verleger informierte weder die Öffentlichkeit noch die Belegschaft des Verlages über den brisanten Inhalt dieses erstinstanzlichen Urteils. Die unterlegenen Parteien (Aufbau-Verlag GmbH HRB 35991, die Nebenintervenienten und die streitverkündete BvS) legten, wie auch in den anderen Verfahren, Berufung ein.

Am 17.8.2006 verkündete schließlich das Oberlandesgericht in Frankfurt am Main sein »*Urteil [...] in dem Rechtsstreit*

1. Aufbau-Verlag GmbH [...]
– Klägerin, Widerbeklagte und Berufungsklägerin – [...]
3. Bundesanstalt für vereinigungsbedingte Sonderaufgaben, Anstalt des öffentlichen Rechts, vertreten durch den Abwickler [...]
– Streitverkündete und Berufungsklägerin – [...]
gegen
Bernd F. Lunkewitz
– Beklagter, Widerkläger und Berufungsbeklagter –

hat der 16. Zivilsenat des Oberlandesgerichts Frankfurt am Main [...] aufgrund der mündlichen Verhandlung vom 27. Juli 2006 für Recht erkannt:
Die Berufung der Klägerin und der Streitverkündeten gegen das Urteil des Landgerichts Frankfurt am Main vom 18. November 2005 wird zurückgewiesen. [...] Die Revision wird zugelassen. [...]

Gründe:
I. In dem Rechtsstreit geht es um die Klärung der Rechts- und Vermögensverhältnisse an dem Verlagsunternehmen Aufbau-Verlag.
Die Klägerin sieht sich als Rechts- und Vermögensnach-

folgerin einer 1945 gegründeten ›Aufbau-Verlag GmbH‹ und verwertet derzeit die Nutzungsrechte der Autoren des Aufbau-Verlags und alle sonstigen Verlagsrechte. Unterstützt von ihren Geschäftsführern als Nebenintervenienten und der Bundesanstalt für vereinigungsbedingte Sonderaufgabe als Streitverkündete hat sie erstinstanzlich die Feststellung begehrt, dass sie Rechts- und Vermögensnachfolgerin der im Jahr 1945 gegründeten Aufbau-Verlag GmbH sei, dass der Beklagte nicht der entsprechende Rechts- und Vermögensnachfolger sei. [...]
Der Beklagte hat widerklagend die Feststellung begehrt, dass er Rechts- und Vermögensnachfolger der Gesellschaft sei.
Das Landgericht hat die Klage abgewiesen und der Widerklage stattgegeben. [...]

II. Die Berufung ist zulässig, aber nicht begründet. [...]
Das Landgericht hat den – zulässigen – Feststellungsantrag zu Recht als unbegründet abgewiesen, da die Klägerin nicht die Rechts- und Vermögensnachfolgerin der 1945 gegründeten Aufbau-Verlag GmbH oder eines OEB Aufbau-Verlags geworden ist. [...] da der Kulturbund sein Eigentum an dem Aufbau-Verlag nicht an die SED verloren hat, so dass ihn die PDS auch nicht in Volkseigentum überführen konnte [...]. Die Klägerin ist deshalb nicht Rechts- und Vermögensnachfolgerin des Aufbau-Verlages geworden, so dass das Landgericht den Klageantrag [...] zu Recht abgewiesen hat. Die Berufung war infolgedessen zurückzuweisen.
Der Kulturbund, der nach der Wende in Form eines eingetragenen Vereins fortbestand, hat mit Vertrag vom 21. Dezember 1995 den gesamten Geschäftsbetrieb der Aufbau-Verlag GmbH und ihrer etwaigen Rechtsnachfolger mit sämtlichen Aktiva und Passiva an den Beklagten verkauft und übertragen. Dieser Vertrag wurde in Ergänzung voran-

gegangener Verträge vom 28. Februar 1995 für den Fall geschlossen, dass die Gesellschaft 1945 untergegangen und durch einen OEB und/oder eine sonstige Rechtsform oder durch eine Vermögensmasse ohne besondere Rechtsform ersetzt worden ist. [...]
Die zulässige Widerklage ist [...] begründet.«[220]

Auch dieses zweitinstanzliche Urteil verbreitete der Verleger nicht im Verlag oder gar in der Öffentlichkeit. Sowohl die Klägerin als auch die Treuhandanstalt/BvS fochten die Entscheidung des OLG Frankfurt durch die Revision zum Bundesgerichtshof an.

Am 21.1.2008 wurden seinen Anwälten am Bundesgerichtshof ein Hinweisbeschluss des II. Senats zugestellt:

»Der II. Zivilsenat des Bundesgerichtshofes hat am 10. Dezember 2007 durch den Vorsitzenden Richter Prof. Dr. Goette und die Richter Dr. Kurzwelly, Dr. Strohn, Dr. Reichart und Dr. Drescher einstimmig beschlossen:
Die Parteien werden darauf hingewiesen, dass der Senat beabsichtigt, die Revision der Klägerin und ihrer Sreithelferin gemäß § 552 a ZPO zurückzuweisen.

Gründe:
Die Voraussetzungen für die Zulassung der Revision liegen nicht vor, die Revision hat auch keine Aussicht auf Erfolg.
Entgegen der nur unklar begründeten Ansicht des Berufungsgerichts liegt kein Divergenzfall vor. Die Sache wirft auch sonst keine entscheidungserheblichen Fragen von grundsätzlicher Bedeutung im Sinne des § 543 ZPO auf und ist richtig entschieden. Das Berufungsgericht ist in rechtlich un-

---

220 OLG Frankfurt, 16 U 175/08, BFL/BvS, K 010

angreifbarer Würdigung der unstreitigen Tatsachen und der vorgelegten Urkunden zu der Überzeugung gelangt, dass der Kulturbund bis zum Beitritt der DDR seine Inhaberrechte an der ehemaligen Aufbau-Verlag GmbH nicht verloren hatte und diese Rechte deswegen wirksam auf den Beklagten hat übertragen können. Die Angriffe der Revisionsführer laufen im Ergebnis darauf hinaus, dass sie diese rechtlich einwandfreie tatrichterliche Würdigung nicht gelten lassen, sondern sie – unzulässigerweise – durch ihre eigene Bewertung ersetzen wollen.«[221]

Fast gleichzeitig, am 24.1.2008, bestätigte das VG Berlin in dem Verfahren VG 29 A 260.07 der Erben des Verlegers Wilhelm Ernst Oswalt gegen das Bundesamt zur Klärung offener Vermögensfragen die Berechtigung der Kläger zur Restitution des Verlages Rütten & Loening. Auch aus diesem Grund war der Verlag Rütten & Loening nicht volkseigen geworden und die Verträge der Käufer mit der Treuhandanstalt nichtig.

Durch den Beschluss des Bundesgerichtshofs vom 3.3.2008 zur Zurückweisung der Revision der Treuhandanstalt/BvS und der vermögenslosen Aufbau-Verlag GmbH gegen das Urteil des OLG Frankfurt wurde die Entscheidung der Frankfurter Gerichte zu den Eigentumsverhältnissen des Aufbau-Verlags rechtskräftig.

Der BGH bestätigte kurz danach auch die Urteile in den beiden anderen Verfahren.

Damit war nach fast 15 Jahren zivilem Rechtsstreit auch gegenüber der Treuhandanstalt rechtskräftig festgestellt, dass die von ihr verkauften Geschäftsanteile an einer Aufbau-Verlag GmbH i. A. nicht existiert hatten und dass nicht die von Bernd F. Lunkewitz finanzierte Aufbau-Verlag GmbH, son-

---

221 BGH II ZR 213/06, BFL/BvS, K 009

dern er persönlich Eigentümer des Aufbau-Verlages war. Es war ein Pyrrhussieg.

Die Insolvenz der vermögenslosen Aufbau-Verlag GmbH, in die er viele Millionen investiert hatte, war offenbar, aber ein Insolvenzverfahren hätte mangels Masse nicht eröffnet werden dürfen, da noch nicht mal die Kosten (Gerichtsgebühr, Honorar des Insolvenzverwalters usw.) gedeckt waren.

Der vom Gericht bestellte vorläufige Insolvenzverwalter behauptete jedoch, dass aus insolvenzrechtlicher Sicht die seit der Entstehung der GmbH durch die Eintragung im Handelsregister im Jahre 1992 eingegangenen Verbindlichkeiten gegenüber dem Eigentumsanspruch von Bernd F. Lunkewitz vorrangig wären. Er hält diese Behauptung für falsch, denn die missbräuchliche Nutzung von Rechten oder sonstigem Vermögen durch einen rechtswidrig handelnden Dritten kann nicht dazu führen, dass der wahre Eigentümer für Verbindlichkeiten dieses Dritten haftet. Die Geschäftsführer der vermögenslosen GmbH wandten sich gegen ihn, statt gegen die Treuhandanstalt/BvS. Sie legten ihm ein umfangreiches Gutachten des Anwalts vor, der für sie den verlorenen Prozess bis zum BGH geführt hatte. Darin wurde behauptet, die Entscheidung des BGH sei falsch und die Aufbau-Verlag GmbH sei doch Eigentümerin des Verlages geworden. Sie verlangten ultimativ ein weiteres Gesellschafterdarlehen in Höhe von zwei Millionen Euro, das er jedoch verweigerte. Am nächsten Tag beantragten sie die Insolvenz der Aufbau-Verlag GmbH.

Das Verhalten der Geschäftsleitung und später der Belegschaft machten es Bernd F. Lunkewitz unmöglich, den Verlag weiterzuführen. Einen Prozess gegen das Insolvenzverfahren hätte sein Verlag nicht überstanden. Er wäre dabei zerrissen worden. Deshalb ließ Bernd F. Lunkewitz los.

Der Insolvenzverwalter verkaufte mit seiner Zustimmung sein Eigentum an dem vom Kulturbund erworbenen Geschäftsbetrieb des Verlages mit allen Rechten an die Familie Koch, die das Unternehmen seither erfolgreich weiterführt. Er erhielt 60 Prozent des Kaufpreises, die Insolvenzmasse erhielt 40 Prozent.

Das wertvolle, historisch und kulturell bedeutende Archiv des Aufbau-Verlages der Jahre 1945 bis 2008 verkaufte er nicht, sondern ließ es als Depositum in der Staatsbibliothek zu Berlin aufbewahren.

Nach achtzehn Jahren als Verleger des Aufbau-Verlages und sehr vielen guten Büchern blieben ihm einige Freundinnen und Freunde, jede Menge »Branchenerfahrung«, ein paar Andenken, viele schöne Erinnerungen an Gespräche und Veranstaltungen mit Autoren und der Trost, dass er gegen alle Widerstände wenigstens eines seiner Ziele erreicht hatte: den Aufbau-Verlag als literarische und kulturelle Institution dieses schönen aber schwer geprüften Teiles der gemeinsamen deutschen Nation zu erhalten. Die auf den Trümmern der im »Dritten Reich« zerstörten deutschen Kultur gegründete Gemeinschaft von alten und neuen Autoren des Aufbau-Verlages, dessen Bücher einen unverzichtbaren Teil der deutschen Literatur ausmachen, besteht weiter und der Satz von Walter Janka gilt noch immer: der Aufbau-Verlag, das sind seine Autoren.

Die Nachtigall

Als Bernd F. Lunkewitz im wiedervereinigten Deutschland mit der Treuhandanstalt die Kaufverträge über den Aufbau-Verlag schloss, handelte er guten Glaubens. Er hatte an der Vertrauenswürdigkeit und dem Anstand des Vertragspartners Treuhandanstalt keine Zweifel. Der Staat selbst war der Verkäufer und es ging um die Einheit Deutschlands, um den Aufbau der »neuen« Bundesländer und um die Bewahrung der trotz widriger politischer Umstände in diesem Teil unseres Landes geschaffenen kulturellen Werte. Das Ziel dieser Privatisierung war die Erhaltung der kulturellen Institution Aufbau-Verlag, der in vier Jahrzehnten bedeutende Werke der deutschen Literatur publiziert hatte. Irgendeine Arglist oder Böswilligkeit der Vertreter einer öffentlich-rechtlichen Bundesanstalt hätte er sich in diesem Zusammenhang noch nicht einmal vorstellen können.

Das war bis dahin der größte Fehler in seiner beruflichen Karriere. Als er das erkannt hatte, machte er einen noch größeren Fehler: er vertraute auf die Unabhängigkeit der deutschen Justiz, auch bei einer Klage gegen den Staat.

Die weitaus meisten Richter und Richterinnen in Deutschland führen ihr Amt unparteiisch und entscheiden mit großer Sorgfalt und ohne Ansehung der Personen nach Recht und Gesetz. Die große Zahl der Verfahren führt trotzdem manchmal zu Fehlern und Irrtümern, die auch nicht immer von einer höheren Instanz korrigiert werden. Aber Rechtsbeugung ist das nicht, denn es fehlt schon am Vorsatz und dem persönlichen Motiv, das den Dorfrichter Adam zum Täter machte. Aber in politischen Fällen – jeder Prozess gegen den Staat ist ein politischer Fall – ist der Servilismus einiger Richter, die der Obrigkeit gefallen oder ihre Dankbarkeit für das verliehene Amt beweisen wollen, ihr Motiv für die Bereitschaft zur Rechtsbeugung und genau deshalb versetzt sie ihr Dienstherr in die für solche Fälle zuständigen Spruchkörper. Dagegen, schrieb der edle Ritter von Jhering, gäbe es keinen Schutz.[222]

Während in den Zivilprozessen die streitenden Parteien selbst alle für die Entscheidung des Gerichts relevanten Tatsachen, Dokumente und Beweise in eigener Verantwortung vortragen müssen, gilt im Offizialbetrieb der Freiwilligen Gerichtsbarkeit, z.B. zur Klärung von Rechtsfragen zu Eintragungen im Handelsregister[223], dagegen der Untersuchungsgrundsatz (Inquisition), da es hier um Rechtsgüter von allgemeinem Interesse geht, z.B. um den öffentlichen Glauben an die Wahrheit und Rechtmäßigkeit der Eintragungen in das Handelsregister. Solche Verfahren werden unabhängig von den Anträgen eventuell Beteiligter von Amts wegen geführt.

Das Gericht ist verpflichtet, den Sachverhalt, der seiner Entscheidung zugrunde gelegt werden soll, wahrheitsgetreu und vollständig zu ermitteln und dann die gesetzlich vorgeschriebenen Maßnahmen durchzuführen.

Die Behandlung der Handelsregistereintragungen zum Aufbau-Verlag beim Amtsgericht Charlottenburg in dem Amtsermittlungsverfahren 22 W 73/14 durch den 22. Senat

---

222 Rudolph von Jhering, »Der Zweck im Recht« (1877)
223 Gesetz über das Verfahren in Familiensachen und in den Angelegenheiten der freiwilligen Gerichtsbarkeit

des Kammergerichts und dessen Beschluss vom 12.6.2020 zeigt jedoch exemplarisch den ungesetzlichen, aber »entscheidenden« Einfluss der Exekutive des Bundes auf das Verhalten der Berliner Justiz, sobald politische oder fiskalische Interessen des Staates berührt werden.

Nach den ab dem Jahr 2006 ergangenen Urteilen des Landgerichts und des Oberlandesgerichts in Frankfurt am Main in den Prozessen zwischen den drei möglichen Eigentümern des Aufbau-Verlages und den dazu ergangenen Beschlüssen des BGH[224], wonach der Aufbau-Verlag im Jahre 1955 durch Eintragung in das Register der volkseigenen Wirtschaft in einen organisationseigenen Betrieb des Kulturbunds umgewandelt worden und bis zum Verkauf des Verlags am 21.12.1995 dessen Eigentum geblieben war, beantragte Bernd F. Lunkewitz am 26.10.2010 beim zuständigen AG Charlottenburg die Löschung des Umwandlungsvermerks, der im Handelsregister den Aufbau Verlag fälschlich als eine GmbH i. A. der Treuhandanstalt bezeichnet. Die Unrichtigkeit der Eintragung »*Gesellschaft mit beschränkter Haftung im Aufbau, entstanden nach dem Treuhandgesetz durch Umwandlung des Aufbau-Verlag Berlin und Weimar*« ergibt sich schon daraus, dass der Verlag nicht als VEB bezeichnet wird, denn die volkseigenen Betriebe waren gesetzlich verpflichtet, die Bezeichnung VEB als Bestandteil ihres Namens zu führen. Da der Aufbau-Verlag seit seiner Gründung nie so bezeichnet worden und dementsprechend auch nie im Handelsregister als VEB eingetragen war, ergab sich schon daraus zweifelsfrei, dass es sich um einen organisationseigenen Betrieb handelt, der nicht nach dem Treuhandgesetz umgewandelt werden konnte.

---

224 II ZR 213/06 vom 10.12.2007 und 3.3.2008, II ZR 182/07 vom 27.9.2010 und II ZR 134/10 vom 12.7.2011

Das Amtsgericht lehnte am 4.10.2011 den wiederholten Antrag auf Löschung dieser unzulässigen Eintragung zunächst ab. (Der Kulturbund hatte vergeblich schon im Jahre 1990 dieser Eintragung widersprochen. Bernd F. Lunkewitz hatte dann im Jahre 1995 einen Löschungsantrag gestellt, der gegen den Widerspruch der Treuhandanstalt/BvS vom Amtsgericht bestätigt, dann aber vom Landgericht und in 2001 vom Kammergericht zurückgewiesen wurde.)

Die Beteiligten des Verfahrens legten am 28.10.2011 gegen den abweisenden Beschluss des Amtsgerichts Charlottenburg Beschwerde zum Kammergericht ein. Dort war der 12. Senat mit der Vorsitzenden Richterin Susanna Hollweg-Stapenhorst, die Richterin Zillmann und dem Richter Dr. Peter Sdorra zuständig. Nach mehr als zwei Jahren Amtsermittlung rief im November 2013 der Berichterstatter des 12. Senats, Dr. Sdorra, bei dem von den Antragstellern mandatierten Rechtsanwalt Schrader an und schlug die Rücknahme des Antrags wegen Aussichtslosigkeit vor. Die Antragsteller lehnten das ab und tatsächlich erwies sich der Vorschlag des Dr. Sdorra als Täuschungsmanöver.

Am 16.12.2013 verfügte der 12. Senat des Kammergerichts durch den Beschluss 12 W 32/12 die Löschung des unzulässigen Umwandlungsvermerks. Er begründete diese Entscheidung ausführlich anhand der vorliegenden Registerakten, der von den Antragsstellern vorgelegten Urkunden und der unstreitigen Tatsachen, auch unter Berücksichtigung des von der Treuhandanstalt/BvS in den o. g. Zivilverfahren gegen die anderen Beteiligten erbrachten Vortrags. Aufgrund des Verhaltens von Dr. Sdorra ist anzunehmen, dass der Beschluss kontrovers beraten und schließlich mehrheitlich entschieden wurde.

Das Amtsgericht Charlottenburg kündigte am 8.1.2014 die Löschung der Eintragung an. Die Treuhandanstalt/BvS legte dagegen Widerspruch ein mit der Behauptung, dass nicht alle relevanten Tatsachen und Dokumente dem 12. Senat vorgelegen hätten. Die weiteren Beteiligten legten aus den gerichtlichen Akten detailliert dar, dass dieser Einwand falsch war. Vorsorglich belegten sie im Schriftsatz vom 22.5.2014 die chronologische Entwicklung des Eigentums am Aufbau-Verlag unter Vorlage aller einschlägigen Urkunden, und wiesen nach, dass alle relevanten Tatsachen dem 12. Senat vorgelegen hatten. Das Amtsgericht wies unter Hinweis auf die gesetzliche Bindungswirkung der Entscheidung des 12. Senats am 24.7.2014 den Widerspruch der Treuhandanstalt/BvS zurück und erklärte nach eigener Prüfung:

»*Eine Ausnahme von dieser Bindungswirkung der vorgenannten Entscheidung liegt nicht vor, weil keine neuen <u>Tatsachen</u> vorliegen, die eine abweichende Entscheidung rechtfertigen [...] alle entscheidungserheblichen Tatsachen und Entscheidungen lagen dem Beschwerdegericht vor.*«

Die Treuhandanstalt/BvS legte Beschwerde gegen diesen Beschluss ein und erhielt als Beteiligte vom 12. Senat zur Gewährung des rechtlichen Gehörs die Gelegenheit zum Vorbringen bisher in dem Verfahren etwa noch nicht berücksichtigter neuer Tatsachen, da nur solche den auch das Gericht selbst bindenden Beschluss allein noch beeinflussen konnten.

Die Treuhandanstalt/BvS trug aber keine neuen Tatsachen vor. Stattdessen geschah Folgendes: Das Amtsermittlungsverfahren wurde im Geschäftsverteilungsplan des Kammergerichts durch eine rückwirkende Veränderung der Zuständigkeiten zum 1.1.2015 vom 12. Senat an den 22. Senat des Kammergerichts abgegeben.

Bernd F. Lunkewitz schrieb im Januar 2015 für die Website Prozessbeobachter.net einen Kommentar mit der Überschrift *»Nachtigall, ick hör dir trapsen«*:

»Andere Richter werden sich jetzt mit dem Fall befassen. Rechtlich ist auf Grund gesetzlicher Bindungswirkung das Kammergericht an die Entscheidung des 12. Senats vom Dezember 2013 gebunden. Aber zu entscheiden ist der Streit zwischen einem Einzelnen und dem Staat. Man kann jetzt Wetten auf die Unabhängigkeit der Justiz in der BRD abschließen. Die englischen Buchmacher, bekannt für ihre realistische Einschätzung, würden solche Wetten wohl nicht annehmen. Oder, wie der Berliner sagt: ›Nachtigall, ick hör dir trapsen‹[225].*«*

Aber nicht nur die Zuständigkeit ging mit Wirkung vom 1.1.2015 vom 12. Senat auf den 22. Senat über. Gleichzeitig wurde Dr. Sdorra aus dem 12. Senat an den 22. Senat versetzt und war dort wieder der Berichterstatter für diesen Fall.

Die Treuhandanstalt/BvS behauptete mit Schriftsatz vom 7.1.2015, dem Tag der Abgabe des Verfahrens an den 22. Senat, dass die Verwaltungsvereinbarung vom 13.12.1963, das Statut des Aufbau-Verlages vom 10.1.1961 und das Abkommen vom 27.2.1964 dem 12. Senat nicht vorgelegen hätten. Die Beschwerdegegner widerlegten diese Behauptung durch den eindeutigen Nachweis in den Akten und bekräftigten auch in den nachfolgenden Jahren durch neu aufgefundene Dokumente (z. B. die 1984 angelegte Verlagskartei[226] des Justiziariats im Ministerium für Kultur) oder neue Tatsachen (z. B. die Abgabe der Eidesstattlichen Versicherung vom

---

225 Prozessbeobachter.net. Kommentare: »Nachtigall, ick hör dir trapsen«
226 Siehe Ablichtung im Anhang. Siehe Fn 82

15.10.2018 durch Klaus Höpcke[227]) das fortbestehende Eigentum des Kulturbunds am Aufbau-Verlag und wiesen auf die lange Verfahrensdauer hin.

Die Beschwerdegegner rügten am 25.1.2019 nochmals die lange Verfahrensdauer, da seit der bindenden Entscheidung des 12. Senats inzwischen fünf Jahre ohne erkennbaren Fortschritt verstrichen waren und keine neuen Tatsachen vorlagen, die dem Beschluss des 12. Senats widersprachen. Am 3.4.2019 stellten sie schließlich gegen die mit dem Verfahren befassten Richter des 22. Senats den Antrag auf Ablehnung wegen der Besorgnis der Befangenheit und begründeten dies mit deren Untätigkeit.

Dr. Sdorra, der mit der Hälfte eines Richterpensums zur Schwerbehindertenvertretung freigestellt ist, meldete sich umgehend »längerfristig krank« und konnte angeblich deshalb zu dem Vorwurf der Untätigkeit keine dienstliche Erklärung abgeben. Der Vorsitzende Richter Dr. Müther erklärte sich am 6.6.2019 für nicht befangen. Für die Bearbeitung der Sache sei Dr. Sdorra zuständig gewesen. Ihm selbst hätten die Akten seit dem 1.1.2015 bis zum 4.4.2019, dem Eingang des Befangenheitsgesuchs, nur einmal vorgelegen, nämlich am 29.4.2015 wegen einer Sachstandsanfrage des AG Charlottenburg. Der Befangenheitsantrag wurde zurückgewiesen, die Richter des 22. Senats blieben weiter zuständig.

Der Senat führte am 29.7.2019 eine Vorberatung durch und erteilte am 1.8.2019 einen gerichtlichen Hinweis zur Sache, der erkennen ließ, dass die daran beteiligten Richter längst bekannte und entscheidungserhebliche Umstände und Tatsachen, insbesondere die gesamten Ausführungen aus dem grundlegenden Schriftsatz vom 22.5.2014, nicht erkannt und berücksichtigt hatten. Das vertiefte bei den Beschwerde-

---

227 Urkunde-Nr. 102/2018 des Notars Günther Hädinger. Siehe Fn 126

gegnern die seit längerem bestehende Besorgnis der Befangenheit gegenüber dem erkennenden Senat.

Daraufhin beantragte der Anwalt der Beschwerdegegner die Einsicht in die Gerichtsakten und stellte fest, dass darin die vom Vorsitzenden Richter Dr. Müther am 1.8.2019 erlassene Verfügung in zwei Fassungen vorlag. Die bisher unbekannte Fassung enthielt den folgenden zusätzlichen Passus:

»*Herr Rechtsanwalt Schrader wird gebeten, seinen Schriftsatz vom 22. Mai 2014 mit Anlagen (nochmals) einzureichen. Dieser ist in den Registerordner(n) nicht zu finden. Er ist offenbar nicht eingescannt worden und demgemäß auch hier für die Akten nicht ausgedruckt worden.*«

Der Senat hatte schließlich festgestellt, dass der Schriftsatz vom 22.5.2014 von den Beschwerdegegnern zwar am 23.5.2014 eingereicht worden, aber nicht in der ihm seit fünf Jahren vorliegenden Verfahrensakte war. Das Gericht hatte den zentralen Vortrag der Beschwerdegegner nicht zur Kenntnis genommen, auch nicht bei der Vorberatung am 29.7.2019, obwohl er physisch im Gericht vorhanden war. Erst am nächsten Tag wurde der Schriftsatz schließlich aufgefunden. In der Verfügung vom 1.8.2019 wurde daraufhin die Aufforderung zur erneuten Abgabe des Schriftsatzes vom 22.2.2014 gestrichen, aber das Ergebnis der Vorberatung, die ohne dessen Berücksichtigung erfolgt war, unverändert herausgegeben. Offensichtlich überging der Senat den zentralen Vortrag der Beschwerdegegner gezielt oder hielt ihn für nicht erwägenswert.

Bei der Akteneinsicht wurde weiter festgestellt, dass ein umfangreicher Schriftsatz der bekannten BvS/Nachtigall vom 11.1.2019, den Beschwerdegegnern nie zugestellt worden war. Die Beschwerdegegner richteten wegen dieser unzulässigen Verfahrensführung eine Dienstaufsichtsbeschwerde an den Präsidenten des Kammergerichts, baten um die Bestätigung der Vollständigkeit der Akten und stellten am 21.8.2019 erneut einen Befangenheitsantrag gegen die beteiligten Richter des 22. Senats, allerdings ebenfalls ohne Erfolg.

Kurz danach verließ Dr. Sdorra, der wie alle Richter nicht gegen seinen Willen versetzt werden darf, den 22. Senat, wodurch der Befangenheitsantrag gegen ihn erledigt war. Der Antrag gegen den Vorsitzenden Dr. Müther und die anderen beteiligten Richter wurde abgewiesen. Danach übernahm der Vorsitzende ab dem 2.3.2020 selbst die Berichterstattung und in noch nicht mal drei Monaten erledigte er, was sich Dr. Sdorra in fünf Jahren nicht getraut hatte.

Der Antrag auf Löschung der Eintragung »Gesellschaft mit beschränkter Haftung im Aufbau, entstanden nach dem Treuhandgesetz durch Umwandlung des Aufbau-Verlag Berlin und Weimar« wurde am 13.5.2020 zurückgewiesen und das Verfahren eingestellt.

Der Beschluss des 22. Senats vermeidet zwar die unhaltbare eigene Feststellung, dass der Aufbau-Verlag volkseigen gewesen sei und behauptet unter Verweis auf bruchstückhaft und zusammenhanglos herausgegriffene Umstände und Äußerungen von Dritten nur angebliche Zweifel, mit denen der Senat sich über den Vortrag der Beschwerdegegner hinwegsetzt. Angebliche Zweifel statt neuer relevanter Tatsachen, sind aber kein ausreichender Grund, die bindende Entscheidung des 12. Senats aufzuheben.

Angesichts des § 339 StGB (Rechtsbeugung) erschien den Richtern die Erfindung irgendwelcher Zweifel vorsichtiger als die Erfindung neuer Tatsachen, die leicht widerlegt werden können. Die schon vom 12. Senat festgestellten Tatsachen wurden deshalb von ihnen anders »bewertet«. Diese andere Bewertung wurde zum Vorwand ihrer willkürlichen

Entscheidung, den Beschluss des 12. Senats aufzuheben. Dieses Verhalten ist angesichts der Bindungswirkung dieser Entscheidung an dem Beschluss des BGH aus dem Jahre 2007 im Prozess um die Eigentumsverhältnisse am Aufbau-Verlag zu messen, mit dem er die Zurückweisung der Rechtsmittel der Treuhandanstalt/BvS begründet: Die Sache »*ist richtig entschieden. […] Die Angriffe der Revisionsführer laufen im Ergebnis darauf hinaus, dass sie diese rechtlich einwandfreie tatrichterliche Würdigung nicht gelten lassen, sondern sie – unzulässigerweise – durch ihre eigene Bewertung ersetzen wollen.*«[228] Das Kammergericht setzt sich über diese Entscheidung genauso hinweg, wie über die nachfolgenden Entscheidungen des BGH vom 27.9.2010 und vom 12.7.2011.

Die »eigene Bewertung« der bereits vom 12. Senat bewerteten Tatsachen und Dokumente bewirkte auch die Verfälschung des längst vom 12. Senat akribisch ermittelten Sachverhalts: Im Beschluss des 22. Senats wird u. a. behauptet, Bernd F. Lunkewitz hätte die (nicht entstandenen!) Geschäftsanteile persönlich von der Treuhandanstalt »erworben« und anschließend an die Beschwerdegegner weiterveräußert. Den Beschwerdegegnern wird unterstellt, sie hätten in dem Verfahren das Weiterbestehen der »Aufbau-Verlag GmbH (alt)« behauptet und den in HRC eingetragenen organisationseigenen Betrieb des Kulturbunds als Scheingesellschaft bezeichnet, was dann lang und breit widerlegt wird.

Das OLG Frankfurt hat dagegen in den genannten Zivilverfahren (u. a. in II ZR 213/06 vom BGH bestätigt) entschieden, dass die »Aufbau-Verlag GmbH (alt)« im Jahre 1955 durch die Umwandlung des Verlages in einen organisationseigenen Betrieb des Kulturbunds untergegangen und die

---

228 BGH II ZR 213/06

1990 eingetragene vermeintliche »Aufbau-Verlag GmbH im Aufbau« eine Scheingesellschaft gewesen ist.

Unter Bezug auf die – bereits vom 12. Senat umfassend geprüften – Registerakten wird als entscheidungserheblich darauf hingewiesen, dass die nach Ermächtigung des Präsidenten des Kulturbunds beantragte Eintragung des Aufbau-Verlages als organisationseigener Betrieb des Kulturbunds in das Register der volkseigenen Wirtschaft nicht auf Anordnung der Abteilung Justiz, sondern – wie bei allen anderen organisationseigenen Betrieben, auch denen der SED, von dem dieser Behörde vorgesetzten Sekretär des Magistrats von Groß-Berlin, Abteilung Finanzen (staatliches Eigentum) – unter Hinweis auf die Rechtsgrundlage – erfolgt sei. Besonders wird hervorgehoben, dass sich auf dem Deckel der Registerakte – die auch dem 12. Senat vorgelegen hatte – die Aufschrift »Volkseigentum« steht (was dadurch erklärt ist, dass es sich um das Register der volkseigenen Wirtschaft handelt) und der Verlag als Träger von Volkseigentum ausgewiesen wird. Der Kulturbund sei auch nie als übergeordnetes Organ im HRC eingetragen gewesen (Auch die SED war dort für ihre vom Druckerei- und Verlagskontor bzw. später von der HV Verlage und Buchhandel verwalteten Betriebe nie eingetragen.). Außerdem habe der Kulturbund im Jahre 1990 – wie aus den Registerakten ersichtlich – selbst vortragen lassen, dass die Eintragung in das HRC zur Entstehung von Volkseigentum am Aufbau-Verlag geführt hatte.

Der tatsächliche Ablauf der Registereintragungen im Jahre 1955 lässt jeden objektiven Betrachter erkennen, dass die Ausführungen des 22. Senats gezielt falsch und abwegig sind. Da alle vom DKV verwalteten organisationseigenen Verlage auf diese Weise umgewandelt wurden, unterstellt der 22. Senat, dass sich die allein herrschende SED ebenso wie der Kulturbund, der FDGB und andere Organisationen hinsichtlich ihrer im HRC eingetragenen Verlage selbst enteignet hätten[229]. Die Beschwerdegegner haben zu den umfangreichen Registerakten und den dortigen Eintragungen, nach denen z. B. der 1. Bundessekretär des Kulturbunds, Karl Kneschke, als Geschäftsführer des Verlages auch in das Register C eingetragen wurde, und zu der Rechtsträgerschaft an den Grundstücken des Verlages[230] sehr detailliert und mit zahlreichen Dokumenten unterlegt vorgetragen. Die gezielte Übergehung dieses Vortrags ändert nichts an dessen Relevanz, sondern macht die vorsätzliche Rechtsbeugung anhand der substanzlosen Behauptungen des 22. Senats offensichtlich.

Der 12. Senat hatte den Sachverhalt anhand der vorliegenden Akten erschöpfend ermittelt und die relevanten Dokumente geprüft und seiner – auch den 22. Senat bindenden – Entscheidung zugrunde gelegt. Neue Tatsachen oder Dokumente, die dieser Entscheidung widersprachen, lagen dem 22. Senat nicht vor. Dessen Behauptung, der Aufbau-Verlag sei möglicherweise – irrtümlich oder unbeabsichtigt oder sonst irgendwie – durch die Registereintragung in 1955 zu Volkseigentum geworden – ist angesichts der Akten- und Rechtslage erkennbar eine Lüge, die sonst nur noch von der Treuhandanstalt/BvS als »Rechtsmeinung« verhüllt in sämtlichen Zivilverfahren vorgetragen worden ist.

Dem Gericht lag auch der am 30.3.1994 verfasste Vermerk[231] von Arno Lange vor. Darin bestätigte er als »*wichtigster Punkt: Der Eigentumsstatus dieser Verlage wurde nicht ge-*

---

229 Siehe Fn 33 bis 41
230 AVA 0500-0024
231 Siehe Fn 197

ändert.« Der vom Ministerium für Kultur verwaltete Aufbau-Verlag blieb folglich Eigentum des Kulturbunds. Durch ein Übernahme/Übergabeprotokoll zwischen dem Ministerium für Kultur und der SED/PDS soll dann – ohne Beteiligung des Eigentümers Kulturbund – irgendwie bewirkt worden sein, dass »*aufgrund entsprechender Forderungen der Belegschaft, sich*« (!) »*der Eigentumsstatus des Aufbau Verlages mit der Überführung in Volkseigentum erst 1990 änderte*«.

Bei der »neuen« Bewertung der altbekannten Tatsachen hat der 22. Senat diese einzige wirklich neue und sehr »originelle« Erwägung als zentralen Grund für seinen Beschluss übernommen:

»*Schließlich kann auch nicht ausgeschlossen werden, dass sich*« (!) »*der Verlag jedenfalls Anfang 1990 in einen volkseigenen Betrieb umgewandelt hat.*«

Die Vorstellung, dass der Aufbau-Verlag »sich« aus einer organisationseigenen Raupe in einen volkseigenen Schmetterling umgewandelt hat, dem Kulturbund davongeflogen ist und von der bekannten Nachtigall aufgepickt wurde, wäre zwar den Dichtern der Romanik nicht fremd, hat aber keinerlei gesetzliche Grundlage. Diese Behauptung ist stattdessen die von der bekannten Nachtigall/BvS geforderte freie Erfindung irgendeines Grundes, den Beschluss des 12. Senats aufzuheben.

Es wurden keine neuen Tatsachen vorgetragen oder Dokumente vorgelegt, außer solchen, mit denen die Beschwerdegegner das Eigentum des Kulturbunds am Aufbau-Verlag zweifelsfrei bestätigten. Unter Mißachtung der Bindungswirkung der Entscheidung des 12. Senat »beurteilten« die Richter des 22. Senats contra legem die bereits seit Jahr und Tag aus den Akten des Handelsregisters und dem Vortrag der

Beteiligten bekannten Tatsachen anders als der 12. Senat in dem bindenden Beschluss vom 16.12.2013.

Die Richter des 22. Senats unter dem Vorsitz von Dr. Müther kühlten ihr »Mütchen« in dem sie am 13.5.2020 der Beschwerde der Treuhandanstalt/BvS stattgaben und das Amtsermittlungsverfahren einstellten.

Einen inhaltlich der falschen »Begründung« dieses Beschlusses sehr ähnlichen Schriftsatz der Nachtigall/BvS vom 9.4.2020 stellte der 22. Senat den anderen Beteiligten erst gleichzeitig mit der Einstellungsverfügung zu.

Die gezielte Verweigerung des rechtlichen Gehörs durch diese Richter ist eine demonstrative Retourkutsche für den zutreffenden Vorwurf ihrer Befangenheit und Willkür.

Der rechtswidrige Umwandlungsvermerk im Handelsregister: »*Gesellschaft mit beschränkter Haftung **im Aufbau**, entstanden nach dem Treuhandgesetz durch Umwandlung des Aufbau-Verlag Berlin und Weimar*« bleibt deshalb bis auf Weiteres eingetragen und verkündet öffentlich die Unwahrheit, dass auch organisationseigene Betriebe durch das Treuhandgesetz in GmbH i. A. der Treuhandanstalt umgewandelt werden konnten.

Gegen diesen Beschluss des 22. Senats des Kammergerichts wurde Verfassungsbeschwerde eingelegt.

Der Kampf ums Recht

Bernd F. Lunkewitz hatte mit der Treuhandanstalt insgesamt drei Verträge zur Übertragung der vermeintlichen Geschäftsanteile an einer Aufbau-Verlag GmbH i. A. geschlossen: Den ersten am 18.9.1991 mit der BFL-Beteiligungsgesellschaft mbH, den zweiten mit den weiteren Investoren am 27.9.1991 und den dritten im Vergleich vom 24.11.1992. Alle diese Verträge konnten aber schon bei ihrer Unterzeichnung aus Rechtsgründen nicht erfüllt werden. Die vorgetäuschte Übergabe der Verlage in »Volkseigentum« durch die SED/PDS war unwirksam. Der Kulturbund blieb Eigentümer des Aufbau-Verlages. Weil der Aufbau-Verlag an dem gesetzlichen Stichtag 1.7.1990 nicht »volkseigen« gewesen war, konnten die 1991 verkauften Geschäftsanteile an einer GmbH i. A. nicht (mehr) entstehen, da »Volkseigentum« nicht mehr existierte. Ab dem 3.10.1990 entfiel auch die Rechtsform »organisationseigener Betrieb«, aber der Kulturbund blieb weiter Eigentümer des Betriebes »Aufbau-Verlag« und seines Vermögens. Die Treuhandanstalt wusste das, oder hätte das als Spezialbehörde jedenfalls wissen müssen. Als Bernd F. Lunkewitz im Jahre 1994 davon erfuhr, forderte er die Treuhandanstalt auf, den Verlag vom Kulturbund zu erwerben und dann an die Käufer zu übertragen. Die Treuhandanstalt lehnte das ab, denn sie hätte dem Kulturbund einen Kaufpreis und den Investoren den bis dahin vergeblichen Aufwand zahlen müssen. Daraufhin kaufte er den Aufbau-Verlag noch drei Mal für sich persönlich vom Kulturbund: am 28.2.1995 die möglicherweise noch existente Aufbau-Verlag GmbH (alt) und am 21.12.1995 den Geschäftsbetrieb mit dem gesamten Vermögen des Aufbau-Verlages. Als die BvS in den Prozessen vortrug, der Vertrag vom 21.12.1995 sei wegen Formmängeln nicht wirksam, ließ er den Vertrag nochmals formgerecht notariell beglaubigen.

Im Jahre 2008 entschied der BGH rechtskräftig, auch gegenüber der Treuhandanstalt/BvS, dass die Privatisierung des Aufbau-Verlages durch die Treuhandanstalt gescheitert war, weil der Kulturbund sein Eigentum am Aufbau-Verlag nicht verloren hatte und folglich eine GmbH i. A. nie entstanden war.

Obwohl die Käufer für die nicht existierende GmbH i. A. den Kaufpreis bezahlt und Millionen in die leere Hülle Aufbau-Verlag GmbH investiert hatten, aber das Eigentum am Verlag nicht erwerben konnten, weigerte sich die Treuhandanstalt/BvS, die Verantwortung für ihre Fehler und ihre Täuschungshandlungen zu übernehmen und lehnte jegliche Haftung ab.

Ab 2009 verklagten die insolvente Aufbau-Verlagsgruppe GmbH in Berlin und die BFL-Beteiligungsgesellschaft in Frankfurt die Treuhandanstalt/BvS auf Feststellung ihrer Schadensersatzpflicht.

Als persönlicher Eigentümer des Verlagsvermögens und Rechtsnachfolger des Kulturbunds hatte Bernd F. Lunkewitz beim Verkauf des Verlages an die Familie Koch alle Ansprüche gegen die Treuhandanstalt/BvS vom Verkauf ausgenommen und verklagte die Behörde im Vertrauen auf den Rechtsstaat ebenfalls in Frankfurt. Dort hatten in den drei vorhergehenden Verfahren die damit befassten Spruchkörper objektiv, unparteiisch und durch eine »*rechtlich einwandfreie tatrichterliche Würdigung*«[232] die Sache geprüft und entschieden.

Der Verleger hatte allerdings nicht bedacht, dass für solche Verfahren gegen den Staat, in denen es um fiskalische Interessen geht, in den Geschäftsverteilungsplänen der Gerichte besondere Zuständigkeiten für Amtshaftungssachen (§ 839 BGB) vorgesehen sind.

Das allgemein anerkannte Eingeständnis, dass es Justizunrecht auch in der Bundesrepublik Deutschland gibt, zeigt sich schon an der Tatsache, dass der Justizgewährungsgrundsatz mehrere Instanzen vorsieht, was aber, wie schon mehrfach gesagt, wegen der für den Staat günstigen Sonderzuständigkeit nicht immer bei der Einhaltung von Gesetz und Recht hilft. Das Unrecht manifestiert sich in der Prozesspraxis nur selten durch »ungerechte« Gesetze wie im Falle des erst 1994 ersatzlos entfallenen § 175 StGB, sondern durch »ungerechte Richter«, die im Falle von Klagen gegen den Staat nicht nach Gesetz und Recht urteilen, sondern servil die politischen Interessen einer verantwortungslosen und im Fall der Treuhandanstalt sogar ausdrücklich von jeder zivilen Haftung befreiten Bürokratie vertreten und das auch noch für eine patriotische Tat halten. Tatsächlich aber zerstören sie damit die Grundlagen des Rechtsstaats, wie auch von Walter von Jhering schon im neunzehnten Jahrhundert beschrieben[233] und erlebt von den Bürgern der DDR und noch schlimmer des Dritten Reiches.

Das Ergebnis der fiskalisch motivierten politischen Entscheidungen dieser Richter ist, dass noch niemals ein geschädigter Bürger oder ein privates Unternehmen eine Zivilklage

---

232 BGH II ZR 213/06
233 Rudolf von Jhering, »Der Zweck im Recht« (1877)

über Millionenbeträge gegen den deutschen Staat gewonnen hat. Das Einfallstor der Willkür in den Urteilsbegründungen sind meistens die angeblich verbliebenen Zweifel an den vom Kläger zu beweisenden Tatsachen, die gerade noch hinreichen, um die Klage abzuweisen. Ganz offensichtlich sachlich falsche Urteile müssen natürlich vom BGH erst recht nicht aufgehoben werden, da sie angeblich keine grundsätzliche Bedeutung haben, nicht der Fortbildung des Rechts oder der Vereinheitlichung der Rechtsprechung dienen und wegen der sonst fehlerfreien staatlichen Verwaltung nur Einzelfallentscheidungen sind.

Beim Landgericht Frankfurt am Main ist die 4. Kammer unter dem Vorsitz des Richters Christoph Hefter[234] seit langen Jahren sonderzuständig für Schadensersatzklagen gegen den Staat[235]. In der mündlichen Verhandlung, die nach nur zwei Stunden beendet war, wies er darauf hin, dass der Fall sehr umfangreich und kompliziert sei, aber die Kammer mehr als 500 Fälle im Jahr zu bewältigen habe. Bernd F. Lunkewitz hatte beantragt, an der Urteilsverkündung teilzunehmen. Die wurde mehrmals verschoben. Der Richter las schließlich in seinem Büro den Tenor der Klageabweisung dem Verleger vor und der hatte den Eindruck, dass der Richter sich schämte.

Der 16. Zivilsenat des OLG Frankfurt hatte noch im Urteil vom 17.8.2006 über die Eigentumsverhältnisse am Aufbau-Verlag zur Verteilung der Beweislast festgestellt: »*Es gilt nach wie vor der Grundsatz, dass derjenige die Umstände*

---

[234] Siehe https://lunkewitz.prozessbeobachter.net/kommentare/die-suenden-des-richters-christoph-hefter/

[235] a) Laut Geschäftsverteilungsplan LG Frankfurt: Ansprüche aus § 839 (Amtshaftung), Entschädigungsforderungen im Sinne des Art. 14 GG (Eigentumsgarantie) und sonstige nichtvertragliche Ansprüche gegen juristische Personen des öffentlichen Rechts

darzulegen und zu beweisen hat, aus denen sich die für ihn positive Rechtsfolge ergibt.«[236]

Der im Sinne des Grundgesetzes materiell-rechtsstaatliche Erwerb aller Geschäftsanteile an der Aufbau-Verlag GmbH durch den Kulturbund im Jahre 1946 war nach anfänglichem Bestreiten durch die Treuhandanstalt/BvS unstreitig geworden. Der Kulturbund war der allgemein anerkannte und nach der Verfassung besonders geschützte Eigentümer des Aufbau-Verlages in der DDR. Bernd F. Lunkewitz war durch den Vertrag vom 21.12.1995 der Rechtsnachfolger und damit Eigentümer des Aufbau-Verlages geworden. Die Treuhandanstalt behauptete dagegen, den Aufbau-Verlag, der irgendwie irgendwann (1955 oder 1964 oder 1990) in Volkseigentum geraten sei, durch Umwandlung nach dem Treuhandgesetz erworben zu haben, trat aber für die Übertragung des Aufbau-Verlages in Volkseigentum keinen stichhaltigen Beweis an.

Die Urteilsbegründung des Landgerichts Frankfurt vom 7.10.2011 übernahm die schon von den Gerichten in Berlin praktizierte willkürliche Beweislastverteilung: Die beklagte Treuhandanstalt/BvS musste nicht beweisen, dass, wie, wann und wodurch der Aufbau-Verlag Volkseigentum geworden sein könnte. Den Richtern genügte ihre bloße Behauptung, sie sei Eigentümerin der durch Umwandlung entstandenen GmbH i. A. geworden. Die Klage wurde abgewiesen, weil Bernd F. Lunkewitz angeblich nicht »zweifelsfrei« beweisen konnte, dass der Kulturbund sein 1946 unstrittig nach materiell-rechtsstaatlichen Grundsätzen erworbenes und in der DDR anerkanntes Eigentum am Aufbau-Verlag **nicht** irgendwann und irgendwie an die Beklagte Treuhandanstalt/BvS verloren hatte. Die Vorsitzende am Landgericht Berlin

---

236 Urteil OLG FFM, 16 U 175/06

hatte in der mündlichen Verhandlung im Prozess der insolventen Aufbau-Verlag GmbH sogar fantasiert, dass die verkaufte GmbH i. A. als »creatio ex nihilo«[237] (aus dem Nichts) entstanden sein könnte, aber sich dann auf irgendwelche »Zweifel« zurückgezogen.

Der laut Geschäftsverteilungsplan für Amtshaftungssachen sonderzuständige 1. Senat des OLG Frankfurt mit dem Vorsitzenden Richter Dr. Ullrich Stump, der Richterin Hauffen und der Richterin Dr. Buxbaum, hat diese Absurdität sogar noch übertroffen. Auch in dieser Instanz hatte Bernd F. Lunkewitz »*zweifelsfrei*« zu beweisen, dass der Kulturbund sein unstreitig im Jahre 1946 erworbenes und in der DDR anerkanntes Eigentum am Aufbau-Verlag **nicht** doch irgendwie und irgendwann an irgendwen (Volkseigentum, SED oder Treuhandanstalt/BvS) verloren hat. Trotz der unstreitigen Tatsachen und der vorgelegten Dokumente stünde das Fortbestehen des Eigentums des Kulturbunds am Aufbau-Verlag aber nicht »zweifelsfrei« fest. Aber selbst wenn das so wäre, sei darüber hinaus die Erfüllung der Kaufverträge mit der Treuhandanstalt im Sinne des § 306 a. F. BGB[238] nicht »objektiv unmöglich« gewesen. Obwohl dann die verkauften vermeintlichen Geschäftsanteile beim Abschluss der Verträge aus Rechtsgründen nicht entstanden waren und auch nachträglich nicht mehr entstehen konnten, hätten sie aber – wie die Geschäftsanteile an tatsächlich in GmbH i. A. der Treuhandanstalt umgewandelten ehemaligen volkseigenen Betrieben – jedenfalls entstehen können, wenn – wie eben nicht – der Aufbau-Verlag Volkseigentum gewesen wäre.

---

237 Landgericht Berlin 9-O-464_08, Schriftsatz der Klägerin vom 20.7.2009. Klage Aufbau-Verlag GmbH/BvS

238 § 306 BGB a. F.: »Ein auf eine unmögliche Leistung gerichteter Vertrag ist nichtig.«

»*Diese Geschäftsanteile hätten ihrer Art nach entstehen können, wenn die Verlage wirksam in Volkseigentum überführt worden waren. In diesem Fall wurde die Treuhandanstalt Anteilsinhaberin (§ 1 Absatz 4 TreuhG) und konnte diese auf die Käufer übertragen.*«[239] Deshalb sei der § 306 BGB a. F. nicht einschlägig. Die Absurdität dieser Begründung ist auch an der fehlerhaften Grammatik erkennbar. Richtig wäre die Formulierung:

»*Diese Geschäftsanteile hätten ihrer Art nach entstehen können, wenn die Verlage wirksam in Volkseigentum überführt worden **wären**. In diesem Fall **wäre** die Treuhandanstalt Anteilsinhaberin (§ 1 Absatz 4 TreuhG) **geworden** und **hätte** diese auf die Käufer übertragen können.*«

Die Verwendung des Indikativ Plusquamperfekt Passiv »waren« (statt nach »wenn« richtig Konjunktiv II: »wären« und »hätte«) in der Begründung deutet nicht auf eine irrtümliche, sondern auf eine vorsätzlich falsche Beurteilung. Die Richter wussten, dass der Aufbau-Verlag nie Volkseigentum war und dass der Zeitpunkt des Vertragsabschlusses im September 1991 für die Anwendung des § 306 BGB a. F. entscheidend ist: Nach dem für die Umwandlung volkseigener Betriebe durch das Treuhandgesetz festgesetzten Stichtag 1.7.1990 war eine – etwa nachträgliche – Umwandlung aus Rechtsgründen ausgeschlossen. Die erst 1991 und 1992 geschlossenen Kaufverträge sind folglich auf eine objektiv unmögliche Leistung gerichtet und daher nichtig.

Das Recht wird von diesen Richtern nicht elegant »gebeugt«, sondern primitiv gebrochen. Der Täter wird freigesprochen, weil er unschuldig wäre, wenn er seine Tat nicht begangen hätte. Nach diesem Urteil wäre auch die Erfüllung

---

239 Klage BFL/BvS, B 046; Urteil 1 U 253/11 OLG Frankfurt vom 30.6.2014, Blatt 27, letzter Absatz

eines Vertrags über Verwertungsrechte an einem vom Franz Kafka noch zu schreibenden zweiten Band des Romans »Der Prozess« nicht »objektiv unmöglich«, denn wenn Kafka noch lebte, könnte er den Text ja verfassen und darin sogar diese Richter des 1. Senats als skurrile Charaktere der Willkür auftreten lassen. Der Kulturbund könnte in der schäbigen Kanzlei auf dem Dachboden mündlich oder durch Gebärden und ohne es zu wissen sein Eigentum am Aufbau-Verlag auf magische Weise verloren oder insgeheim sogar nie erlangt haben. Alles ist schließlich »möglich«, sogar vorsätzlicher Rechtsbruch durch solche Richter.

Die anderen Klagepunkte wurden mit ein paar Worten abgefertigt. Die Feststellungen der Unabhängigen Kommission oder gar ihre eigenen Erkenntnisse zum Eigentum am Aufbau-Verlag habe die Beklagte nicht mitteilen müssen. Das Verschweigen der Plusauflagen sei nicht bewiesen. Die Formnichtigkeit der Verträge und deren arglistige »Heilung« waren kaum der Rede wert. Das betrügerische Verhalten der Behörden wurde von diesen Richtern als Wahrnehmung »berechtigter Interessen« beurteilt.

»Der Widerstand gegen ein schnödes, die Person selbst in die Schranken forderndes Unrecht, d.h. gegen eine Verletzung des Rechts, welche in der Art ihrer Vornahme den Charakter einer Mißachtung desselben, einer persönlichen Kränkung an sich trägt, ist Pflicht. Er ist Pflicht des Berechtigten gegen sich selber – denn er ist ein Gebot der moralischen Selbsterhaltung; er ist Pflicht gegen das Gemeinwesen – denn er ist nötig, damit das Recht sich verwirkliche. Der Kampf ums Recht ist eine Pflicht des Berechtigten gegen sich selbst.«[240]

---

240 Rudolph von Ihering, »Der Kampf ums Recht«, S. 80

Diesen Kampf um das Recht gegen die gesetzeswidrigen Handlungen der Treuhandanstalt und ihre Helfer in der Justiz hat Bernd F. Lunkewitz als Pflicht übernommen und er will sie erfüllen, so lange ihm das möglich ist. Er führt diesen Kampf gegen das Unrecht aus moralischer Überzeugung, denn die einzige Art, auch gegen diese Pest anzukämpfen, ist der Anstand[241]. Die wenigen korrumpierten Richter, die nicht das Recht verteidigen, sondern gesetzeswidrige Handlungen des Staates zulassen oder sogar fördern, sind gefährlicher als jede Räuberbande, denn sie untergraben den Rechtsstaat und den moralischen Anstand auf die niederträchtigste Weise.

---

241 »C'est une idée qui peut faire rire, mais la seule façon de lutter contre la peste, c'est l'honnêteté«. Albert Camus, La Peste, 1947

Der Prozess

Jemand musste Bernd F. Lunkewitz verleumdet haben, denn ohne dass er etwas Böses getan hätte, wurde am 6.4.2020 ein Haftbefehl gegen ihn erlassen.

In dem ausufernden »Kampf ums Recht« gegen die Treuhandanstalt/BvS war er im Frühjahr 2020 mit dem Verfahren zur Löschung der im Handelsregister B und C eingetragenen falschen Vermerke zur angeblichen Umwandlung des Aufbau-Verlages nach dem Treuhandgesetz beschäftigt gewesen. Seit dreißig Jahren verweigert die Berliner Justiz im Interesse der Treuhandanstalt/BvS die Löschung dieser rechtswidrigen Eintragungen. Im Jahr zuvor hatte sein Anwalt in dieser Sache die Richter des 22. Senats des Kammergerichts zweimal wegen der Besorgnis der Befangenheit abgelehnt und wegen ihrer Untätigkeit und unzulässigen Aktenführung eine Dienstaufsichtsbeschwerde an den Präsidenten des Kammergerichts gerichtet. Alle diese Anträge wurden abgelehnt, aber wenigstens verließ Dr. Peter Sdorra, der Berichterstatter dieses von ihm jahrelang sabotierten Amtsermittlungsverfahrens, fluchtartig den 22. Senat[242]. Wie geschildert, übernahm der Vorsitzende, Dr. Müther, am 2.3.2020 selbst diesen Fall und erledigte ihn sehr schnell durch eine willkürliche Entscheidung, die nun dem Bundesverfassungsgericht vorliegt.

---

242 Siehe das Kapitel »Die Nachtigall«

Parallel dazu lief beim Landgericht Berlin das schon seit dem 22.12.2009 anhängige Zivilverfahren der BFL-Beteiligungsgesellschaft gegen die Treuhandanstalt/BvS zur Feststellung der Schadensersatzpflicht der Behörde wegen ihres rechtswidrigen Verhaltens bei der gescheiterten Privatisierung des Aufbau-Verlages. Bernd F. Lunkewitz bereitete sich auf die mündliche Verhandlung vor, die nach wiederholten Terminverlegungen am 28.2.2020 stattfinden sollte. Aber wegen der unzureichenden Vorbereitung der neu besetzten 15. Kammer des Landgerichts wurde auch dieser Termin zur mündlichen Verhandlung kurzfristig verlegt, diesmal auf den 13.11.2020.

Im Sommer 2015 hatte Bernd F. Lunkewitz für seine Familie ein schönes Haus an der Pazifikküste in Los Angeles gekauft und war dorthin umgezogen. Das im Park Louisa in Frankfurt Sachsenhausen gelegene sehr große Haus hatte er nur noch selten bewohnt und schließlich im Sommer 2019 das Grundstück verkauft und eine Wohnung in Frankfurt gemietet. Er meldete sich im Herbst 2019 beim Einwohnermeldeamt ordnungsgemäß mit seiner neuen Adresse an. Auch die neue Geschäftsadresse der Aufbau-Liquidationsgesellschaft, zu deren Liquidator er bestellt ist, wurde den zuständigen Stellen gemeldet, da nach jahrelanger Untätigkeit die Kosteneinziehungsstelle der Berliner Justiz wegen der 2012 abgewiesenen Klage der Aufbau-Liquidationsgesellschaft gegen die Treuhandanstalt/BvS von ihm als Liquidator der Gesellschaft plötzlich neue Auskünfte und Angaben über deren Vermögensstatus verlangte, obwohl gerichtsbekannt war, dass die gesamte Verwaltungs- und Verfügungsbefugnis über das Vermögen der Insolvenzschuldnerin per 1.9.2008 auf den Insolvenzverwalter übergegangen war.

Der Vertrag mit dem Insolvenzverwalter über den Verkauf des Aufbau-Verlages regelte auch die Freigabe der Schadensersatzansprüche der Insolvenzschuldnerin gegen die

Treuhandanstalt, die daraufhin von der Liquidationsgesellschaft i. L. verklagt wurde.

Diese Schadensersatzklage wurde am 20.11.2012 rechtskräftig abgewiesen[243], woraus sich ergibt, dass die Liquidationsgesellschaft seit dem 1.9.2008 irreparabel vermögenslos ist, weil die einzige aus der Insolvenzmasse freigegebene potenzielle Forderung gegen die Treuhandanstalt/BvS nicht existiert. Folglich, da künftiger Vermögenserwerb ausgeschlossen ist, wurde die Gesellschaft dauerhaft inaktiv und kann die entstandenen Gerichtskosten von mehr als 600.000 € nicht bezahlen. Dies hatte bereits der vorherige Liquidator der Gesellschaft in den amtlichen Vermögenserklärungen eidesstattlich versichert und Bernd F. Lunkewitz hatte das, auch durch den damit befassten Rechtsanwalt, mehrfach bestätigt.

Im März 2020, kurz vor dem Beginn der Reisebeschränkungen wegen der Covid-19-Pandemie, reiste er von Frankfurt zurück in das sonnige Kalifornien und begann dort mit dem Text für dieses Buch. Er hatte seit Jahren die Rechts- und Wirtschaftsgeschichte des Aufbau-Verlages in allen ihm zugänglichen Archiven recherchiert. Die in dem Prozess vorgetragenen Eigentumsverhältnisse am Aufbau-Verlag und dem Verlag Rütten & Loening und die Täuschungshandlungen der Treuhandanstalt/BvS belegte er mit zahlreichen Dokumenten, die auch in den Vortrag bei Gericht einflossen. Wegen der kurzfristigen Terminverlegungen waren er und die beteiligten Anwälte schon mehrfach auf die mündliche Verhandlung vorbereitet gewesen, aber doch sehr überrascht, als die 15. Kammer des Landgerichts Berlin kurz vor dem zum 13.11.2020 angesetzten Termin eingestand, dass wegen des chaotischen Zustands der Gerichtsakten (»dienstliche Gründe. Fehlen von umfangrei-

---

243 BGH vom 9.10.2012, XIII ZR 382 / 11. Siehe auch Fn 235

chen Anlagebänden«) die mündliche Verhandlung erneut verlegt werden musste, diesmal auf den 9.7.2021, weshalb Bernd F. Lunkewitz seine Reise nach Deutschland stornierte.

Nach dem ausgefallenen Termin vom 13.11.2020 schickte der zuständige Gerichtsvollzieher eine Aufforderung zur Abgabe einer aktuellen Vermögenserklärung der Aufbau-Liquidationsgesellschaft erstmals an die seit einem Jahr angemeldete neue Privatadresse von Bernd F. Lunkewitz in Frankfurt und wies auf einen zur Erzwingung dieser Erklärung am 6.4.2020 ausgestellten Haftbefehl hin. Diese Aufforderung wurde am 19.11.2020 zugestellt. Der Verleger sollte am 20.11.2020 beim Amtsgericht Frankfurt erscheinen, um diese Erklärung abzugeben.

Glücklicherweise war er im fernen und sicheren Kalifornien. Dort verbreitete sich zwar auch die Covid-19-Pandemie, aber schon die bloße Vorstellung, in Deutschland verhaftet und möglicherweise in unhygienischen Umständen gefangen und der Pandemie ausgeliefert zu sein, fand er bedrohlich. Bernd F. Lunkewitz informierte den mit diesen Vorgängen beauftragten Anwalt, der die Existenz des Haftbefehls bestätigte, aber auch die Tatsache, dass weder die vorangegangenen Schreiben der Berliner Justiz noch der Haftbefehl jemals ordnungsgemäß zugestellt worden waren und schon den formalen Voraussetzungen nicht genügten. Die Kosteneinziehungsstelle der Berliner Justiz hatte zum Erlass eines Haftbefehls keinerlei Rechtsschutzbedürfnis, da sie die Vermögenslosigkeit der Gesellschaft selber seit Jahren kannte. Sie hat dieses Verfahren rechtsmissbräuchlich und aus unzulässigen Gründen betrieben. Als Ursache für dieses rechtswidrige Verhalten kann man Verleumdungen aus anderen Bereichen der Berliner Justiz nicht ausschließen.

Am 12.4.2021 beschloss derselbe Richter am Amtsgericht Charlottenburg, der ein Jahr vorher den Haftbefehl erlassen hatte, ihn schon deshalb aufzuheben, weil die Ladungen zur Abgabe der Vermögenserklärung nicht ordnungsgemäß zugestellt worden waren. Die Kosteneinziehungsstelle der Berliner Justiz hatte ihm die tatsächlichen Umstände verschwiegen. Sie nahm die Vollstreckungsaufträge zurück und händigte den ungültigen Haftbefehl aus.

Bernd F. Lunkewitz konzentrierte sich danach auf die Arbeit an diesem Buch und reiste einige Tage vor dem Termin zur mündlichen Verhandlung nach Berlin.

Die Wahrheit der hier erzählten Geschichte des Aufbau-Verlages liegt in den historischen Dokumenten. Das von der Gründung des Verlages in 1945 bis zum Jahre 2008 vollständig erhaltene und sehr wertvolle historische Archiv des Aufbau-Verlages enthält mehr als 1,2 Millionen Blätter Schriftgut. Am 6.7.2021 schenkte Bernd F. Lunkewitz der Stiftung Preußischer Kulturbesitz für die Staatsbibliothek zu Berlin das Eigentum an diesem Archiv, das als nationales Kulturgut dauerhaft der Forschung und Wissenschaft öffentlich zugänglich ist. Das bis nach der Wende fortbestehende Eigentum des Kulturbunds am Aufbau-Verlag ist in dessen Dokumenten zweifellos bestätigt. Aus demselben Grund sind viele Akten der Treuhandanstalt/BvS noch immer geheim. Doch irgendwann werden sie allgemein zugänglich sein und belegen, dass alles noch viel schlimmer war.

Als die Treuhandanstalt 1990 behauptete, der Aufbau-Verlag sei volkseigen gewesen und in eine ihrer GmbH i. A. umgewandelt worden, wies der Kulturbund auf sein fortbestehendes Eigentum am Aufbau-Verlag hin und stellte vorsorglich am 11.10.1990 einen Rückgabeantrag, der nach mehr als dreißig Jahren noch nicht beschieden ist.[244]

---

[244] Bundesamt für zentrale Dienste und offene Vermögensfragen, Brief vom 30.4.2021 an den Kulturbund e. V., Ablichtung in der Anlage

Erst am 30.4.2021 teilte das Bundesamt für zentrale Dienste und offene Vermögensfragen (BADV) dem Kulturbund mit, »*dass der Aufbau-Verlag Eigentum des Kulturbunds der DDR war und daher zum Zeitpunkt seines Verkaufs an den Verleger Bernd Lunkewitz im Jahr 1995 im Eigentum des Kulturbunds e. V. stand*«.

Die für DDR-Eigentumszuordnungen allein zuständige Bundesoberbehörde bittet deshalb um Mitteilung, ob der Kulturbund den Antrag vom 11.10.1990 zurücknehme. Andernfalls werde der Antrag wegen des damals bestehenden Eigentums des Kulturbunds am Aufbau-Verlag abgelehnt.

Die BvS (in Abwicklung) untersteht dem Bundesministerium der Finanzen. Das BADV untersteht dem Bundesministerium des Inneren. Beide Ministerien stritten jahrelang, welcher Behörde der Erlös aus dem (nichtigen) Verkauf des Aufbau-Verlages zustehen soll. In dem Prozess der Käufer gegen die BvS zur Feststellung von deren Pflicht zum Schadensersatz behauptet die verklagte Bundesregierung: Der Aufbau-Verlag war Eigentum der Treuhandanstalt. In dem Verwaltungsverfahren des Kulturbunds bestätigt sie: Der Aufbau-Verlag war Eigentum des Kulturbunds.

Die mündliche Verhandlung vor dem Einzelrichter der 15. Kammer des Landgerichts Berlin begann am Freitag, dem 9.7.2021, um 10 Uhr morgens und war nach nur einer Stunde beendet. Der Richter erklärte die Klage für zulässig und die Ansprüche für nicht verjährt, auch gebe es keine entgegenstehende Rechtskraft früherer Entscheidungen. Einen Vergleich lehnten beide Parteien ab. Der Richter erklärte zum Schluss der Verhandlung, dass er nunmehr prüfen werde, ob die Beklagte BvS **überlegene** Kenntnis der damaligen Umstände gehabt habe. Der Termin zur Verkündung einer Entscheidung wurde für den 15. Oktober 2021 anberaumt.

Anhang

Information für Genossen Klaus Höpcke

Zwischen der Abteilung Finanzverwaltung und Parteibetriebe des ZK, der Kulturabteilung des ZK und der Leitung der HV Verlage wurde Mitte der sechziger Jahre vereinbart, daß die Verlage Volk und Welt und der Aufbau-Verlag (beide Verlage sind Eigentum der SED) über die staatliche Vorgabe "Valutaausgaben für Lizenzen" hinaus Auflagenerhöhungen vornehmen dürfen, die nicht Gegenstand der Lizenzverträge mit den Partnern im NSW waren.

Das wurde getan, um bei den begrenzten Valutamitteln ein für die Bevölkerung höheres Literaturangebot bereitstellen zu können.

Im internationalen Sprachgebrauch : Raubdrucke !

Die daraus entstehenden zusätzlichen Gewinne (nicht gezahlten Lizenzgebühren) für die Partei wurden seit dieser Zeit als Sonderabführungen überwiesen. Im Zeitraum 1986-1989 waren das durchschnittlich rd. 1 Mio jährlich. Anders ausgedrückt: Für rund 1 Mio M wurden den ausländischen Verlagen und Urhebern vorrangig aus der BRD- Lizenzeinnahmen entzogen.

Diese Verfahrensweise darf ab 1.1.1990 nicht mehr weitergeführt werden.

Es gibt zwei mögliche Varianten, die beide die Gefahr in sich bergen, daß auch die bisherige Verfahrensweise aufgedeckt wird.

Der erste Weg, der eine "größere" Sicherheit bietet, wäre der, daß die Abteilung Finanzverwaltung des ZK für die Jahre 1990 und 1991 je rd. 500.000 Valutamark bereitstellt. In einem Stufenprogramm bis 1992 könnten die genannten Verlage ihr Thema/Plan auf die planmäßig bereitgestellte Valutasumme zurückführen. Damit würden die Abstriche am Programm der letzten Jahre nicht mehr so drastisch im Buchangebot sichtbar werden und zu erwartende Fragen gemildert werden. Das ist besonders für den Verlag Volk und Welt bedeutungsvoll, da ein genereller Schnitt im Jahre 1990 den Editionsplan dieses Verlages total und deutlich sichtbar verändern würde.

Ist dieser Weg nicht gangbar, muß 1990 ein Eingriff großen Ausmaßes erfolgen, der die Gefahr des Aufdeckens dieser international unrechtmäßigen Verfahrensweise potenziert.

"Ablichtung/Durchschrift
aus StA LGB 184 Js 330/90
Beweismittel Dr. Gerd Peliban (PDS)-Büro
vom 20/21.08.91

Dieter Lange 28.11.89

Schreiben Dieter Lange an Klaus Höpcke. 28.11.1989

Abschrift

Erste Ausfertigung.

Berlin, den 30. März 1946.

Stempel   gez. Graser
                     Notar

Nr. 31 Jahr 1946 der Urkundenrolle.

Verhandelt

zu Berlin,
am 1.März 1946

Vor dem unterzeichneten Notar
Dr. Harald G r a s e r

mit dem Amtssitz in Berlin-Charlottenburg, Kurfürstendamm 233, der sich auf Ersuchen in das Geschäftslokal des Kulturbundes zur demokratischen Erneuerung Deutschlands e.V. in Berlin W 15, Schlüterstrasse 45 begeben hatte, erschien heute von Person bekannt:

     der Schriftsteller Johannes R. Becher,
     Präsident des Kulturbundes e.V. zur demokratischen
     Erneuerung Deutschlands, in Berlin W 15, Schlüter-
     strasse 45

und erklärte:

Die nachfolgende Erklärung gebe ich namens des von mir allein vertretenen Kulturbundes zur demokratischen Erneuerung Deutschlands e.V. ab.

Der Journalist Heinz Willmann, der Verlagsbuchhändler Kurt Wilhelm und der Verlagskaufmann Otto Schiele haben ihre Anteile an der "Aufbau Verlag Gesellschaft mit beschränkter Haftung" über je 5000 RM lautend in der notariellen Verhandlung vom 24. September 1945 (Nr.28 Jahr 1945 der Urkundenrolle des Notars Dr.Harald Graser in Berlin) dem Kulturbund zur demokratischen Erneuerung Deutschlands e.V. zur Abtretung angeboten, und sich an das Angebot bis drei Monate nach Eintragung des Kulturbundes in das Vereinsregister gebunden.

– 2 –

Ferner hat der Schriftleiter Claus Gysi in der notariellen Verhandlung vom 29.Oktober 1945 (Nr.60 Jahr 1945 der Urkundenrolle des Notars Dr.Harald Graser in Berlin) seinen Anteil an der "Aufbau Verlag Gesellschaft mit beschränkter Haftung" in Höhe von 5ooo RM dem Kulturbund zur demokratischen Erneuerung Deutschlands e.V. zur Abtretung angeboten und sich ebenfalls an das Angebot bis drei Monate nach Eintragung des Kulturbundes zur demokratischen Erneuerung Deutschlands in das Vereinsregister gebunden.

Der Kulturbund zur demokratischen Erneuerung Deutschlands e.V. ist am 16.Januar 1946 in das Vereinsregister des Amtsgerichts Berlin eingetragen.

Hiermit nehme ich namens des Kulturbundes zur demokratischen Erneuerung Deutschlands e.V. die vorgenannten Abtretungsangebote der Herren Heinz Willmann, Kurt Wilhelm, Otto Schiele und Claus Gysi an.

Das Protokoll ist vorgelesen von dem Beteiligten genehmigt und eigenhändig unterschrieben worden:

    Joh.R.Becher

    Graser
    Notar.

Kostenrechnung.
(Kostenordnung vom 25.11.1935)
Geschäftswert: 20.000.- RM

Gebühr §§ 144,26,31   26.- RM
Umsatzsteuer   -.78 "
    Zusammen   26.78 RM

Der Notar:

    Graser

        Vorstehende unter Nr.31 Jahr 1946
    der Urkundenrolle eingetragene Verhandlung
    wird hiermit zum ersten Mal für den

        Kulturbund zur demokratischen
        Erneuerung Deutschlands e.V.

ausgefertigt.   Berlin, den 30.März 1946.

        Stempel   gez.Graser
                       Notar

Urkunde des Notars Graser, Berlin. 30.3.1946 / Seite 2

Anlage K 11

DEUTSCHE DEMOKRATISCHE REPUBLIK

AMT FÜR LITERATUR UND VERLAGSWESEN

LIZENZNUMMER 301

1. Das Amt für Literatur und Verlagswesen der Deutschen Demokratischen Republik erteilt hiermit dem
 Kulturbund zur Demokratischen Erneuerung Deutschlands, Berlin
 die Genehmigung zur Ausübung der verlegerischen Tätigkeit.

2. Der (die) Lizenzträger übt (üben) die verlegerische Tätigkeit im Rahmen der Firma
 Aufbau-Verlag GmbH., Berlin aus.
 Gesellschafter der Firma sind
 ./.

3. Die Lizenz ist auf folgende(s) Verlagsgebiet(e) beschränkt:
 Belletristik, Kulturpolitik, Populärwissenschaften

4. Diese Lizenz wird unter der Bedingung erteilt:
 a) daß Verfassung und Gesetze der Deutschen Demokratischen Republik eingehalten, sowie die Anordnungen der Regierung der Deutschen Demokratischen Republik befolgt werden;
 b) daß alle auf Grund dieser Lizenz erscheinenden Veröffentlichungen die Aufschrift: »Veröffentlicht unter der Lizenznummer 301 des Amtes für Literatur und Verlagswesen der Deutschen Demokratischen Republik« tragen;
 c) daß unter 1. und 2. nicht aufgeführte natürliche und juristische Personen ohne ausdrückliche Genehmigung des Amtes für Literatur und Verlagswesen der Deutschen Demokratischen Republik weder an dem Unternehmen beteiligt sind, noch irgendwelche Gewinnanteile aus dem Unternehmen erhalten. Beim Ausscheiden oder Neuaufnahme von Gesellschaftern erlischt die Lizenz, falls nicht innerhalb von zwei Wochen Erneuerung beantragt wird;
 d) daß 3 Exemplare jeder Veröffentlichung an das Amt für Literatur und Verlagswesen der Deutschen Demokratischen Republik einzusenden sind;
 e) sonstige Bedingungen: **entfallen**

5. Diese Lizenz wird für unbestimmte Zeit erteilt. Sie ist nicht übertragbar und kann durch das Amt für Literatur und Verlagswesen der Deutschen Demokratischen Republik jederzeit entzogen werden.

DEUTSCHE DEMOKRATISCHE REPUBLIK
AMT FÜR LITERATUR UND VERLAGSWESEN

Berlin, den 9. Oktober 1951

LEITER DES AMTES

Lizenz des Kulturbunds für den Aufbau-Verlag. 9.10.1951

Deutsche Nationalbibliothek
04103 Leipzig

Herrn
Bernd F. Lunkewitz
BFL-Beteiligungsgesellschaft mbH
Mörfelder Landstraße 277
60598 Frankfurt am Main

Datum 20. Februar 2018
Telefon 0341 - 2271-309
Telefax 0341 - 2271-470
E-Mail j.raeuber@dnb.de

Ihre Zeichen
unsere Zeichen 2B-räu

Lizenznummer Aufbau-Verlag

Bestätigung zur Vorlage bei Gericht:

Die Recherche in der bibliografischen Datenbank sowie im Online-Katalog der Deutschen Nationalbibliothek (https://portal.dnb.de/opac.htm) erbringt den Nachweis von mehr als 8700 Titeln aus dem Aufbau-Verlag von 1951-1989.
Wir haben stichprobenartig jeweils einzelne Bücher aus jedem Jahr dieses Zeitraumes eingesehen und festgestellt, dass bis zum Jahre 1989 im jeweiligen Impressum stets die Lizenznummer 301, gefolgt von der Verlagsnummer, der Druckgenehmigungsnummer und dem Erscheinungsjahr angegeben war.

Mit freundlichen Grüßen
i.A. Jörg Räuber

Jörg Räuber
Abteilungsleiter 2B
Benutzung und Bestandsverwaltung

Deutsche Nationalbibliothek
Deutscher Platz 1
04103 Leipzig
Telefon 0341 - 2271 - 0
Internet www.dnb.de

LEIPZIG
FRANKFURT AM MAIN

Deutsche Nationalbibliothek. Lizenznummer 301. 20.2.2018

Treuhandanstalt

ɘ /Herrn Dr. Sinnecker
Frau Wohlfahrt

V E R M E R K

30/3/92
cW

Herrn Dr. Froeb
U4 C3

Betr.: Aufbau Verlag
hier: Schreiben von Herrn Lunkewitz vom 25.3.92

Wie ich Ihnen bereits bei der persönlichen Übergabe des Schreibens von Herrn Lunkewitz gesagt habe, trifft die Aussage von Herrn Lunkewitz, daß wir im Rahmen der Verkaufsverhandlungen Umstände zumindest grobfahrlässig verschwiegen hätten, nicht zu.

Wegen der besonderen Situation habe ich Herrn Lunkewitz ausdrücklich persönlich angesprochen und vertraulich über das Problem Plusauflagen, soweit es für uns erkennbar war, informiert.

Ich habe Herrn Lunkewitz hierauf bereits persönlich angesprochen, als er mich parallel zum Anlaufen des vorgenannten Schreibens vom 25.3. anrief. Er bestätigte meine Aussage am Telefon und meinte, der von ihm übermittelte Wortlaut stamme aus Formulierungen von Rechtsanwälten, die er in seinem Schreiben übernommen habe.

Berlin, 26.03.1992

i.A. Pommersche
Molinari (nach Diktat verreist)

Vermerk Molinari, Kenntnis der Plusauflagen. 26.3.1992

Statut
für den Aufbau-Verlag, Verlag des Deutschen Kulturbundes,
Berlin W 8, Französische Strasse 32

§ 1
Rechtliche Stellung

(1) Der Aufbau-Verlag wurde von dem Deutschen Kulturbund im August 1945 gegründet und ist als Betrieb im Sinne des § 1 der Verordnung vom 20. März 1952 über Massnahmen zur Einführung des Prinzips der wirtschaftlichen Rechnungsführung in den Betrieben der volkseigenen Wirtschaft (GBl.S.225) juristische Person und Rechtsträger von Volkseigentum.

(2) Der Verlag untersteht in politischer und ideologischer Hinsicht der Anleitung und Kontrolle durch den Deutschen Kulturbund und — soweit in der Arbeit der Staatsorgane vorgesehen — dem Ministerium für Kultur.

(3) Der Verlag ist in ökonomischer Hinsicht dem Druckerei- und Verlagskontor, kurz DVK genannt, unterstellt, das gegenüber dem Verlag die Aufgaben einer VVB erfüllt.

§ 2
Name und Sitz

(1) Der Verlag führt im Rechtsverkehr die Bezeichnung:
Aufbau-Verlag, Verlag des Deutschen Kulturbundes,
Berlin W 8, Französische Strasse 32.

(2) Sitz des Verlages ist Berlin

§ 3
Aufgaben des Verlages

(1) Der Verlag legt bei der Erfüllung seiner Aufgaben die Grundaufgaben des Deutschen Kulturbundes zugrunde, deren vierte wie folgt lautet:
"Der Deutsche Kulturbund tritt für die Wahrung und Weiterentwicklung aller fortschrittlichen, freiheitlichen und

sozialistischen Traditionen unserer nationalen Kultur ein. Er unterstützt mit aller Kraft die Kulturpolitik unseres Arbeiter- und -Bauern- Staates, in der Pflege aller humanistischen und demokratischen Überlieferungen der deutschen Kultur vereint ist mit dem Kampf für eine sozialistische Kultur. Der Kulturbund arbeitet für eine reiche und vielgestaltige sozialistische Kultur; er bekämpft die kapitalistische Dekadenz in all ihren Erscheinungsformen. In der Literatur und Kunst fördert der Kulturbund besonders das Schaffen nach der schöpferischen Methode des sozialistischen Realismus."

Der Verlag hat insbesondere die Aufgabe, die deutsche Gegenwartsliteratur, unser nationales Kulturerbe, wichtige Werke der zeitgenössischen ausländischen Literatur und besonders die Weltliteratur für unsere Bevölkerung zugänglich und fruchtbar zu machen und so zur weiteren Formung und Prägung des sozialistischen Bewusstseins unserer Menschen beizutragen. Er widmet sich weiterhin der Herausgabe von Werken der Philosophie und Ästhetik. Er unterstützt mit all seinen Kräften die in der Bitterfelder Konferenz und in den Volkswirtschaftsplänen unserer Republik herausgearbeitete kulturelle Entwicklung.

Der Aufbau-Verlag als Verlag des Deutschen Kulturbundes muss ein wirksamer Helfer unserer Kulturpolitik sein und sie soweit als möglich in ihrer Weite, Differenziertheit und klaren sozialistischen Zielsetzung widerspiegeln. Um seinen Beitrag zur sozialistischen Erziehung zu leisten, muss er bei der Einstellung auf die Bedürfnisse der Intelligenz vor allem die Interessen der immer grössere Bedeutung erlangenden jungen Intelligenz berücksichtigen, die in früher nie gekannter Breite aus unserer Arbeiter- und Bauernschaft heranwächst.

Die Eroberung der Kultur durch unsere Werktätigen bedeutet auch den Übergang zu einer engen sozialistischen Gemeinschaftsarbeit zwischen der Intelligenz und den Werktätigen, die der Verlag auch dadurch unterstützt,

dass er fortführt, dem Buch neue Leser zu gewinnen, um
es weiter und tiefer als bisher in die werktätigen Massen
hineinzutragen, wobei er sich zugleich auf ihre Bedürfnisse
und Ansprüche orientieren muss.

(2) Die Produktion des Verlages erfolgt auf der Grundlage
der vom Präsidialausschuss des Deutschen Kulturbundes
und dem Ministerium für Kultur bestätigten Themenpläne
und auf der Grundlage der vom HVA bestätigten Betriebs-
pläne im Rahmen der planmäßigen Papierkontingente.

§ 4

Grundsätze der Zusammenarbeit mit Autoren, Aussenmit-
Arbeitern und Lesern

(1) Die Zusammenarbeit mit den Autoren ist ständig zu ver-
bessern und der Kreis der Autoren, besonders der jungen
Autoren, ist zu erweitern. Besondere Aufgaben erwachsen
dem Verlag in der Förderung solcher jungen Autoren, die
sich aus den Zirkeln schreibender Arbeiter in Industrie
und Landwirtschaft entwickeln.

In der Arbeit der Lektoren ist der sorgfältigen und
kontinuierlichen Anleitung der jungen Autoren ein fester
Platz zu sichern.

Für die Herausgabe grösserer Werke sowie auf dem Arbeits-
gebiet der Philosophie und der Ästhetik sind Arbeitsgemeinschaften und Autorenkollektive unter Einbeziehung
von Lektoren des Verlages systematisch zu fördern.

(2) Die Mitarbeiter des Verlages, insbesondere die leitenden
Funktionäre und Lektoren, haben eine möglichst enge Verbindung zu den Lesern unserer Literatur herzustellen.
Die zweckmäßigsten Formen für eine solche enge Verbindung
sind ausserordentlich mannigfaltig (Leserkonferenzen,
Autorenlesungen, Foren, Verbindung zu Brigaden usw.)
und veränderlich. Es muss das Bestreben der Mitarbeiter
des Verlages sein, stets die zweckmäßigsten Formen heraus-
zufinden und anzuwenden.

§ 5
Arbeitsweise

(1) Der Verlag arbeitet nach den Prinzipien der Leitung sozialistischer Betriebe. Insbesondere gilt das Prinzip des demokratischen Zentralismus als Grundlage.

(2) Zur Verwirklichung des demokratischen Zentralismus haben der Verlagsleiter und alle leitenden Mitarbeiter die aktive Mitarbeit der Werktätigen und ihrer Organisationen an der Leitung des Verlages zu fördern. Die Hauptmethoden einer solchen Arbeitsweise sind:

a) der jährliche Abschluss des Betriebskollektivvertrages sowie die Kontrolle der Erfüllung der im Betriebskollektivvertrag enthaltenen Verpflichtungen;

b) die Unterstützung der sozialistischen Brigaden und Arbeitsgemeinschaften als einer entscheidenden Hilfe zur Verbesserung der Arbeit;

c) die Unterstützung der Betriebsgewerkschaftsorganisation bei der Durchführung des sozialistischen Wettbewerbs, der regelmäßigen Auswertung der Verbesserungsvorschläge und bei der Anwendung der Neuerermethoden;

d) die Durchführung der Kaderarbeit als Leitungstätigkeit;

e) die Vorbereitung und Durchführung kulturpolitischer und ökonomischer Konferenzen in Zusammenarbeit mit der Parteileitung der SED und der Betriebsgewerkschaftsorganisation;

f) die Förderung der Arbeit der Ständigen Produktionsberatung.

(3) Der Verlagsleiter ist verpflichtet, dafür zu sorgen, dass die Qualifikation aller Mitarbeiter durch Fortbildung

und Schulung systematisch gehoben wird. Hierbei unterstützen ihn die leitenden Mitarbeiter, die für die Auswahl der Qualifizierung der Mitarbeiter in ihren Abteilungen unmittelbar verantwortlich sind.

§ 6
Leitung

(1) Die Leitung des Verlages erfolgt unter ständiger Einbeziehung der Werktätigen und ihrer Organisationen nach dem Prinzip der persönlichen Verantwortung und nach dem Grundsatz der Einzelleitung.

(2) Der Verlag wird durch den Verlagsleiter geleitet, der vom Deutschen Kulturbund im Einvernehmen mit dem DTK ernannt und abberufen wird. Die Ernennung und Abberufung erfolgt nach der Satzung des Deutschen Kulturbundes durch den Präsidialrat. Der Verlagsleiter handelt im Namen des Verlages auf der Grundlage der gesetzlichen Bestimmungen. Er trifft seine Entscheidungen in eigener Verantwortung nach kollektiver Beratung. Er ist bei seinen Entscheidungen an die Pläne des Verlages und die Weisungen der übergeordneten staatlichen Stellen gebunden.

(3) Alle mit leitenden Aufgaben betrauten Mitarbeiter sind in ihrem Aufgabenbereich weisungsbefugt und persönlich verantwortlich.

(4) Der Hauptbuchhalter wird vom Hauptdirektor des DTK berufen und abberufen.

(5) Beirat des Verlages ist der Präsidialausschuss des Deutschen Kulturbundes.

§ 7
Struktur und Aufgabenverteilung

(1) Die Struktur des Verlages ist nach den gesetzlichen Bestimmungen festzulegen und bedarf der Bestätigung durch

den Präsidenten des Deutschen Kulturbundes und den Hauptdirektor des DZK.

(2) Für den einzelnen Mitarbeiter wird Art und Umfang seiner Tätigkeit und sein Verantwortungsbereich vom Verlagsleiter im Funktionsplan festgelegt.

(3) Für alle Mitarbeiter wird vom Verlagsleiter in Zusammenarbeit mit der BGL eine Arbeitsordnung erlassen.

§ 8
Vertretung im Rechtsverkehr

(1) Der Verlag wird im Rechtsverkehr durch den Verlagsleiter oder die hierzu Bevollmächtigten vertreten.

(2) Der Verlagsleiter vertritt den Verlag allein und ist zur Einzelzeichnung rechtsverbindlicher Erklärungen befugt.

(3) Im Falle der Verhinderung des Verlagsleiters wird er durch einen Bevollmächtigten vertreten, den der Verlagsleiter nach Absprache mit dem Deutschen Kulturbund und mit dem DZK bestimmt.

(4) Im Rahmen der ihnen erteilten Vollmachten können auch jeweils zwei andere Mitarbeiter des Betriebes gemeinsam diesen vertreten und rechtsverbindliche Erklärungen abgeben. Solche Vollmachten, die sich nur auf einen bestimmten Aufgabenkreis beziehen können, sind vom Verlagsleiter schriftlich zu erteilen.

(5) Bei Verfügungen über Zahlungsmittel oder sonstige Entscheidungen mit finanziellen Auswirkungen sind die Befugnisse des Hauptbuchhalters zu beachten.

(6) Der Verlagsleiter ist nach den Vorschriften der 4. Durchführungsbestimmung zur Verordnung über Massnahmen zur Einführung des Prinzips der wirtschaftlichen

Rechnungsführung in den Betrieben der volkseigenen Wirtschaft vom 7. April 1952 (GBl.1952, S. 290) in das Register der volkseigenen Wirtschaft einzutragen.

§ 9
Inkrafttreten des Statuts

Das Statut tritt mit Wirkung vom 1.I.1961 in Kraft.

§ 10
Bestätigung und Änderungen des Statuts

Das Statut wird vom Präsidenten des Deutschen Kulturbundes und vom Hauptdirektor des DVA bestätigt und kann nur mit deren Zustimmung aufgehoben oder geändert werden.

Berlin, den 10. Januar 1961

Deutscher Kulturbund
Der Präsident

DRUCKEREI- UND VERLAGSECHTOR
Der Hauptdirektor

Anlage K 53

Aktennotiz:

Nach Gespräch mit Herrn Molinari/
TPA -4402- und Herrn v. Lau:

- Privatisierung ist – ohne
  Grundstück – vorbehalten

- die Veräußerung wird – nunmehr – unter den Vorbehalt
  der Zustimmung UK gestellt

- Unterlagen werden uns nach-
  gestellt, und zwar unspätend
  auch nach Entwicklung des
  Verlags selbst

Mi 7/10

000208

Aktennotiz Vorbehalt der Zustimmung UKPV. 7.10.1991

Verlagskartei

Name des Verlages: Aufbau - Verlag Berlin und Weimar

Anschrift: 1080 Berlin, Französische Str.32   Tel. 2202421

Übergeordnetes Verwaltungsorgan: Ministerium für Kultur
Hauptverwaltung Verlage und Buchhandel
Eigentumsform: Organisationseigentum(Kulturbd)

Tag der Gründung:

Lizenzurkunde ausgestellt am: 9.10.1951   Lizenznummer: 3o1

Lizenzträger: Kulturbund zur Demokratischen Erneuerung Deutschlands, Berlin
Handelsregister Abt. C, eingetragen unter Nr. 11o-15 -538

Abt.   eingetragen unter Nr.

Vertretungsbefugte Personen: Elmar Faber   Name des Cheflektors:

Statut erlassen am: 1.1.1961
Veröffentlicht in: unveröffentlicht
Gesellschaftsvertrag vom:
Zwischen:

Gleichnamiger Verlag:

Art der Beziehungen:

Wirtschaftliche Einheit mit Rütten&Loening

Verlagskartei HV Verlage und Buchhandel. 19.7.1984

Berlin, den 25. März 1955
Ge/Fr

An den
Magistrat von Gross-Berlin
Rat des Stadtbezirks Mitte
Abt. Staatliches Eigentum
- Handelsregister C -

B e r l i n C 2
Klosterstr. 64

Wir bitten, unseren Verlag als einen den volkseigenen Betrieben gleichgestellten Betrieb (Unternehmen des Kulturbundes) in das Handelsregister der volkseigenen Wirtschaft (Handelsregister C) einzutragen.

Anbei überreichen wir als Anlage A die zur Eintragung notwendigen Angaben. Wir bitten, uns von der Eintragung in das Handelsregister C zu benachrichtigen und zugleich von Amts wegen unsere Löschung im Handelsregister B zu veranlassen. Unser Betrieb ist bisher als G.m.b.H. unter HR B 4001 registriert.

AUFBAU-VERLAG GMBH

_____   _____
K. Gheschke   W. Janka

Anlage

Antrag Eintragung in HRC, OEB Kulturbund. 25.3.1955

Anlage K 75

346

Sekretariat UKPV
PV 1 - 500² - 5/37

Berlin, den 11. Februar 1994

RefL.: MinR Bennewitz
Ref.: RR Berger

Betr.: Aufbau Verlag Berlin und Weimar
hier: Besprechung am Mittwoch, dem 9. Februar 1994

1. Vermerk

An der Besprechung am 9. Februar 1994 nahmen teil:

Herr Dr. Fischer u. Herr Gütschow — THA, Direktorat Vertragsmanagement (VM3 Z2)
Herr Schmidt — THA, Direktorat Sondervermögen (U2 SV5 B)
und der Unterzeichner.

Anlaß für die Besprechung war ein Schreiben der Geschäftsführer der Aufbau Verlag GmbH mit der Bitte um Abtrennung etwaiger treuhänderisch verwalteter Vermögensgegenstände des OEB Aufbau Verlag.

Den Vertretern des Direktorats Vertragsmanagement der Treuhandanstalt wurden die rechtlichen Rahmenbedingungen erläutert, nach denen Vermögensgegenstände des Sondervermögens verwertet werden können. Es wurde dargelegt, daß der Aufbau Verlag ein organisationseigener Betrieb im Eigentum des Kulturbundes gewesen sei und nicht im Eigentum der SED. Soweit daher durch die Veräußerung des Aufbau Verlages ein positiver Kaufpreis eingenommen wurde, müsse dieser in das Sondervermögen überführt werden. Ich habe klargestellt, daß die Wirksamkeit der Veräußerung des Aufbau Verlages nicht in Frage gestellt werden solle, sondern nur intern zwischen der Unabhängigen Kommission und der Treuhandanstalt entschieden werden müsse, ob aus der Veräußerung des Aufbau Verlages ein positiver Kaufpreis erzielt werden konnte, welcher dann dem Sondervermögen abgeführt werden müsse. Hierbei wurde auch besprochen, welche Auswirkungen es für die Wirksamkeit der Veräußerung des Aufbau Verlages hat, daß sich dieser als organisationseigener Betrieb nicht im Eigentum der SED, sondern im Eigentum des Kulturbundes befand. Es

Vermerk Berger: Aufbau »vermögenslose Hülle.« 11.2.1994 / Seite 1

bestand Einigkeit darüber, daß dies zur Folge hat, daß die Aufbau Verlag GmbH, deren Gesellschaftsanteile veräußert wurden, eine vermögenslose Hülle darstellt, da sie nicht gemäß § 11 Abs. 2 TreuhG bzw. gem. § 7 Umwandlungs-VO Rechtsnachfolgerin in das Vermögen des OEB Aufbau Verlag werden konnte. Es wurde besprochen, welches Vorgehen in diesem Fall angeraten wäre. Ich habe erklärt, daß sich eine hilfsweise Abtretung bzw. Übertragung aller Vermögensgegenstände des OEB Aufbau Verlag an die Aufbau Verlag GmbH befürworte, daß jedoch die Entscheidungsprärogative insoweit bei der Treuhandanstalt und dort beim Direktorat Vertragsmanagement liege. Es wurde Einigung darüber erzielt, daß das Direktorat Vertragsmanagement der Treuhandanstalt die Frage eventuell notwendiger Heilungsmaßnahmen prüfen wird.

Berger

Vermerk Berger: Aufbau »vermögenslose Hülle.« 11.2.1994 / Seite 2

Direktorat Sondervermögen

EINGEGANGEN
2 9. MRZ. 1994   7752
                  7856

Aufbau-Verlag
Geschäftsführung
Französische Straße 32

U2 SV5 B/Sche

10117 Berlin

Herr Schmidt

Berlin, 11. Feb. 1994

Abtretung von Rechten

Sehr geehrte Damen und Herren,

mit Schreiben vom 29. Dezember 1993 haben Sie die Treuhandanstalt gebeten, etwaige treuhänderisch verwaltete Rechte der Parteien und Massenorganisationen an den Werken Carl von Ossietzkys und Heinrich Manns an Sie abzutreten.

Nach den Feststellungen der Unabhängigen Kommission stand der Aufbau-Verlag nicht im Eigentum der SED. Es existiert zwar ein von der PDS und dem Ministerium für Kultur unterschriebenes "Übergabe-/Übernahmeprotokoll" vom 14. März/02. April 1990, wonach der Aufbau-Verlag "aus dem Eigentum der PDS in Volkseigentum überführt" wurde, und zwar "mit Wirkung vom 01. Januar 1990". Tatsächlich ist jedoch der Aufbau-Verlag bereits vor dieser "Überführung" unter der Nr. 110-15-538 im Register der volkseigenen Wirtschaft des Vertragsgerichts der Hauptstadt Berlin eingetragen gewesen, und zwar mit dem "Ministerrat der DDR, Ministerium für Kultur, Hauptverwaltung Verlage und Buchhandel", als übergeordnetem Organ. Die Tatsache, daß sich die PDS entgegen den tatsächlichen Rechtsverhältnissen als Eigentümerin des Aufbau-Verlages gerierte, ändert nichts daran, daß es sich bereits im März 1990 nicht um Partei-, sondern offensichtlich um Volkseigentum handelte.

Nach Ansicht der Treuhandanstalt kann daher die Anwendung der von Ihnen zitierten Rechtsprechung des Kammergerichts auf den Aufbau-Verlag nicht in Betracht kommen.

Vorsätzlich falsche amtliche Auskunft der THA. 11.2.1994 / Seite 1

Im übrigen ist die Treuhandanstalt nach dem derzeitigen Kenntnisstand ihren Verpflichtungen aus den Verträgen vom 18. September und 27. September 1991 nachgekommen und hält daher eine Abgabe weiterer Abtretungserklärungen nicht für erforderlich.

Mit freundlichen Grüßen

i.V.
Dr. Dierdorf

Verfügungen:
1. Herrn Schmidt
2. Herrn Stephan
3. Herrn Dr. Dierdorf zur Unterschrift
4. ab am 11. Feb. 1994
5. TK
6. z.d.A.   (br-19-l)

Dieser Entwurf wurde heute wörtlich mit H. Berger, UK und H. Dr. Fischer, VM Z1, abgestimmt

---

Vorsätzlich falsche amtliche Auskunft der THA. 11.2.1994 / Seite 2

SEKRETARIAT DER UNABHÄNGIGEN KOMMISSION
ZUR ÜBERPRÜFUNG DES VERMÖGENS DER
PARTEIEN UND MASSENORGANISATIONEN DER DDR
IM BUNDESMINISTERIUM DES INNERN

/00

Geschäftszeichen (bei Antwort bitte angeben)

Datum: 28. August 1991

Tel.: (030) 3476-2588 (West)

Unabhängige Kommission Parteivermögen,
Mauerstraße 34—38, O-1086 Berlin

Telefax: (030) 393-4024

Staatsanwaltschaft beim
Landgericht
Herrn Staatsanwalt Dorsch
Turmstraße 91

W-1000 Berlin 21

Sehr geehrter Herr Dorsch,

gemäß § 20 a PartG-DDR vom 21. Februar 1990 in Verbindung
mit Kapitel II Sachgebiet A Abschnitt III der Anlage II zum
Einigungsvertrag vom 3. August 1990 erstellt die Unabhängige
Kommission einen Bericht über die Vermögenswerte der SED/PDS
und der mit ihr verbundenen Organisationen, juristischen
Personen und Massenorganisationen der DDR im In- und Ausland.

Mit der Aufnahme des Parteivermögens der SED/PDS ist die
Wirtschaftsprüfungsgesellschaft Arthur Andersen & Co. GmbH
beauftragt. Wir bitten, deren Mitarbeitern <u>Einsichtnahme in
Akten</u> und Unterlagen zum Verfahren 1 BTJS 330/90 zu gewähren
und sie gegebenenfalls Ablichtungen davon fertigen zu lassen.

Mit freundlichen Grüßen

i. Hammerstein (Unterschrift)

Dr. von Hammerstein

1) Hdt.
Herr Neumann von der UK wurde darüber
in Kenntnis gesetzt, daß der beauftragte PE
absprachewidrig handelt.
Die ent. Sachbearbeiterin der kripo, Frau von
der Haar, erhielt derselben Kenntnis.
Akteneinsicht jedoch ausschließlich in den
Räumen der kripo, die zeitgleiche Auswertung
sichergestellt sein muß.

2) Wvlg bei. 11.9.91

Zeitgleiche Akteneinsicht Arthur Anderson. 28.8.1991

Bundesanstalt
für vereinigungsbedingte Sonderaufgaben

Vollmacht

Unter Bezugnahme auf die mir erteilte Vollmacht bevollmächtige ich

Herrn **Arno Lange**,

geschäftsansässig Zentrag GmbH i.L., Karl-Liebknecht-Straße 31, 10178 Berlin

die

Bundesanstalt für vereinigungsbedingte Sonderaufgaben (BvS),

Markgrafenstraße 45, 10117 Berlin

im Rahmen der Akteneinsicht zum Strafverfahren 22 Js 330/90 zu vertreten. Herr Lange ist auch bevollmächtigt, die Entscheidungen über die künftige Verwahrung der Aktenbestände zu treffen.

Berlin, den 29.05.2006

Bundesanstalt
für vereinigungsbedingte Sonderaufgaben
c/o BSV Verwaltungsgesellschaft mbH i. L.
Karl-Liebknecht-Straße 31
10178 Berlin

Kai Uwe Kleine

Vollmacht der BvS für Arno Lange. 29.5.2006

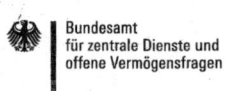

**Bundesamt
für zentrale Dienste und
offene Vermögensfragen**

POSTANSCHRIFT Bundesamt für zentrale Dienste und offene Vermögensfragen, - Dienstsitz Frankfurt -
PF 11 61, 15201 Frankfurt (Oder)

Kulturbund e.V.
Landesgeschäftsstelle Brandenburg
Charlottenstraße 31
14467 Potsdam

HAUSANSCHRIFT Spitzkrugring 10, 15234 Frankfurt (Oder)
BEARBEITET VON Herrn Jenchen
Referat B2/B3
TEL 03018 7030-2504
FAX 03018 7030-2501
E-MAIL torsten.jenchen@badv.bund.de
DATUM 30. April 2021

BETREFF **Durchführung des Gesetzes zur Regelung offener Vermögensfragen (VermG);
vermögensrechtliche Ansprüche des Kulturbund e.V.**
offene Anträge

BEZUG 1. vermögensrechtlicher Antrag zum Aufbau Verlag vom 11.10.1990
2. vermögensrechtlicher Antrag zu Plusauflagen-Honoraren vom 27.08.1993

ANLAGEN 5 Kopien (vermögensrechtliche Anträge, Bescheid des LARoV Berlin vom 02.05.1996,
Liegenschaftsblatt, Schreiben des BARoV vom 19.10.1993)

GZ **B2- 1- 158/12 – Aufbau Verlag** (bei Antwort bitte angeben)

Sehr geehrte Frau Villwock,

beim BADV (Bundesamt für zentrale Dienste und offene Vermögensfragen) werden noch zwei vermögensrechtliche Anträge als offen geführt, die dem Antragsteller Kulturbund e.V. und der seinerzeitigen Aufbau Verlag GmbH zugeordnet sind. Dabei handelt es sich um den Antrag des Rechtsanwalts Dr. Anselm Glücksmann vom 11.10.1990, gerichtet auf den Aufbau Verlag, und den Antrag des Rechtsanwalts Niclas Ostermann vom 27.08.1993, gerichtet auf die Plusauflagen-Honorare, welche der Aufbau Verlag an die SED (Sozialistische Einheitspartei Deutschland) abgeführt hat.

Der Antrag vom 11.10.1990 beinhaltete auch das Hausgrundstück Französische Straße 32 in Berlin. Zu diesem Vermögenswert erging am 02.05.1996 ein bestandskräftiger Bescheid des LARoV Berlin (Landesamt zur Regelung offener Vermögensfragen), mit welchem der Antrag des Kulturbundes e.V. abgelehnt wurde, da das Grundstück nicht in dessen Eigentum stand, sondern in dem des Aufbau Verlags.

Um die Frage, ob der Aufbau Verlag dem Kulturbund der DDR oder der SED gehörte, wurde vor dem Hintergrund des Verkaufs des Aufbau Verlags durch die BvS (Bundesanstalt für

---

Hauptsitz:
Bundesamt für zentrale Dienste und offene Vermögensfragen
Hausanschrift   Postanschrift
DGZ-Ring 12   11055 Berlin
13086 Berlin

Tel.: +49 03018 7030-0
+49 030 91608-0
Fax: +49 03018 7030-1140
+49 030 91608-1140

E-Mail: poststelle@badv.bund.de
Internet: www.badv.bund.de

Schreiben BADV an Kulturbund vom 30.4.2021 / Seite 1

vereinigungsbedingte Sonderaufgaben) als auch durch den Kulturbund e.V. jahrelang vor Zivilgerichten prozessiert. Die Frage des Eigentums am Aufbau Verlag ist auch für die Frage eines vermögensrechtlichen Anspruchs des Kulturbund e.V. von entscheidender Bedeutung. Während das zivilrechtliche Klageverfahren noch lief, ging im Jahr 2004 die Zuständigkeit für das vermögensrechtliche Verwaltungsverfahren vom LARoV Berlin auf das BADV über. Dieses konnte den Vorgang wegen der ungeklärten und rechtshängigen Frage der Eigentümerschaft nicht fortführen. Mit dem Beschluss des BGH vom 10.12.2007, Gz. II ZR 213/06 wurde letztinstanzlich entschieden, dass der Aufbau Verlag Eigentum des Kulturbundes der DDR war und daher zum Zeitpunkt seines Verkaufs an den Verleger Bernd Lunkewitz im Jahr 1995 im Eigentum des Kulturbunds e.V. stand.

Daraus folgt für den vermögensrechtlichen Antrag vom 11.10.1990, dass dieser abzulehnen ist. Da der Kulturbund der DDR das Eigentum am Aufbau Verlag nicht an die SED verloren hat, mangelt es an einem Vermögensschaden, der nach den Regelungen des VermG (Vermögensgesetz) wiedergutzumachen wäre. Der Kulturbund e.V. als Rechtsnachfolger des Kulturbunds der DDR hat den Verlag wirksam verkauft.

Der vermögensrechtliche Antrag zu den Plusauflagen-Honoraren vom 08.10.1993 war verfristet. Gemäß § 30a Abs. 1 VermG konnten vermögensrechtliche Ansprüche auf Forderungen nach dem 30.06.1993 nicht mehr angemeldet werden. Darauf wurde Herr Rechtsanwalt Niclas Ostermann mit Schreiben des BARoV (Bundesamt zur Regelung offener Vermögensfragen, ab 2004 BADV) hingewiesen. Eine Antragsrücknahme erfolgte darauf jedoch nicht. Zwar wurde dieser Antrag in Vertretung der seinerzeitigen Aufbau Verlag GmbH gestellt. Ich wende mich diesbezüglich gleichwohl auch an den Kulturbund e.V. und nicht allein an die Aufbau Verlage GmbH & Co. KG, da der Aufbau Verlag zum Zeitpunkt der Antragstellung im Eigentum des Kulturbunds stand.

Hiermit bitte ich Sie, die dargestellten Vorgänge für den Kulturbund zu prüfen. Sollten Sie dem hier dargestellten Prüfungsergebnis des BADV zustimmen, bitte ich Sie um eine kurze schriftliche Rücknahme der Anträge vom 11.10.1990 und 08.10.1993. Sollte Ihnen dies nicht möglich sein, bitte ich Sie um eine entsprechende Nachricht, da ich die Anträge dann mittels rechtsmittelfähiger Bescheide ablehnen werde.

Mit freundlichen Grüßen
im Auftrag

Jenchen

Schreiben BADV an Kulturbund vom 30.4.2021 / Seite 2

Zeittafel

S. = Seitenzahl im Text. Die Anlagen K(läger und B(eklagte) im Prozess der BFL-Beteiligungsgesellschaft mbH vs. Bundesanstalt für vereinigungsbedingte Sonderaufgaben sind hier zu finden: www.prozessbeobachter.net
BFL-Beteiligungs GmbH vs. BvS. Chronologie; Anlagen

16.8.1945 Gründung der Aufbau-Verlag GmbH. S. 22. K 012.

18.8.1945 Die SMAD (Sowjetische Militäradministration) erlaubt dem Kulturbund die verlegerische Tätigkeit des Aufbau-Verlags. S. 21. K014.

1.3.1946 Der Kulturbund erwirbt alle Anteile an der Aufbau-Verlag GmbH. S. 24. K 015, K 016.

18.3.1946 Die Aufbau-Verlag GmbH erhält Gewerbeerlaubnis. S. 24. K017.

3.3.1949 Eintragung der Aufbau-Verlag GmbH im HRB Nr. 4001 Berlin Mitte. S. 286. K 013.

5.4.1951 Das Druckerei- und Verlagskontor (DVK) beginnt die Betreuung und Verwaltung des Aufbau-Verlages für den Kulturbund. S. 36, S. 37.

9.10.1951 Das Amt für Literatur erteilt dem Kulturbund die Lizenz Nr. 301 zu Betrieb des Aufbau-Verlags. Diese Lizenz bleibt die Voraussetzung für der Tätigkeit des Verlages bis 1990. S. 42. K 018, K 269, K 270.

5.4.1955 Eintragung im HRC mit der Firma »Aufbau-Verlag« als organisationseigener Betrieb des Kulturbunds. S. 286. K 020, K 021.

19.4.1955 Löschung Aufbau-Verlag GmbH im HRB. S. 286, S. 151. K 019.

1.1.1961 Das Statut des OEB Aufbau-Verlags, der »Verlag des deutschen Kulturbunds«, tritt nach Unterzeichnung durch den Präsidenten des Kulturbunds in Kraft. S. 63. K 026.

31.7.1962 Beschluss des Politbüros der SED: Drei Verlage der Massenorganisationen und zehn Verlage der Partei werden der Verwaltung durch das Ministerium für Kultur, HV Verlage und Buchhandel, unterstellt: »Die Eigentumsverhältnisse bleiben unverändert.« S. 66, S. 113, S. 119. K 027.

21.12.1962 Der Ministerrat der DDR bestätigt den Beschluss des Politbüros der SED zur Profilierung und den Eigentumsverhältnissen der Verlage: »*Die Unterstellung der partei- und organisationseigenen Verlage unter die Hauptverwaltung Verlage und Buchhandel im Ministerium für Kultur erfolgt ohne Änderung der Eigentumsverhältnisse*«. S. 67. K 271, K 272.

28.12.1962 Vertrag zwischen Ministerium für Kultur und SED: »1. Die Eigentumsverhältnisse bleiben unverändert.« S. 68; S. 145, S. 163. K 028.

13.12.1963 Abkommen zwischen MfK und SED: Der Verlag Rütten & Loening wird vom Aufbau-Verlag geführt. Das Vermögen des Kulturbunds im Aufbau-Verlag ist M 3.608.852,17. S. 73; S. 101. K 029.

1.1.1964 »Profilierung« der Verlage der DDR. Der »Aufbau-Verlag Berlin und Weimar« des Kulturbunds führt in Personalunion den Verlag Rütten & Loening. S. 70. K 030, K 031.

6.1.1964 Arbeitsanweisung Nr. 3: »Der Verlag Rütten & Loening bleibt als juristische Person auch nach Angliederung an den Aufbau-Verlag Berlin und Weimar bestehen.« S. 72. K 211.

27.2.1964 Vertrag zur Verwaltung des Aufbau-Verlages zwischen Kulturbund und Ministerium für Kultur. Regelung zur Abführung der Gewinne an den Kulturbund. Vermögen des Kulturbunds im Aufbau-Verlag: 3.608.852,17 M. S. 89, 95. K 033.

1.7.1964 Arbeitsordnung für den »Aufbau-Verlag des Kulturbunds« wird den Mitarbeitern übergeben. S. 80. K 274.

17.12.1964 Der Kulturbund beschließt Berufung eines Beirats für den Aufbau-Verlag und den Verlag Rütten & Loening. S. 84. K 275, K 278, K 279, K 280.

1971 Die an den Kulturbund gezahlten Gewinne des Aufbau-Verlages werden pauschaliert. Der Kulturbund erhält bis zur Wende jährlich netto M DDR 1.690.000 aus den Gewinnen des Aufbau-Verlages. S. 102. K 222.

1.5.1983 Elmar Faber wird Leiter des Aufbau-Verlages. S. 103.

18.4.1984 Die HV-Verlage und Buchhandel und die SED bestätigen »in Durchführung des Politbürobeschlusses vom 31.7.1962« (der bestimmt hatte: »Die Eigentumsverhältnisse bleiben unverändert«) die jährliche Gewinnabführung an den Kulturbund in Höhe von netto M DDR 1.690.000 aus den Gewinnen des Aufbau-Verlages. S. 103, K 034.

19.7.1984 Verlagskartei im Justiziariat der HV Verlage und Buchhandel: Der Aufbau-Verlag ist OEB Kulturbund. Der Kulturbund ist Träger der seit dem 9.10.1951 gültigen Lizenz Nr. 301. Das Statut vom 1.1.1964 bestimmt: »Verlag des Deutschen Kulturbunds«. Nur »Wirtschaftliche Einheit« mit dem Verlag Rütten & Loening. S. 103. K 258.

9.11.1989 Öffnung der Mauer in Berlin. S. 108.

13.11.1989 Protokoll der Leitungssitzung Aufbau-Verlag: »die Verlage müssen aufhören, Geldspender für Parteien und Massenorganisationen zu sein«. S. 109; S. 124.

28.11.1989 Der Präsident des Kulturbunds und alle Mitglieder des Präsidialrats treten zurück. S. 134.

28.11.1989 Schreiben Dieter Lange an Klaus Höpcke (und Arno Lange) zu den Plusauflagen. S. 323

12.12.1989 Klaus Höpcke behauptet im neu gewählten SED/PDS-Vorstand, der Aufbau-Verlag sei Eigentum der Partei und schlägt dessen »Überführung in staatliches Eigentum« vor. S. 113.

10.1.1990 Das Ministerium für Kultur kündigt die Verwaltung der zehn parteieigenen Verlage. S. 119. B 009.

12.1.1990 Beschlussvorlage der SED/PDS, den Aufbau-Verlag in »Volkseigentum zu überführen und der Regierung zum Kauf anzubieten«. S. 119.

16.1.1990 Die Arbeitsgruppe Kulturpolitik SED/PDS bestätigt: im Statut vom 1.1.1961 ist der Verlag als Institution des Deutschen Kulturbunds ausgewiesen. S. 121; S. 137.

22.2.1990 Arno Lange, Dr. Pelikan (SED/PDS), Dieter Lange (Ministerium für Kultur) und Elmar Faber, Peter Dempewolf (Aufbau-Verlag) vereinbaren die Übergabe des Aufbau-Verlages in Volkseigentum. S. 139. B 012.

1.3.1990 Beschluss zur Gründung der Treuhandanstalt (THA).

14.3.1990 Dieter Lange und Elmar Faber unterzeichnen das Übergabeprotokoll. S. 141. K 035

27.3.1990 Der Kulturbund beantragt beim AG Charlottenburg die Registrierung als Verein. S. 168.

2.4.1990 Dr. Pelikan unterzeichnet das geänderte Übergabeprotokoll: Kaufpreisforderung der PDS in Höhe von 17 Mio. M DDR im Falle des Weiterverkaufs der Verlage. S. 143. K 035

18.4.1990 Zurückweisung der Kaufpreisforderung durch das Ministerium für Kultur. S. 143. K 238.

18.5.1990 Registrierung des Kulturbunds e.V. als rechtsfähige Vereinigung im Vereinsregister. S. 169

31.5.1990 Der OEB »Aufbau-Verlag Berlin und Weimar« überträgt Geschäftsanteile an der Verlag Phillipp Reclam OHG an die THA. S. 168.

17.6.1990 Die Volkskammer beschließt das Treuhandgesetz. S. 174

2.7.1990 Elmar Faber stellt beim Handelsregister den Antrag auf Eintragung als GmbHs i. A. der THA für Aufbau, Rütten & Loening und Aufbau Taschenbuch. S. 173. K 048

1.10.1990 Elmar Faber beantragt Kreditbürgschaft der THA für den Aufbau-Verlag. S. 175. K 203.

3.10.1990 Beitritt der DDR zur Bundesrepublik Deutschland.

3.10.1990 Heinrich Oswalt beantragt Restitution des Verlages Rütten & Loening wegen Zwangsverkauf in 1936. Kopie an THA. S. 329. K 177

11.10.1990 Dr. Glücksmann erklärt dem Vermögensamt der THA und dem Amtsgericht Charlottenburg das fortbestehende Eigentum des Kulturbunds am Aufbau-Verlag und beantragt vorsorglich Restitution des Aufbau-Verlages. (Erst am 30.4.2021 schlägt das BADV vor, den Antrag auf Restitution zurückzunehmen.) S. 150. K 108.

13.11.1990 Die THA bestätigt dem Kulturbund, vor Klärung der Eigentumsverhältnisse nicht über den Aufbau-Verlag zu verfügen. S. 153. K 227.

29.11.1990 Eintragung in HRB 35991: Aufbau-Verlag GmbH i. A., entstanden nach dem THG durch Ummwandlung des »Aufbau-Verlag Berlin und Weimar«. S. 174. K 036

19.12.1990 Eintragung im HRC: »Aufbau-Verlag Berlin und Weimar«. Umwandlung gem. THG vom 17.6.1990. Amtsgericht Charlottenburg. HRB 35991. S. 174, K 024.

21.2.1991 Dr. Glücksmann bietet Beweise für das fortbestehende Eigentum des Kulturbunds am Aufbau-Verlag an. K 228.

8.3.1991 Dr. Greuner erklärt nach Befragung von Elmar Faber den Standpunkt der THA zur Umwandlung des Verlages in eine GmbH i. A. für »rechtens«. S. 154. K 229.

5./12.5.1991 Brief THA Sondervermögen an THA Privatisierung: Die einseitige Kaufpreisklausel der SED/PDS muss für ungültig erklärt werden. K 054

25.7.1991 Nachforschungsauftrag der UKPV an die THA zum Eigentumserwerb der SED am Aufbau-Verlag. Hinweis auf die Gewinnabführungen an den Kulturbund. K 057

26.7.1991 Bescheid der THA zur Unterstellung des Kulturbunds unter treuhänderische Verwaltung nach PartG-DDR. S. 157. K 046

14.8.1991 Die UKPV wiederholt den Nachforschungsauftrag vom 25.7. 1991 zum Eigentum am Aufbau-Verlag wegen den Gewinnabführungen an den Kulturbund. Fn 166. K 058

14.8.1991 THA Sondervermögen: Anfrage zum Rechtsstandpunkt der UKPV zur Wirksamkeit der Übergabe des Aufbau-Verlages in Volkseigentum.

20.8.1991 Bei der Durchsuchung der PDS-Zentrale wird im Büro Dr. Bartsch ein Umschlag mit angeblich privaten Schreiben von Dr. Gysi gefunden. Dr. Bartsch verweigert die Durchsicht. Deshalb Versiegelung als Pos. 12 der Beweismittel und Übergabe an die Staatsanwaltschaft. S. 198.

22.8.1991 Durchsuchung der von der Kripo versiegelten Schränke im PDS-Büro Dr. Pelikan. Er genehmigt die sofortige Durchsicht der Dokumente. S. 200.

28.8.1991 Die UKPV bittet den Staatsanwalt Dorsch um Akteneinsicht für die von der UKPV und der THA Sondervermögen beauftragten Wirtschaftsprüfer von Arthur Anderson. S. 200.

6.9.1991 Antwort der UKPV auf das Schreiben Sondervermögen vom 14.8.1991: Übergabe des Aufbau-Verlags in Volkseigentum ist wegen der Kaufpreisforderung der SED/PDS unwirksam. S. 129. K 062.

11.9.1991 Vermerk Staatsanwalt Dorsch: Genehmigung Akteneinsicht, aber nur in den Räumen der Kripo, da die gleichzeitige Auswertung sichergestellt sein muss. S. 201.

12.9.1991 StA Dorsch: Brief an PDS zur Teilnahme an der Entsiegelung der Pos. 12 Beweismittel. Einladung zum Termin am 20.9.1991, um 9 Uhr in den Räumen der Kripo. S. 201.

18.9.1991 THA bestärkt wider besseres Wissen den Kulturbund in der Annahme, er sei hinsichtlich des Aufbau-Verlages enteignet worden. Unter Vorbehalt der Restitutionsansprüche stimmt der Kulturbund dem Verkauf der Aufbau-Verlag GmbH i. A. zu. S. 190. K 001. B 018.

18.9.1991 Notarielle Urkunden: Die Aufbau-Verlag GmbH i. A. verkauft den Grundbesitz des Aufbau-Verlages an die THA. Die Treuhandanstalt verkauft die Geschäftsanteile der Aufbau-Verlag GmbH i. A. an die BFL-Beteiligungsgesellschaft i. G. S. 307. K 001

20.9.1991 Entsiegelung der bei Dr. Bartsch beschlagnahmten Dokumente in Anwesenheit der für die THA tätigen Wirtschaftsprüfer. Fund des Schreibens vom 28.11.1989 Dieter Lange an Klaus Höpcke bez. Plusauflagen. Daher gleichzeitige Kenntnis bei der Kripo und der Treuhandanstalt. S. 217.

23.9.1991 UKPV bittet die Staatsanwaltschaft um Einsicht und Kopie des Schreibens von Dieter Lange an Klaus Höpcke.

23.9.1991 Klemens Molinari behauptet, der Vorstand der THA habe den Kaufvertrages vom 18.9.1991 nicht genehmigt, weil Bernd F. Lunkewitz keine Branchenerfahrung hat. S. 188.

24.9.1991 BFL bietet die Änderung des Kaufvertrages durch den Beitritt renommierter Fachleute an (u. a. Dr. Wechsler). S. 215.

24.9.1991 THA beurlaubt und kündigt Elmar Faber mit sofortiger Wirkung. S. 210.

25.9.1991 Dr. Greuner per Fax an Molinari: Ablehnung des Kaufvertrags ist nicht nachvollziehbar.
Vorschlag: Beteiligung renommierter Branchenkenner. S. 188.

27.9.1991 Notarielle Urkunden: Protokollierung von zwei Verträgen:
1. Beitritt weiterer Gesellschafter zum Kaufvertrag.
2. Berufung von Elmar Faber zum Geschäftsführer nur mit Zustimmung der THA. S. 190, 217, 236. K 002.

27.9.1991 Vermerk Dr. Greuner über Telefonat mit Klemens Molinari nach der Protokollierung in Frankfurt. Bericht von Gespräch Dr. Wechsler mit Elmar Faber. »Plusauflagen« werden nicht erwähnt. S. 217.

29.9.1991 Brief Dr. Kossack an BFL zur ungerechtfertigten Entlassung von Elmar Faber unter Hinweis auf dessen unverzichtbare Geschäftsführung und verlegerische Integrität. Vorschlag zulässiger Gestaltung von dessen weiterer Tätigkeit für den Verlag. »Plusauflagen« werden nicht erwähnt. S. 229.

30.9.1991 Vereinbarung zwischen THA und Faber zur Abberufung als Geschäftsführer ohne Angabe von Gründen. Ablauf des Rücktrittsrechts der Käufer. S. 193, 217, 218.

30.9.1991 Der Kulturbund wiederholt die Zustimmung zum Kaufvertrag vom 18.9.1991. S. 187. B 019.

1.10.1991 Der Vorstand Dr. Klintz und der Direktor Dr. Sinnecker unterzeichnen die Zustimmung der THA zum Kaufvertrag vom 18./27.9.1991. S. 222.

2.10.1991 Vermerk KOR Schmidt zu Ermittlungen Plusauflagen und Hinweise der THA auf drohenden Beweismittelverlust wegen des bevorstehenden Verkaufs des Verlages. S. 214. K 059.

3.10.1991 Klemens Molinari informiert Bernd F. Lunkewitz: Der Vorstand der THA genehmigte am 1.10.1991 den Kaufvertrag über die Geschäftsanteile der Aufbau-Verlag GmbH i. A. und der Rütten & Loening GmbH i. corA. Die Übergabe der Verlage wird für den 7.10.1991 vereinbart. S. 210.

4.10.1991 Wegen »Verdacht des Betruges in Tateinheit mit Vergehen nach dem Urheberrechtsgesetz« stellt die Kripo gegen Elmar Faber, Arno Lange, Dieter Lange, Klaus Höpcke u. a. Strafanzeige. Der Schaden wird mit 2 Mio. DM beziffert. S. 215.

4.10.1991 Staatsanwalt Dorsch beantragt Durchsuchungsbefehle u. a. für die Geschäftsräume des Aufbau-Verlags und berichtet über Hinweise der THA und der Kripo, die Durchsuchung sei eilbedürftig. Es drohe Beweismittelverlust weil die Übergabe des Verlages ab dem 6.10.1991 vorgesehen sei. S. 196. K 060.

4.10.1991 Handelsregistereintrag: Abberufung von Elmar Faber als Geschäftsführer der Aufbau-Verlag GmbH i. A. S. 221.

7.10.1991 Übergabe der Verlage an die Käufer. S. 220.

7.10.1991 Durchsuchung des Aufbau-Verlages. Verdacht des Betruges und der Verletzung des Urheberrechts (Plusauflagen). Laut Protokoll der Polizei ist an der Durchsuchung eine Frau Rieger als Vertreterin der THA beteiligt. S. 196. K 300.

7.10.1991 Durchsuchung der PDS-Zentrale. Befragungen wegen des in Pos. 12 aufgefundenen Schreibens Dieter Lange an Klaus Höpcke. Dr. Bartsch und Dr. Holluba bestreiten nähere Kenntnis der dort festgestellten Plusauflagen. S. 216.

7.10.1991 Klemens Molinari bestreitet die vorvertragliche Kenntnis der Plusauflagen. Faber berichtet von »einigen 10.000 DM«. Die Honorare für Plusauflagen seien vom Aufbau-Verlag an die HV Verlage und Buchhandel bzw. die SED gezahlt worden. S. 222

7.10.1991 Klemens Molinari bestätigt der UKPV, dass die Privatisierung der Verlage unter dem Vorbehalt ihrer Zustimmung steht und übergibt Unterlagen über die Verlage. S. 148, S. 211. K 063.

9.10.1991 Klemens Molinari stellt Antrag auf Zustimmung der UKPV zu den ihr vorliegenden notariellen Verträgen zur Privatisierung des Aufbau-Verlages. Er übergibt Referent Hingst die vorhandenen Akten zu der Entwicklung der Verlage. S. 132. K 064.

10.10.1991 Vermerk der UKPV: Annahme, der Aufbau-Verlag sei Parteieigentum gewesen, beruht allein auf dem Übergabeprotokoll und mündlichen Aussagen zweier SED-Funktionäre. S. 132. K 065.

14.10.1991 BFL zahlt den Kaufpreis in Höhe von 1 Million DM an die THA und 3 Millionen DM Kapitaleinlage an den Aufbau-Verlag. S. 221. K 066.

14.10.1991 BFL bittet um Beistand der Treuhandanstalt bei der Regelung von Schadensersatzforderungen wegen der Plusauflagen, da der Altgesellschafter SED verantwortlich sei. S. 221. K 066.

16.10.1991 Übersendung der Zustimmung des Vorstands der THA zu den Kaufverträgen vom 18./27.9.1991 an den Notar. S. 133. K 053

16.10.1991 Im Begleitschreiben an den Notar fordert die THA, dass die den Käufern des Aufbau-Verlages »*alle zwischenzeitlich den Käufern des Aufbau-Verlages bis heute bekannt gewordenen bzw. bekannt gegebenen weiteren Entwicklungen bei den zu übernehmenden Verlagen als zum Zeitpunkt des Vertragsabschlusses offenbart zu betrachten sind*«. K 053

29.10.1991 Vermerk Direktorat Sondervermögen an THA Privatisierung: die Kaufverträge sind mangels Zustimmung unwirksam. »Sollte eine nachträgliche Zustimmung in Betracht kommen, weisen wir Sie darauf hin, dass der erzielte Verkaufserlös dem Sondervermögen zusteht.« S. 133. K 062.

20.2.1992 Beschluss der Gesellschafterversammlung der Aufbau-Verlag GmbH i. A. zur Fortsetzung der Gesellschaft und Änderung der Satzung. Antrag auf Eintragung im Handelsregister. S. 131.

24.3.1992 Schreiben Bernd F. Lunkewitz an die Treuhandanstalt: Vorwurf der Bösgläubigkeit der THA und Anmeldung von Schadensersatzansprüche wg. Plusauflagen. Der ermittelte Schaden beträgt ca. 8,2 Millionen DM. Die Käufer verlangen »*Freistellungserklärung hinsichtlich aller Ansprüche aufgrund der Plusauflagen*«. S. 224. K 071.

25.3.1992 Bernd F. Lunkewitz ruft Klemens Molinari an, wiederholt den Vorwurf des Verschweigens der Plusauflagen und fordert die vollständige Freistellung bez. Plusauflagen.

Molinari behauptet, erst am 7.10.1991 von den Plusauflagen erfahren zu haben. Er lehnt die Freistellung zunächst ab, bietet dann Vergleich an.

26.3.1992 Klemens Molinari bestätigt in einem internen Vermerk die vorvertragliche Kenntnis der THA von den Plusauflagen. Er behauptet, Bernd F. Lunkewitz *»persönlich und vertraulich«* vor Vertragsabschluss über das *»Problem Plusauflagen, soweit es für uns erkennbar war, informiert«* zu haben. S. 229. K 299.

24.6.1992 Die THA gewährt nur eine bedingte Freistellung von Schadensersatzforderungen wegen Plusauflagen. Die Aufbau-Verlag GmbH wird verpflichtet, alle Ansprüche der Geschädigten abzuweisen. S. 230. K 072.

18.7.1992 Die Aufbau-Verlag GmbH verkauft für 20 Millionen DM die Grundstücke des Verlages in der Französischen Strasse an die Bürohaus GmbH von Bernd F. Lunkewitz.

6.8.1992 Eintragung im HRB 35991: Fortsetzungsbeschluss Aufbau-Verlag GmbH, Löschung des Zusatzes i. A. (im Aufbau). Dadurch fehlerhafte Entstehung der Aufbau-Verlag GmbH, die nicht Rechtsnachfolger des Aufbau-Verlags des Kulturbunds ist.

20.11.1992 interner Vermerk THA zur Vorbereitung eines Vergleichs mit den Käufern. Feststellung: wegen Formnichtigkeit der Verträge vom 18./27.9.1991 ist die THA weiter Gesellschafter der Verlage; die Gesellschaft ist überschuldet. Der tatsächliche Grundstückswert ist ca. 30 Millionen DM. S. 234. K 075.

24.11.1992 Notarielle Urkunde: Änderung des Kaufpreises für die Grundstücke des Verlages, geänderte Freistellung von den Plusauflagen. Erneute Abtretung der verkauften Geschäftsanteile wg. angeblicher Vorwürfe der Käufer, die Verträge vom 18.9./27.9.1991 seien sittenwidrig. S. 242. K 003.

22.12.1992 Die PDS legte dem Bundesamt zur Regelung offener Vermögensfragen (BAROV) ihre Vermögensaufstellung vor. Die Partei behauptet darin keine Eigentumsrechte am Aufbau-Verlag (anders als zum Verlag Rütten & Loening). K 078

29.12.1992 Vermerk UKPV: Frau Smalla, ehemalige Prokuristin der Zentrag, bestätigt die Aussagen von Arno Lange, daß der Aufbau-Verlag nicht der SED gehörte, sondern dem Kulturbund. S. 259. K 079.

12.1.1993 Handschriftliche Notiz Hingst, UKPV: nach Auskunft Arno Lange war der Aufbau-Verlag ein OEB des Kulturbunds. Lange legt dazu eine Vereinbarung vor. S. 260. K 079.

20.1.1993 Vermerk THA über den Vergleich v. 24.11.92 bez. Heilung der Formnichtigkeit der bisherigen Verträge. S. 246. K 074.

10.2.1993 Vermerk der UKPV zur Beratung mit der THA: Aufbau-Verlag war kein VEB, sondern Eigentum des Kulturbunds. Die Umwandlung in eine GmbH i. A. ist unwirksam, ebenso der Verkauf. K 078. K 067, K 078.

10.3.1993 UKPV schickt Vermerk über ein Telefonat vom 8.3.1993 zwischen UKPV und THA an das Direktorat Dienstleistungen der THA. Darlegung, der Aufbau-Verlag gehörte dem Kulturbund, nicht der SED. Der Kaufpreis steht dem Sondervermögen zu. K 080. K 081.

21.6.1993 UKPV schickt den Vermerk vom 10.2.1993 auch an THA Sondervermögen. Aufbau-Verlag ist Vermögensgegenstand des Kulturbunds der DDR. K 81. K 081.

10.12.1993 LG Hamburg äußert Zweifel am Entstehen und der Parteifähigkeit der Aufbau-Verlag GmbH, weil der Verlag OEB des Kulturbunde war.

29.12.1993 Aufbau-Verlag GmbH an THA: Zweifel an Entstehung der GmbH i. A. Anregung an THA, vorsorglich die Rechte des Kulturbunds zu verschaffen. S. 252. K 082.

9.2.1994 Besprechung zwischen UKPV und THA über Eigentum am Aufbau-Verlag, Ergebnis: Aufbau ist OEB des Kulturbunds. Erlös steht Sondervermögen zu. Die GmbH i. A. ist vermögenslose Hülle. Die Wirksamkeit des Verkaufs soll nach außen nicht infrage gestellt werden. S. 253. K 083.

11.2.1994 Vermerk UKPV über Besprechung mit THA am 09.02.1994. Aufbau-Verlag GmbH ist »vermögenslose Hülle«, nicht Rechtsnachfolger des Aufbau-Verlags des Kulturbunds. Heilung der Verträge ist Verantwortung der THA S. 261. K 083.

11.2.1994 Schreiben THA an Aufbau-Verlag: Die Wirksamkeit des Verkaufs wird bestätigt. Die Rechte des Aufbau-Verlags sind wirksam übertragen. Aufbau-Verlag war »offensichtlich« bereits ein VEB. Verpflichtungen aus den Verträgen vom 18. und 27.9.91 sind erfüllt. S. 260. K 084.

14.2.1994 Auf der Aktenkopie des Briefes vom 11.2.1994 wird handschriftlich vermerkt: »*Dieser Entwurf wurde heute wörtlich mit H. Berger, UK und H. Dr. Fischer, VM3 Z 1 abgestimmt.*« K 249. Ablichtung im Anhang.

23.3.1994 Vermerk Sven Berger, UKPV, zu Telefongespräch wegen Rechtsnachfolge Aufbau-Verlag: Am 9.2.1994 erklärte Dr. Fischer, THA VMZ 3 Z 1, dass die THA nur dann zur Heilung der Verträge mit den Käufern bereit ist, wenn die Bezahlung der Plusauflagen aus dem Sondervermögen erfolgt. S. 274.

30.3.1994 Vermerk Arno Lange, Archiv Zentrag, für Dr. Strack: Der Aufbau-Verlag war trotz der Eintragung im HRC kein VEB, sondern ein OEB des Kulturbunds. Der Eigentumsstatus des Aufbau-Verlags änderte »sich« erst 1990 »auf Wunsch der Belegschaft durch die Überführung in Volkseigentum durch die PDS«. S. 3045.

7.4.1994 Bildung einer Arbeitsgruppe der THA Privatisierung und THA Sondervermögen zur Lösung der Problematik Plusauflagen. Vorschlag: Die Kosten der Plusauflagen sollen aus dem Alt-Vermögen der SED gezahlt werden. S. 268.

14.4.1994 Schreiben Sven Berger, UKPV, an THA Sondervermögen, Dr. Josef Dierdorf. Betr.: Plusauflagen. Erst nach Beendigung des Streits um die Plusauflagenhonorare wird festgestellt, ob beim Verkauf des Aufbau-Verlages ein positiver Kaufpreis erzielt wurde, der dann ins Sondervermögen übernommen werden soll. S. 267.

19.7.1994 Der Gesamtvorstand THA beschließt die von der Arbeitsgruppe Plusauflagen erarbeitete Vorlage: die Zahlungen an die geschädigten westlichen Verlage sollen aus dem Vermögen der SED geleistet werden. S. 268.

21.7.1994 Die Aufbau-Verlag GmbH erhebt beim LG Hamburg, in Rechtsnachfolge des Aufbau-Verlags der DDR, Widerklage gegen den Rowohlt Verlag auf Feststellung der Rechte am Werk von Ossietzky.

12.9.1994 UKPV, Sitzung 52: Beschluss BU 576: Die UKPV verweigert das Einvernehmen zum Beschluss des Vorstands der THA, die Plusauflagen aus dem Parteivermögen zu bezahlen, weil der Aufbau-Verlag nicht Eigentum der SED war, sondern Vermögen des Kulturbunds ist. S. 268. K 303, K 304.

28.9.1994 Bernd F. Lunkewitz erkundigt sich telefonisch bei der UKPV, Sven Berger, warum die Plusauflagen nicht aus dem SED Vermögen erstattet werden. Sven Berger erklärt, dass der Aufbau-Verlag nicht Eigentum der SED war, sondern Eigentum des Kulturbunds ist. Die verkaufte Aufbau-Verlag GmbH sei eine »vermögenslose Hülle« und nicht Rechtsnachfolger des Aufbau-Verlags der DDR. S. 274. K 086.

4.10.1994 Bernd F. Lunkewitz informiert das Direktorat Recht der THA: Die Kaufverträge über den Aufbau-Verlag sind nach Angaben der UKPV nicht erfüllt. Der Verlag ist noch immer Eigentum des Kulturbunds, die verkaufte GmbH ist eine vermögenslose Hülle. S. 276.

5.10.1994 Die BFL-GmbH fordert von der THA Vertragserfüllung und Schadensersatz falls die Aufbau-Verlag GmbH eine vermögenslose Hülle ist. S. 276. K 087.

24.10.1994 Gutachten des RA Schrader über Eigentumsstatus Aufbau-Verlag, Ergebnis: Aufbau-Verlag GmbH i. A. ist nicht Rechtsnachfolgerin des Aufbau-Verlages des Kulturbunds. S. 278. K 088.

24.10.1994 Brief BFL-GmbH an THA, Vorlage des Gutachtens Schrader. Kaufvertrag vom 18. und 27.9.91 ist nicht erfüllt. Forderung von Schadensersatz und Erfüllung des Vertrages.

14.11.1994 Verhandlung zwischen BFL-GmbH und THA. Die THA schlägt zur Klärung des Eigentums am Aufbau-Verlag ein neutrales und unabhängiges Gutachten vor.

15.11.1994 Brief BFL an THA. Androhung Schadensersatzklage, wenn nicht bis 22.11.94 die Überführung Aufbau-Verlag in Volkseigentum nachgewiesen wird. Anregung: Erwerb der Rechte vom Kulturbund. S. 278. K 089.

13.12.1994 Der Gutachter, Dr. Hohmann, übergibt der THA den Vermerk zum Eigentumsstatus des Aufbau-Verlages: Die THA stehe auf verlorenem Posten, wenn sie behauptet, der Aufbau-Verlag sei in der DDR volkseigen gewesen. Der Aufbau-Verlag war OEB des Kulturbunds. Wegen der eindeutigen Rechtslage wurde Prof. Schlink nicht eingeschaltet. S. 279. K 096, K 097.

18.12.1994 Telefonat Bernd F. Lunkewitz mit Dr. Fischer, THA. Dr. Fischer behauptet, der Gutachter wurde nicht fertig. Vorlage des Gutachten sei erst möglich am 4.1.1995. S. 280

23.12.1994 THA und Prof. Schlink vereinbaren für die Anfertigung eines neuen Gutachtens ein Honorar von 30.000 DM. S. 281

1.1.1995 Umbenennung der Treuhandanstalt (THA) in Bundesanstalt für vereinigungs-bedingte Sonderaufgaben (BvS).

4.1.1995 Die BvS teilt mit, das Gutachten sei erst Ende Januar fertig. Bernd F. Lunkewitz wirft ihr vor, sie habe bereits ein Gutachten, dessen Ergebnis ihr nicht gefällt und lasse deshalb ein neues Gutachten anfertigen. Die THA, Dir. Robert Udo Dreher, bestreitet den Vorwurf. S. 280. K. 094, K. 095.

20.1.1995 Vorlage Gutachten Prof. Schlink und Dr. Hohmann. Ergebnis: Aufbau-Verlag war Volkseigentum. B 025.

27.1.1995 Die Käufer reichen Klage gegen die BvS auf Erfüllung der Kaufverträge und Ersatz der Verzögerungsschäden ein.

28.2.1995 Notarielle Urkunde: Bernd F. Lunkewitz kauft vom Kulturbund die Aufbau-Verlag GmbH 1945. S. 282.

1.3.1995 Der Kulturbund erklärt die Anfechtung der Zustimmung vom 18.9.91 zum Verkauf Aufbau-Verlag GmbH i. A. und beantragt Zustimmung zum Verkauf Aufbau-Verlag GmbH 1945. S. 282

6.3.1995 Die BvS bittet die UKPV um Einvernehmen zur Ablehnung der Zustimmung zum Kaufvertrag vom 28.2.1995. Der Vertrag sei auf eine unmögliche Leistung gerichtet. Berufung auf Gutachten Schlink/Hohmann. Aufbau-Verlag GmbH 1945 sei erloschen, die verkaufte Aufbau-Verlag

GmbH i. A. sei Rechtsnachfolger des VEB Aufbau-Verlag geworden. K. 111.

8.3.1995 Sven Berger unterrichtet Prof. Papier »*über Hintergrund Klage Lunkewitz/BvS wegen Aufbau*« und übersendet Bitte der BvS um Einvernehmen zur Ablehnung der Zustimmung zum Kaufvertrag vom 28.2.1995. Prof. Papier trifft die vorgeschlagene Eilentscheidung. K. 113, K. 115.

10.4.1995 Bestätigung PDS, Dr. Bartsch: Aufbau-Verlag war nie Eigentum der SED. Die Übergabe in Volkseigentum war Irrtum. S. 148. K 175.

28.6.1995 Klage des Kulturbunds gegen die BvS und UKPV beim Verwaltungsgericht Berlin auf Zustimmung zum Verkauf des Aufbau-Verlages an Bernd F. Lunkewitz. S. 282.

20.10.1995 Schreiben der THA an Dr. Hohmann: keine Kritik an dem Gutachten, das »unter unserer Mitarbeit entstanden ist«. S. 320.

14.11.1995 Urteil LG Berlin, Az. 9 O 57/95, Abweisung Klage der Investoren gegen die BvS auf Erfüllung des Kaufvertrages vom 18./27.9.1991.

21.12.1995 Notarielle Urkunde, Kulturbund verkauft das gesamte Betriebsvermögen des Aufbau-Verlages an Bernd F. Lunkewitz. S. 350. K 046a

22.12.1995 Urteil LG Hamburg i. S. Rowohlt Verlag gegen Aufbau-Verlag, Klage und Widerklage abgewiesen, weil die Aufbau-Verlag GmbH nicht parteifähig ist. Aufbau-Verlag

GmbH folglich nicht Rechtsnachfolger des Aufbau-Verlags des Kulturbunds.

11.3.1996 Verfügung VG Berlin an die BvS zur Akteneinsicht für den Kulturbund. Die BvS verweigert die Akteneinsicht. Das VG Berlin wiederholt die Aufforderung am 24.4. und 16.8.1996 und 19.3.1997.

21.4.1997 Verfügung VG Berlin an Bundesministerium der Finanzen wg. rechtswidriger Verweigerung der Akteneinsicht.

19.5.1998 Protokoll der Anhörung Prof. Dr. Schulmeister. Er bestätigt das Eigentum des Kulturbunds am Aufbau-Verlag.

18.7.1997 Beschluss KG Berlin, Einstweilige Verfügung gegen Kulturbund und BvS, Untersagung eines Vergleichs bzgl. Verkauf des Aufbau-Verlags. Az. 14 W 4469/97

7.9.1998 Die Staatsanwaltschaft Berlin verfügt die Einstellung aller Ermittlungsverfahren wegen Plusauflagen.

23.3.1999 Die Staatsanwaltschaft Berlin verfügt Einstellung der von Bernd F. Lunkewitz gegen Mitarbeiter der BvS gestellten Strafanzeigen.

8.7.1999 VG Berlin. Vergleich Kulturbund/BvS, Beendigung Zwangsverwaltung, Rückgabe einiger Grundstücke und anderer Vermögenswerte.

29.11.1999 VG Berlin. Mündliche Verhandlung Klage Kulturbund gegen BvS wegen Zustimmung zum Kaufvertrag vom 21.12.1995 (VG 26 A 191.95). Das VG Berlin geht vom Eigentum des Kulturbunds am Aufbau-Verlag aus. K. 121.

14.12.1999 Einvernehmen der UKPV zur Erklärung der BvS, dass Zustimmung zum Verkauf des Aufbau-Verlages nicht erforderlich ist. K. 122.

17.12.1999 BvS stellt Kulturbund frei vom Zustimmungserfordernis zum Verkauf des Aufbau-Verlages gem. Antrag vom 1.3.95, damit Erledigung Klage VG vom 28.6.95.

21.1.2003 Brief des LAROV an die Familie Oswalt. Die Restitution des Verlages Rütten & Loening wird abgelehnt. K 039

10.6.2004 Klage Aufbau-Verlag GmbH gegen Bernd F. Lunkewitz beim LG Frankfurt zur Feststellung des Eigentums am Aufbau-Verlag.

29.11.2004 Streitverkündung gegen die BvS zu der Klage LG Frankfurt Aufbau-Verlag GmbH/Lunkewitz.

23.2.2005 LG Frankfurt. BvS erklärt Beitritt zum Rechtsstreit Aufbau-Verlag GmbH gegen Lunkewitz. BK 19

18.11.2005 Urteil LG Frankfurt, Az. 2-27 O 238/04, Abweisung Klage Aufbau-Verlag GmbH und BvS gegen Lunkewitz. Stattgabe Widerklage. Bernd F. Lunkewitz persönlich ist Eigentümer des Aufbau-Verlages. S. 286. K 011.

17.8.2006 Urteil OLG Frankfurt, Az. 16 U 175/05, Zurückweisung Berufung gegen das Urteil LG Frankfurt vom 18.11.05. S. 287. K 010.

26.6.2007 Brief BFL GmbH und Lunkewitz vom 26.6.2007 an BvS, Anfechtung der Verträge vom 18. und 27.9.91 sowie 24.11.92 wegen arglistiger Täuschung. S. 229. K 068.

10.12.2007 Beschluss BGH, II ZR 213/06, Hinweis gem. § 552 a ZPO, Zurückweisung Revision gegen Urteil OLG Frankfurt v. 17.8.06. S. 295. K 009.

24.1.2008 Urteil VG Berlin, VG 29 A 260.07, Feststellung, Familie Oswalt ist restitutionsberechtigt. K 039.

3.3.2008 Beschluss BGH, II ZR 213/06, Zurückweisung Revision Klägerin und BvS gegen Urteil OLG Frankfurt vom 17.8.2006. Feststellung: Aufbau-Verlag war nicht Eigentum der BvS sondern OEB des Kulturbunds. Übertragung durch den Vertrag vom 21.12.1995 wirksam. S. 290. K 007.

9.5.2008 BFL GmbH, Aufbau-Verlagsgruppe GmbH und Bernd F. Lunkewitz fordern von der BvS Schadensersatz.

20.5.2008 Zurückweisung der Schadensersatzansprüche durch die BvS.

29.5.2008 Bernd F. Lunkewitz verweigert Aufbau-Verlagsgruppe GmbH weitere Kapitaleinlage. S. 330.

30.5.2008 Geschäftsführer der Aufbau-Verlagsgruppe GmbH stellen Insolvenzantrag.

1.9.2008 Beschluss des AG Charlottenburg, Eröffnung des Insolvenzverfahrens über die Aufbau-Verlagsgruppe GmbH. S. 317.

12.10.2008 Verträge zwischen Insolvenzverwalter, Bernd F. Lunkewitz und Investor Koch über Verkauf und Weiterführung des Aufbau-Verlags.

29.12.2009 Einreichung Klage BFL-GmbH vs. BvS beim LG Frankfurt.

26.10.2010 Antrag auf Löschung der falschen Eintragungen zur Umwandlung Aufbau-Verlag im HRB und HRC AG Charlottenburg. S. 295.

16.12.2013 Der 12. Senat des KG Berlin verfügt im Handelsregister B und C die Löschung der falschen Vermerke zur Umwandlung des Aufbau-Verlags. S. 296. K 234.

1.1.2015 Wegen rückwirkender Änderung der Zuständigkeit Abgabe des HR-Verfahrens vom 12. Senat des KG an den 22. Senat des KG. S. 297

15.10.2018 Eidesstattliche Versicherung von Klaus Höpcke zu den Eigentumsverhältnissen am Aufbau-Verlag. S. 299. K 294.

3.4.2019 Ablehnung der Richter des 22. Senats des KG wegen Besorgnis der Befangenheit. S. 299.

21.8.2019 Erneut Ablehnung der Richter des 22. Senats des KG wegen Besorgnis der Befangenheit. S. 301.

13.5.2020 Der 22. Senat des KG stellt das HR-Verfahren ein. S. 301, S. 306. B 056.

30.4.2021 Schreiben BADV an den Kulturbund: Vorschlag zur Rücknahme des am 11.10.1990 gestellten Antrags auf Restitution des Aufbau-Verlages, weil der Verlag bis zum Verkauf an den Verleger Lunkewitz Eigentum des Kulturbunds e. V. war. S. 152.

9.7.2021 LG Berlin. Mündliche Verhandlung im Prozess der BFL-Beteiligungsgesellschaft mbH vs. BvS.

15.10.2021 Verkündungstermin des Urteils LG Berlin zu der Klage BFL-GmbH vs. BvS.

Personenregister

Abusch, Dr. Alexander 89, 141
Anderson, Arthur 200, 206, 212, 215, 357

Bahro, Rudolf 97
Bartsch, Dr. Dietmar 148, 199, 201 f., 205, 216 ff., 223, 264, 357 f., 360, 367
Becher, Johannes R. 20 f., 25 f., 29, 45, 50, 52, 62, 85, 141
Behnke, Dr. 153
Beimesche, Johannes 276 ff.
Bennewitz, Klaus-Dieter 253, 267
Berger, Roland 177, 179,
Berger, Rolf 48
Berger, Sven 253, 255, 265 ff., 273 ff., 364 ff.
Beyerle, Dr. 133
Biermann, Wolf 97
Binder 153
Bloch, Ernst 25, 45, 135
Braun, J. N. 234
Brecht, Bertold 45, 100
Bredel, Willi 25
Breschnew, Leonid Iljitsch 106
Breuel, Birgit 188
Brie, André 216, 218

Burghardt, Prof. Max 62, 84, 85
Buxbaum, Dr. 312

Camus, Albert 314
Caspar, Günther 61
Chruschtschow, Nikita 59
Conrad, Joseph 45

Dempewolf, Peter 101, 124, 171, 196, 355
Dierdorf, Dr. Josef 257, 267 f., 365
Dorsch, Hans-Jürgen 198 ff., 206, 215, 217, 357 f., 360
Dreher, Robert Udo 277, 280 f., 284, 367
Drescher, Dr. Angela 289

Eisler, Gerhard 40
Erbe, Dr. 198
Erler, Dr. Gotthard 191, 196, 218

Faber, Elmar 99 ff., 103 ff., 111 f., 124, 126 f., 136 ff., 149, 155 ff., 161, 166, 168 ff., 173 f., 176 ff., 188 ff., 194 ff., 204 f., 207 ff., 213, 215, 220, 227, 231, 354 ff., 359 f.

Feser, Udo 197
Feuchtwanger, Lion 45, 175
Fischer, Dr. Helmut J. 253, 257, 265 f., 274, 277, 280, 364, 366
Fontane, Theodor 175
Froeb, Dr. Wolfram 225 ff., 229 ff.
Fuhrmann 129

Geigulat 216 ff.
Gentz, Ingeburg 32, 49 f., 52, 55, 117
Glatzer, Ruth 99
Glücksmann, Dr. Anselm 61, 150 ff., 356 f.
Goette, Prof. Dr. Wulf 289
Gorbatschow, Michail S. 106 f.
Götz, Dr. Karin 103 f.
Graser, Dr. Harald 24
Greuner, Dr. Albrecht 153 ff., 180 f., 183 f., 187 ff., 192, 357, 359
Grotewohl, Otto 39
Grüter 284
Grundmann, Thomas 188, 190 f., 193, 207, 228
Gruner, Jürgen 204 f.
Gütschow 253
Gysi, Dr. Gregor 119, 127, 198 ff., 202, 205, 217 f., 357
Gysi, Klaus 23, 33, 40 f., 60 f., 63, 65 f., 73, 80 f., 83 ff., 87, 118, 121, 141, 218

Haar, von der 200
Hädinger, Günther 161, 202, 299
Hähn, Erhard 72, 92
Haid, Bruno 84 f., 91, 96

Haines, Gerd 92
Hammerstein, Dr. Christian von 198, 200, 267
Harich, Dr. Wolfgang 44, 59 f., 135
Hauffen, Dr. 312
Hauptmann, Gerhart 20
Havemann, Dr. Robert 135
Hefter, Christoph 310
Hein, Christoph 208 f.
Hemingway, Ernest 45
Henniger, Gerhard 85
Hermlin, Stephan 45, 105
Hesse, Hermann 45
Hingst 129 f., 132, 211 f., 259 f., 361, 363
Hockarth, Paul 35, 48
Hoeft, Dr. Klaus 205
Hoffmann, Hans-Joachim 99, 205
Hoffmann, Prof. Hilmar 9, 178, 182, 374
Hohmann, Dr. Bernd 278 ff., 282, 366, 367 f.
Holluba, Dr. Karl 199, 218, 360
Hollweg-Stapenhorst, Susanna 296
Honecker, Erich 93, 107, 171
Höpcke, Klaus 96 f., 99, 101, 104, 113, 117, 119, 122, 124, 127, 137, 143 f., 147, 149, 155, 161, 167 ff., 176, 202 ff., 214, 217, 355, 358, 360, 371
Huch, Ricarda 30
Hünnebeck, Dr. Wilhelm 23, 286

Janka, Walter 34 f., 41, 44 f., 48 ff., 52 ff., 57 f., 60, 62, 87, 135, 292

John, Dr. Wilfried 103
Joho, Wolfgang 85

Kahlau, Heinz 85
Kantorowicz, Alfred 45
Keller, Dr. Dietmar 119, 138 f.
Keller von, Dr. Eugen 177
Kellermann, Bernhard 25
Kiepenheuer, Gustav 114 f., 120, 128, 269
Kippenberg, Anton 115
Kirchner, Matthias 122, 124
Klein, Christian M. 242, 244
Klemperer, Prof. Victor 45
Klenck von 133
Klinz, Dr. Wolf R. 234
Kneschke, Karl 48, 50, 52 f., 304
Koch, Matthias 292, 308, 370
Koch, Prof. Hans 84
Köpcke, Klaus 219
Kohl, Dr. Helmut 112, 134
Kohlhase, Paul 34
Kossack, Dr. Eberhard 177 ff., 188, 190 ff., 195, 207, 227, 359
Krenz, Egon 107
Kurzwelly, Dr. 289

Laer von, Hans-Helmut 211
Lange, Arno 99, 116, 124, 199, 202 ff., 213, 218 f., 228, 258 ff., 263 f., 304, 355, 360, 363 f.
Lange, Dieter 124 ff., 138, 202, 204, 213 f., 217, 219, 260, 355, 358, 360
Langnitschke, Wolfgang 122
Lenin, Wladimir I. 108

Leonhard, Harald 140
Lindorf, Georg 89
Lischke, Johannes 106
List, Paul 115
Lothert, R. 282
Lukács, Georg 25, 45, 59
Lunkewitz, Bernd F. 7, 9 ff., 16 f., 19, 152, 158 f., 178 ff., 183 f., 187 ff., 193, 195 f., 206 f., 210, 215 ff., 220 f., 223 ff., 242, 245 ff., 251, 273 ff., 277, 280 f., 283 ff., 290 f., 293, 295 f., 298, 302, 307 f., 310 ff., 314 ff., 358 f., 362, 365 ff., 374

Maass, Dr. Wilfried 143
Mann, Heinrich 25, 45, 175, 237, 252
Mann, Klaus 45
Mann, Thomas 45
Manske-Kraus, Else 57
Marquardt, Dr. Hans 191
Mayer, Hans 45
Merle, Robert 45
Metz, Dr. 191
Molinari, Klemens 132 f., 188, 190 ff., 195 f., 207 f., 210 f., 215, 220, 222, 225 ff., 358 ff.
Müller, D. 183 f., 187
Müther, Dr. Peter-Hendrik 299, 300 f., 306, 316

Nachbar, Herbert 85
Naumann, Lothar 140, 144 ff., 148, 198, 201, 206
Nietzsche, Friedrich 250
Noll, Dieter 45, 85

Ossietzky, Carl von 251, 365
Oswalt, Wilhelm Ernst 290, 356, 369 f.

Papier, Prof. Hans-Jürgen 158, 273, 367
Pelikan, Dr. Gerd/Gerhard 116, 124 ff., 167, 198 ff., 203 f., 206, 212, 216 ff., 355, 357
Pischner, Hans 134
Plievier, Theodor 30
Pohl, Wolfgang 122, 128
Pommerenke 226

Raue, Dr. Peter 230
Reclam, Philipp 168 f., 356
Reichart, Dr. 289
Reimann, Brigitte 85
Richter, Gerhard 284
Richter, Dr. Hans 214 f.
Rieger 196, 223, 360
Rohwedder, Dr. Detlev Karsten 178, 188
Rösner, Heinrich 37, 47 f., 74
Roth, Joseph 45

Sartre, Jean-Paul 45
Schaal, Hansjörg 277
Schiele, Otto 22 f., 25, 33
Schlink, Prof. Bernhard 278 f., 281 f., 366 f.
Schmidt, Uwe 214 f., 227 ff., 253, 256, 359

Schneider, Dr. Achim 129, 153
Schöbel 48
Schrader, Bernd 275, 278, 296, 300

Schroeder/Schröder, Max 29, 33, 44
Schröder (Frau) 212
Schulmeister, Prof. Karl-Heinz 83, 89, 97, 99, 136 ff., 368
Sdorra, Dr. Peter 296, 298 f., 301, 316
Seghers, Anna 24, 85, 237
Seidel 199
Seipel, W. 213
Sinnecker, Dr. Eberhard W. O. 133, 180 f., 222, 225 ff., 229, 234, 245, 359
Smalla 259, 363
Stalin, Joseph W. 59
Strack, Dr. Jens-Peter 258, 261 f., 364
Strittmatter, Erwin 45, 85
Strohn, Dr. 289
Stump, Dr. Ullrich 312

Tschujkow, Wassili I. 39

Ulbricht, Walter 60
Ulmer, Konstantin 9 f.

Voelker, Karsten 234, 238, 240, 242, 245
Voigt, Dr. Fritz-Georg 87, 89 ff., 93, 97, 99, 102

Wechsler, Dr. Ulrich 178 f., 180 ff., 188, 190 ff., 194 f., 207, 215, 227, 358 f.
Weisenborn, Günther 30
Wendt, Erich 33, 40 f., 141
Widczisk 197
Wiens, Paul 85

Wilhelm, Kurt 22 f., 25 ff., 29, 33, 290
Willmann, Heinrich/Heinz 20 f., 23, 26 f., 29, 33
Wohlfahrt, Dr. 225 f., 234
Wolf, Christa 208

Wortmeier 234
Würzberger 149, 212

Zänker, Dieter 97
Zillmann 296
Zimmer, Andreas 134 f.
Zweig, Arnold 85

Abkürzungsverzeichnis

AV	Aufbau-Verlagsarchiv
BADV	Bundesamt für zentrale Dienste und offene Vermögensfragen
BAROV	Bundesamt zur Regelung offener Vermögensfragen
BFL	Beteiligungsgesellschaft mit beschränkter Haftung in Gründung
BGH	Bundesgerichtshof
BTJS	Aktenzeichen der Staatsanwaltschaft Berlin
BU	Beschluss Unabhängige Kommission zur Überprüfung des Vermögens der Parteien und Massenorganisationen der DDR
BvS	Bundesanstalt für vereinigungsbedingte Sonderaufgaben
Dir VB B I	Abteilung der Polizeidirektion Berlin
DMEB	Deutsche Mark Eröffnungsbilanz
DSF	Gesellschaft für Deutsch-Sowjetische Freundschaft
DVK	Druckerei- und Verlagskontor
FDGB	Freier Deutscher Gewerkschaftsbund
FDJ	Freie Deutsche Jugend (Jugendorganisation der DDR)
GmbH i. A.	Gesellschaft mit beschränkter Haftung im Aufbau
HR B	Handelsregister B (für Kapitalgesellschaften)
HR C	Handelsregister C (für volkseigene und gleichgestellte Betriebe)
HV	Hauptverwaltung Verlage und Buchhandel im Ministerium für Kultur
i. L.	in Liquidation

KHK	Kriminalhauptkommissar
KOK	Kriminaloberkommissar
KOR	Kriminaloberrat
KPD	Kommunistische Partei Deutschlands
KPdSU	Kommunistische Partei der Sowjetunion
LAROV	Landesamt zur Regelung offener Vermögensfragen
LDPD	Liberal-Demokratische Partei Deutschlands
LKG	Leipziger Kommissions- und Grossbuchhandelsgesellschaft
MfK	Ministerium für Kultur
NDPD	National-Demokratische Partei Deutschlands
NSW	Nichtsozialistisches Wirtschaftsgebiet
OEB	organisationseigener Betrieb
PartG	Parteiengesetz der DDR
PDS	Partei des Demokratischen Sozialismus
PVKV	Parteivermögenskommissionsverordnung
REF	Referat
RefL MR	Referatsleitung Ministerialrat
RGW-Staaten	Rat für gegenseitige Wirtschaftshilfe
RM	Reichsmark
RR	Regierungsrat
SBZ	Sowjetisch besetzte Zone
SED	Sozialistische Einheitspartei Deutschlands
SED/PDS	Sozialistische Einheitspartei Deutschlands/Partei des Demokratischen Sozialismus
SMAD	Sowjetische Militäradministration in Deutschland
StA	Staatsanwalt
THA	Treuhandanstalt
THA VMZ	Treuhandanstalt Direktorat Vertragsmanagement
THG	Treuhandgesetz
TE	Tateinheit
UKPV	Unabhängige Kommission zur Überprüfung des Vermögens der Parteien und Massenorganisationen der DDR.
VD	Verlagsdirektor
VEB	Volkseigener Betrieb
VOB	Vereinigung Organisationseigener Betriebe (überbetriebliche Anleitung)

VVB	Vereinigung Volkseigener Betriebe (überbetriebliche Anleitung)
WP	Richtlinien für Wirtschaftsprüfer
ZENTRAG	Zentrale Druckerei-, Einkaufs- und Revisionsgesellschaft
ZK	Zentralkomitee der SED

BERND F. LUNKEWITZ, Jahrgang 1947, lebt heute mit seiner Familie in Kalifornien. In seiner Studentenzeit hatte er gegen die rechtsradikale NPD und für den Sieg des Vietcong demonstriert und neomarxistische Theorien propagiert, aber nach dem Praktikum bei einem Immobilienunternehmen sein Studium abgebrochen und als Entwickler von Gewerbeimmobilien beträchtlichen Wohlstand erworben.

Einen Teil seines Vermögens verwendete Lunkewitz zur Unterstützung kultureller Institutionen und als Sammler moderner Kunst. So kam es, dass der langjährige Frankfurter Kulturdezernent Hilmar Hoffmann Bernd F. Lunkewitz im Frühjahr 1991 fragte, ob er nicht Lust hätte, für den bedeutendsten belletristischen Verlag der DDR »ein bisschen Geld zu geben«. Es war die Geburtsstunde der Karriere des Verlegers Bernd F. Lunkewitz und der erstaunlichen Renaissance des Aufbau-Verlages, den es ohne ihn heute nicht mehr gäbe.